Region, ein Konstrukt?
Regionalismus, eine Pleite?

Friedrich Achleitner

Region, ein Konstrukt? Regionalismus, eine Pleite?

Birkhäuser Verlag
Basel · Boston · Berlin

Die Deutsche Bibliothek – CIP-Einheitsaufnahme

Achleitner, Friedrich:
Region, ein Konstrukt? Regionalismus, eine Pleite? / Friedrich Achleitner. –
Basel : Birkhäuser, 1997
 ISBN 3-7643-5613-8

Dieses Werk ist urheberrechtlich geschützt. Die dadurch begründeten Rechte, insbesondere die der
Übersetzung, des Nachdrucks, des Vortrags, der Entnahme von Abbildungen und Tabellen, der
Funksendung, der Mikroverfilmung oder der Vervielfältigung auf anderen Wegen und der Speicherung in Datenverarbeitungsanlagen, bleiben, auch bei nur auszugsweiser Verwertung, vorbehalten.
Eine Vervielfältigung dieses Werkes oder von Teilen dieses Werkes ist auch im Einzelfall nur in den
Grenzen der gesetzlichen Bestimmungen des Urheberrechtsgesetzes in der jeweils geltenden
Fassung zulässig. Sie ist grundsätzlich vergütungspflichtig. Zuwiderhandlungen unterliegen den
Strafbestimmungen des Urheberrechts.

© 1997 Birkhäuser – Verlag für Architektur, Postfach 133, CH-4010 Basel, Schweiz
Gedruckt auf säurefreiem Papier, hergestellt aus chlorfrei gebleichtem Zellstoff. TCF ∞
Umschlaggestaltung: Bruckmann + Partner, Basel
Printed in Germany
ISBN 3-7643-5613-8

9 8 7 6 5 4 3 2 1

Inhaltsverzeichnis

Gibt es einen mitteleuropäischen Heimatstil?	7
Aufstand der Provinz	17
Aufbrüche – Umbrüche – Abbrüche	23
Ausländer rein	43
Das «Europäische Haus»	49
Vom Grunzen und Rekeln	61
Neues Bauen in alter Umgebung	65
Die Vorarlberger Bauschule	73
Gibt es eine «Grazer Schule»?	79
Region, ein Konstrukt?	101
Tourismusarchitektur ohne Architekturtourismus	113
Der «Aufbau» und die «Aufbrüche»	127
Architekturtheorie in Wien	137
Schweizer Architektur – aus östlicher Sicht	147
Ort und Zeit	163
Register	183
Textnachweis	189
Bildnachweis	190

Gibt es einen mitteleuropäischen Heimatstil?

(oder: Entwurf einer peripheren Architekturlandschaft)

Ich weiß nicht mehr, wie es zu diesem Titel gekommen ist. Als Frage formuliert, könnte man diese schlichtweg mit nein beantworten. Und wenn es einen mitteleuropäischen Heimatstil gäbe, wäre er vermutlich genau so nebulös, diffus und unbeschreibbar wie der Begriff Mitteleuropa selbst. Anders sieht es jedoch aus, wenn man den Plural gebraucht – mitteleuropäische Heimatstile gibt es sicher. Ihre Vielfalt führt auch zum Thema, ihre architekturgeschichtliche Vernetzung ist das Thema.

Der nicht unbescheidene Untertitel weist darauf hin, daß es sich um die Erfindung eines komplizierten Sachverhalts handelt, genaugenommen um eine Montage aus vorhandenen Elementen. «Skizze» hätte bescheidener geklungen, aber überheblicherweise den Gegenstand als vorhanden ausgegeben. Den Gegenstand gibt es nicht, soviele Ansichten auch von ihm existieren mögen. Es handelt sich vorläufig um ein Bündel von Fragen, Beziehungen, Deutungen und Behauptungen, also um ein mitteleuropäisches Phänomen. Zur Annäherung an die Probleme ist es zunächst notwendig ein paar Begriffe zu bestimmen, zumindest den Versuch zu unternehmen, sie kurz zu beschreiben.

Heimat

Der Begriff Heimat hat sich im späten 19. Jahrhundert als zentraler Terminus einer Kulturbewegung entwickelt, die einerseits in Konflikt stand mit der Großstadtkultur der Metropolen (Scholle gegen Asphalt), mit den Auswirkungen der industriellen Revolution, der zunehmenden Überbauung der Landschaft, mit Liberalismus und Unternehmertum, die sich andererseits aber auch bedroht fühlte vom Internationalismus des Proletariats, der Organisation einer neuen Kraft von unten, die ebenfalls als Produkt und Gefahr aus der Großstadt gesehen wurde.

Heimat war von vornherein ein brisanter kulturpolitischer Begriff, entstanden aus dem Bewußtsein eines Verlustes einer wie immer richtig oder falsch interpretierten heilen Welt. Heimat entstand also in der Polarität von national und international, rational und irrational, Handwerk und Industrie, Kleinstadt/Dorf und Großstadt, Natur und Dekadenz, gesund und krank, Tradition und Fortschritt, sozialer Geborgenheit und anonymer Massengesellschaft. Heimat war eine überschaubare, tradierte Welt. Dem Großstädter wurde sie rundweg abgesprochen. Heimat war von Anfang an ein romantischer Fluchtbegriff, entstanden aus dem Bewußtsein eines Verlustes. Das, was es zu retten galt, war eigentlich mit dem Erkennen der Gefahr schon verloren. Heimat, ein resignativer bürgerlicher Kulturbegriff also, so kraftstrotzend und kämpferisch er sich auch noch gebärden mochte.

Es ist kein Zufall, daß sich dieser emotionalisierte Kulturbegriff zuerst in der Literatur ausdrückte, um schließlich im 20. Jahrhundert im Illusionsmedium Film zu verenden.

Mitteleuropa

Zu Mitteleuropa fällt mir nichts ein. Zwischen Friedrich Naumann und Oswald Wiener liegt ein weites Feld. Mitteleuropa, so vermute ich, ist ein Begriff der Peripherie, des Peripheren. Mitteleuropa, ein neues Arkadien der beiläufigen Vielfalt, der bedeutenden Kleinigkeiten, auffüllbar mit Träumen und Projektionen, die Vergangenheit über beide Ohren gestülpt. Mitteleuropa, eine Landschaft erloschener Vulkane, verdrängter Konflikte, Spielfläche gewesener und denkbarer Koexistenzen, Szene einer unüberschaubaren Überschaubarkeit, einer unheimlichen Vertrautheit, einsilbige Vielsprachigkeit und Ignoranz mit Erbrecht.

Mitteleuropa, der neue Heimatbegriff einer noch nicht postindustriellen Gesellschaft.

Und Wien ist natürlich die Hauptstadt dieses Mitteleuropa. Selbst peripher und Peripherie, hat es das Periphere zum Inhalt seiner Existenz gemacht, die Peripherie ins Zentrum geholt. Mitteleuropa, also die Überlagerung von Randzonen, zum Modell einer Großstadt erhoben, das muß doch Hoffnungen erwecken.

Das Gefährliche an Mitteleuropa ist seine Nichtexistenz. Es ist ein Feld der Konspiration des Nordens mit dem Süden, des Westens mit dem Osten. Mitteleuropa, das ist die Konspiration der Ränder. Niemand weiß, wo dieses Feld beginnt und wo es aufhört. Seine Ränder reichen bis in die Zentren. Die Zentren sind die Ränder von Mitteleuropa. So betrachtet darf Wien kein Zentrum werden, sonst ist Mitteleuropa verloren.

Mitteleuropa darf kein restauratives Modell werden, schon gar nicht auf dem Rücken der sogenannten Nachfolgestaaten der alten Donaumonarchie. Mitteleuropa, das ist nur ein Konstrukt, vielleicht mit Zukunft, sicher mit Vergangenheit. Mitteleuropa, das ist vielleicht die Form, mit dieser Vergangenheit ins reine und miteinander ins Gespräch zu kommen.

Heimatstil

Der Heimatstil war eine Erfindung der großstädtischen Industriegesellschaft. Er stellte jene dekorative Verbrämung der neuen Bautypen des späten 19. Jahrhunderts dar, die im Zuge der städtischen Landnahme (etwa zu Erholungszwecken) überall in die Landschaft gesetzt wurden. Heimatstil war also die Einkleidung der Hotels, Kurhäuser, Badeanstalten, Bahnhöfe oder Villen mit sparsamen bäuerlichen Motiven (oder solchen, die man dafür hielt), die jedoch am Grundcharakter dieser neuen, teilweise brutal und rigoros auftretenden Bautypen nichts änderte. Der Heimatstil drückte gewissermaßen das schlechte Gewissen des Großstädters aus, der sich, nach Loos, mit dem Bauern im Ganghofer-Dialekt zu unterhalten versuchte, sich leutselig gab, ohne jedoch seine Gewohnheiten aufzugeben, ja den die Kultur und die Lebensform des Einheimischen keinen Deut interessierte. Heimatstil, das war die Lederhose für den Notar, der sich sogar einbildete, sich in ihr wohl zu fühlen. Heimatstil, das war also nicht nur ein großstädtisches, sondern auch ein internationales Phänomen: Semmering, Bad Ischl, Gastein oder St. Moritz sind fast Synonyme für diesen «Laubsägestil», dessen Verbreitung von den Pyrenäen bis in die Karpaten reichte oder von den Metropolen bis in die Kolonien. Sein Hauptmerkmal ist, daß sich die neuen historistischen Bautypen in ihrer Grundstruktur nicht änderten, die Variationen spielten sich lediglich im Dekor ab, dieser reflektierte im besten Falle regionale Motive, in den meisten Fällen aber auch dies nicht.

Heimatarchitektur, Heimatschutzarchitektur, Heimatstil

Die Heimatarchitektur ging wie die Heimatkunst aus der Heimatschutzbewegung hervor, sie war also der erklärte Feind des Heimatstils.[1] Die Heimatschutzbewegung (abgesehen von den politischen und kulturpolitischen Hintergründen) wehrte sich gegen die Landnahme der Großstadt, die Verstädterung der Landschaft, die Industrialisierung des Lebensraumes. Sie war also eine regressive und defensive Kulturbewegung. Sie suchte ihre baulichen Vorbilder in der vorindustriellen, handwerklichen Kultur und bemühte sich um das Verständnis regionaler Entwicklungen. Sie war Teil der Biedermeierrezeption der Jahrhundertwende, sie wandte sich gegen alle internationalen Tendenzen, vom Historismus bis zur Moderne. Die Heimatarchitektur ging einher mit der regionalen Sprachforschung, der Entdeckung der Dialekte, der Konservierung der Volksmusik, der Haus- und Siedlungsforschung und schließlich dem Studium der volkstümlichen Kunst und Architektur. Sie suchte die «heile Welt» in den Ausdrucksformen des bäuerlichen und bürgerlichen Lebens, der Hohepriester dieser Welt war der Handwerker.

Wir haben es hier mit einem sehr komplexen, in der Kürze nicht darstellbaren kulturgeschichtlichen Vorgang zu tun, dessen Quellen einerseits zu William Morris und John Ruskin zurückreichen, aber ebenso zu den Brüdern Grimm oder in die Philosophie der deutschen Romantik. Wir finden diese Ideen bei Adolf Loos genau so wie bei Josef Hoffmann, beim Otto-Wagner-Biographen Josef August Lux ebenso wie beim Otto-Wagner-Kritiker Leopold Bauer. Anderseits führt die Ideologie eines Paul Schultze-Naumburg, der mit seinen ab 1901 erscheinenden *Kulturarbeiten* zur zentralen Figur des deutschen Heimatschutzes wird, direkt zur «Blut-und Bo-

---

[1] Als «Heimatstil» wurde in Österreich jener «Laubsägestil» bezeichnet, der sich (im Kontext des Späthistorismus) dekorativer bäuerlicher Motive bediente und der vorzüglich zur Einkleidung von städtischen Gebäudetypen auf dem Lande (Villen, Grandhotels etc.) verwendet wurde. Die Heimatschutzbewegung wandte sich gegen diesen «falschen» Heimatstil. Dieser Begriff war also eindeutig negativ besetzt. Das Durcheinander entsteht dadurch, weil heute vielfach die «Heimatschutzarchitektur» als «Heimatstil» bezeichnet wird. In der Schweiz wurde allerdings «Heimatstil» immer positiv oder zumindest wertneutral verwendet.

den-Ideologie» des Nationalsozialismus. Joachim Petsch hat in diesem Zusammenhang auf einen wichtigen gesellschafts- und wirtschaftspolitischen Aspekt hingewiesen: die tragende Schicht der Heimatschutzbewegung war die bürgerliche und kleinbürgerliche Mittelschicht, die sich gegen Ende des 19. Jahrhunderts zweifach bedroht fühlte; einmal von oben, vom Großbürgertum, vom Kapital, vom internationalen Unternehmertum und der Geldaristokratie, und schließlich von unten, vom sich organisierenden Proletariat, dessen Stärke ebenfalls in der internationalen Sammlung seiner Kräfte lag. Auch in Wien führte, über die erste kleinbürgerliche Großpartei Karl Luegers, ein Weg zu Adolf Hitler.

Nationalromantik

Der Begriff der Nationalromantik scheint mir in diesem Zusammenhang ein sehr wichtiger zu sein, wenn er auch zunächst von Mitteleuropa wegführt. Er entstand bei den Finnen unter ganz besonderen Bedingungen: Finnland war im 19. Jahrhundert ein russisches Großfürstentum, das mehr oder weniger von Petersburg aus regiert wurde. Die finnische Oberschicht (ca. 10 Prozent) war schwedisch, die jedoch rund 90 Prozent des Kapitals besaß. Die Sprache der Gebildeten war also schwedisch, die der Herrschenden russisch. Man kann sich vorstellen, daß unter diesen Bedingungen einer doppelten Fremdherrschaft die Entdeckung der eigenen Sprache und Kultur eine besondere kulturpolitische, ja politische Brisanz besaß. So ist in Finnland der Aufbruch der Moderne in der Architektur identisch mit einem nationalen Selbstfindungsprozeß, und was wir eben mit Jugendstil, Secession oder Moderne bezeichnen, heißt dort Nationalromantik.

Nationalromantische Phänomene gibt es auch in Mitteleuropa: der frühe Abnabelungsprozeß der Ungarn von Habsburg hat dort zu ähnlichen Erscheinungen geführt. Ödön Lechner ist die zentrale Figur einer ungarischen Nationalromantik. Jedoch waren die Beziehungen zu Wien und zum westlichen Ausland zu vielschichtig und vielfältig, der Prozeß der eigenständigen Entwicklung um die Jahrhundertwende herum schon zu weit fortgeschritten, schließlich Budapest schon eine Metropole mit eigener Dynamik, so daß sich diese Form eines künstlichen Nationalstils nur mehr als *ein* Aspekt des ganzen architektonischen Spektrums entwickeln konnte.

Es dürfte kein Zufall sein, daß sich nationalromantische Bewegungen im damaligen Europa am besten an seinen Rändern entwickeln konnten, in Skandinavien, in Katalonien und in der Türkei. Sicher ist bei Antoni Gaudí der nationalromantische Aspekt nur einer unter mehreren, aber er war nicht der einzige Architekt in Barcelona, der der katalanischen ruralen Bautradition zu architektonischen Weihen verhalf. In Istanbul kann man von keiner Bewegung sprechen, hier waren es die Bauten eines Ausländers, die auf eine nationale Tradition reagierten, die Arbeiten des Italieners Raimondo d'Aronco.

In Mitteleuropa wird deutlich, daß Nationalromantik kein Stil, sondern eher die meist subjektive Interpretation echter oder vermeintlicher nationaler Eigenschaften ist, so gibt es Nationalromantisches genauso bei den Wiener Secessionisten (etwa Olbrich oder Hoffmann) wie bei den späteren Prager Kubisten, gar nicht zu reden von einem Dušan Jurcovič oder Josef Plečnik.

Regionalromantik
Ging es bei der Nationalromantik um eine nationale Identität, die sich aus einer Überlagerung zu befreien oder aus einem Verband zu lösen versuchte – es gab sogar das Phänomen der überlegenen Abgrenzung, wie sie in Wien ein «Altdeutscher Stil» wohl auszudrücken versuchte –, so suchte die Regionalromantik innerhalb eines nationalen Staatengebildes ihre eher «stammesgeschichtliche» Identität. Ein Paradebeispiel dafür scheint mir Bayern in der zweiten Hälfte des 19. Jahrhunderts zu sein, wo im Glanz und Schatten der Wittelsbacher, kräftig unterstützt von der süddeutschen Heimatschutzbewegung, ein bayrischer Regionalstil entwickelt wurde, der bäuerlich-alpine und bürgerlich-barocke Elemente gleichermaßen vermengte.[2]

Die Kunststadt München schuf das selbstbewußte Klima, das dann mit Erfolg nach Tegernsee und ins ganze bayrische Oberland verpflanzt wurde. Auch hier führt, sozusagen aus den Niederungen von Boden und Malz, ein Weg nach Obersalzberg, das heute immer noch im alpinen Bauen als Leitbild besonderer Bodenverbundenheit gilt.

Zugegeben, das war ein sehr kurzer Schluß, da nicht die bayrische Heimatschutzbewegung (schon gar nicht ein Theodor Fischer) Hitler erfunden, sondern vermutlich Hitler als stammesverwandter Innviertler in dieser krachledern hochstilisierten Welt als ein an der Wiener Dekadenz gescheiterter Künstler Gefallen fand.

Die Aktivität des bayrischen Heimatschutzes wird auch für Tirol von Bedeutung, wo er so etwas ähnliches wie architektonische Entwicklungshilfe leistete. Wenn man davon absieht, daß die meisten Baumeister dieser Zeit in München ausgebildet wurden, hat man auch sehr unmittelbar auf die Tiroler Geschicke Einfluß genommen. So wurde etwa nach dem Brand von Zirl (1908) der «Bayrische Verein für Volkskunst und Volkskunde» beim Wiederaufbau des Dorfes aktiv, indem Münchner Professoren sich an der Entwicklung neuer bäuerlicher Haustypen (durch das Studium der alten) und an deren Bemalung beteiligten. Architekturgeschichtlich bemerkenswert ist dabei der Realismus in der Vorgangsweise, der Eifer und Ernst, wie hier von oben eine «Architektur von unten» aufzuspüren und zu artikulieren versucht wurde.

---

[2] Wenn auch der «Deutsche Heimatschutz» erst 1904 gegründet wurde, so ist, vor allem in Bayern, diese Bewegung viel älter. Vermutlich liegen die Anfänge bei Maximilian II. (1811–64), der gezielt auf der Suche nach einem bayrischen Nationalstil war. Diese Stildiskussion wurde schon in den fünfziger Jahren des 19. Jahrhunderts ausgelöst.

Zwischenbemerkung
Die Begriffe Heimat, Mitteleuropa, National-und Regionalromantik stehen also in einem engen dialektischen Verhältnis zueinander. Was den Begriff Heimatschutz betrifft, so hätte dieser seine eigene lange und äußerst komplizierte Geschichte. Während es sich in der Schweiz z.B. heute noch um einen durchwegs positiv besetzten Begriff handelt (die Heimatschutzvereine kämpfen nicht selten für moderne Architekturprojekte), ist er bei uns nur mehr in einer degenerierten Seitenlinie existent, die mit den ursprünglichen Inhalten nichts mehr zu tun hat. Was die architektonische Dauerpleite in Kärnten betrifft, so könnte man höchstens den Slowenen zu einem Heimatschutz gegen den Einfluß aus dem Norden raten, denn gegenüber Klagenfurt ist Ljubljana immer noch eine Architekturstadt ersten Ranges. Ich weiß nicht, ob es den Begriff Heimat in den slawischen Sprachen oder im Ungarischen mit dieser kulturpolitischen Aufladung gibt, ja ob es überhaupt in diesen Ländern je eine Heimatschutzbewegung diesen Umfangs und ideologischer Brisanz gegeben hat. Ich vermute nein, und wenn ja, dann höchstens eine deutsche.

Zwischenbemerkung
Ich ertappe mich bei zwei ungewollten Festlegungen: Erstens scheint es selbstverständlich zu sein, daß Wien irgendwo in der Mitte des Beobachtungsfeldes liegt, zweitens legt sich der zeitliche Schwerpunkt irgendwo auf die Auflösung der Donaumonarchie fest. Beides ist mir unangenehm, ich kann es aber vorläufig nicht ändern.

Zur mitteleuropäischen Architekturlandschaft um 1900
Wien ist im späten 19. Jahrhundert, wenn man es auf eine einfache Formel bringen will, von zwei architektonischen Tendenzen beherrscht: eine davon ist eine internationale, kosmopolitische, wenn man will auch imperiale, in ihr finden wir die «Klassiker» (von Semper bis Hansen und Hasenauer) genauso wie den Rationalisten Otto Wagner oder die revoltierenden Secessionisten, das zweite Lager ist das der Romantiker, der «Gotiker», Nationalromantiker und Regionalisten. Bei diesen fällt auf, daß es sich ausschließlich um Variationen deutscher Inhalte handelt, von München, Stuttgart bis Berlin, Angelsächsisches mit eingenommen.

Es ist verständlich, daß von seiten Habsburgs zunächst eher den einigenden oder Einheit symbolisierenden Stilen Sympathie entgegengebracht wurde und nicht den differenzierenden, sich voneinander distanzierenden oder gar regionales oder nationales Selbstverständnis darstellenden. Das hat vermutlich auch die Secessionisten so schnell hoffähig gemacht, wenn auch ein Franz Ferdinand später aus anderen Motiven heraus eigene Wege ging.

Während man also von der einen Seite, der deutschen oder deutschtümelnden, im Wiener Baugeschehen genug Spuren und Zeugen einer vitalen Präsenz findet, gibt es den gleichen Input aus dem Norden, Osten oder Südosten nicht. Wiens Präsenz durch seine ärarischen Bauten, Dokumentation von herrschender und verwaltender Anwesenheit, war nur eine architektonische Einbahnstraße. Im Prozeß einer Wechselwirkung fiel der Otto-Wagner-Schule eine besondere Aufgabe zu. In ihr versammelten sich die talentiertesten Köpfe der Kronländer, die sich bald am Rationalismus ihres Meisters, wohl auch an der imperialen Gestik seiner Bauten, zu reiben begannen. Wagners doktrinäre Lehrmeinung war in der Unberührtheit von den kulturellen Vorgängen in ihren Heimatländern sicher eine Herausforderung, das Thema «Nationalarchitektur» existierte für ihn nicht.

Gerade dieses Thema führte aber in den nächsten Jahren zu einer praktischen und theoretischen Auseinandersetzung, die von den Tschechen auf dem höchsten intellektuellen Niveau geführt wurde. Sie spiegelt sich einerseits wider in der Artikulation und Entwicklung des Tschechischen Kubismus, andererseits im architektonischen Alleingang von Josef Plečnik, der später zu Recht von seiner slowenischen Heimat als das architektonische Symbol ihrer nationalen Kultur vereinnahmt wurde. Um diesen Vorgang näher zu erklären und vielleicht auch verständlicher darzustellen, folgt hier ein kleiner Exkurs über Josef Plečnik.

Josef Plečnik

Plečniks künstlerische Entwicklung vollzog sich im Spannungsfeld dreier Kulturen, in der Berührungszone der ehemaligen römischen und byzantinischen Welt, an der slawisch-romanisch-germanischen Sprachgrenze. Er war also von vornherein auf Mehrsprachigkeit angewiesen, ja gezwungen, seine Berufskarriere in einer fremden Sprache und Kultur zu machen. Der streng gläubige Katholik kam in Wien nicht nur mit der liberalistischen, utilitaristischen Gesellschaft in Berührung (in der Person seines Lehrers Otto Wagner), sondern auch mit den panslawistischen Ideen und dem vitaler werdenden Nationalismus der Kronländer. Obwohl Otto Wagner jede Form, auch die von deutscher Nationalromantik fremd und zuwider war, muß seine Schule durch die Vielfalt nationaler Temperamente (Deutsche, Tschechen, Mährer, Slowaken, Ungarn, Slowenen und Italiener) zumindest Diskussionen um die Inhalte nationaler Architekturen ausgelöst haben.

Außerdem muß der junge Plečnik die «Kaiserstadt», die Pracht und Vitalität der Ringstraßenarchitektur als eine existenzbedrohende Herausforderung empfunden haben. Nicht anders ist seine Arbeitswut, sein Schwanken zwischen Hochmut und Verzweiflung, aber auch seine anhaltende Skepsis gegenüber der Großstadtkultur zu erklären.

Während der Großteil der Wagner-Schüler gläubig der Doktrin ihres Lehrers folgte, ging Plečnik erstaunlich früh auf eine kritische Distanz. Eine Rolle mag hier auch seine Freundschaft zu den Tschechen, vor allem zu Jan Kotéra gespielt haben. Plečnik teilte weder den positivistischen, rationalistischen Fortschrittsglauben Otto Wagners, noch die bedingungslose Hingabe an den Zeitgeist der meisten Secessionisten. So paradox dies klingen mag, er nahm die Moderne zu ernst, um sie ein Opfer ihrer eigenen Oberflächlichkeit werden zu lassen. Er teilte nicht den Zynismus und die kulturelle Überheblichkeit des Großstädters, seine «visuelle Mehrsprachigkeit» gab ihm feinere Instrumente der Unterscheidung in die Hand. Seine Architekturrezeption stand offenbar auch unter dem Zwang der Brauchbarkeit und Verwertbarkeit für seine Heimat.

Ja, er sah die Rolle des Architekten als eine priesterliche und forderte nicht weniger, als daß der Künstler seine ganze Arbeitskraft dem «Volke» zur Verfügung stelle. Diese ethische Position ist in ihrer Ausschließlichkeit jener von Loos vergleichbar, dessen missionarischer Eifer zumindest noch einige Ventile der Ironie eingebaut hatte. Diese ethische Position Plečniks schuf jedoch die Basis für eine unbestechliche Auseinandersetzung sowohl mit den Phänomenen des Historismus als auch der Moderne. Während aber Adolf Loos, um diesen Vergleich noch einmal zu machen, eher die Grenzen der architektonischen Sprache (bis zum Gebrauch des Schweigens) abtastete, setzte sich Plečnik den Möglichkeiten der sprachlichen Vielfalt und der semantischen Ambivalenz architektonischer Vokabeln aus. Man könnte sein Werk auch als den Versuch deuten, die ihm essentiell erscheinenden Inhalte der abendländisch-humanistischen Kultur in eine nationale, slowenische zu übersetzen, abgestützt auf die Dialektik von «Volks- und Hochkultur».

Plečnik hält eine schwer zugängliche und bestimmbare Distanz zu den Lösungen der Moderne. Während er den avantgardistischen Schulen in seiner Beharrung auf der humanistischen Tradition veraltet erschien, war er den konservativen in seinem Nonkonformismus zu abweichend radikal und eigenbrötlerisch, ja, so paradox dies klingen mag, zu modern und zu unkonventionell. Trotz der vordergründig eklektizistischen Wirkung seiner Werke war er immer ein Antieklektiker, der in seiner Auseinandersetzung mit der Tradition keinen Stein auf dem anderen ließ und keinen Gedanken ungeprüft und unverändert übernahm.

Plečniks Werk scheint mir auch eine Herausforderung für unseren Realismus- und Regionalismusbegriff zu sein. Wie Damjan Prelovšek nachweist, hat Plečnik die Wagnersche Doktrin, daß jedes Ding seinen Zweck ausdrücken muß, in einem umfassenden und spirituellen Sinne ernst genommen. Die Verarbeitung seiner sozialen, kulturellen und politischen Situation müßte sogar in einem marxistischen Sinne «realistisch» genannt werden, wenn sie sich nicht auf andere Fundamente stützen würde. Jedenfalls hat Plečniks Versuch der Adaption von Formen in seinen kulturellen Bezugsrahmen eine viel engere Bindung an die Lebenspraxis seiner sozialen Umwelt, als sie jemals von orthodoxen Funktionalisten erreicht wurde.

Ebenso gibt Plečnik auf das Thema Regionalismus eine provokante und aktuelle Antwort, indem er seine Architektur aus einer Dialektik von Peripherie und Zentrum entwickelt, wobei es offen bleibt, wo sich jeweils das Zentrum befindet. Jedenfalls tritt die Provinz als bewußte und positiv besetzte Gegenwelt auf, die von den Maßstäben des Zentrums nicht aus den Angeln gehoben werden kann. Regionalismus definiert sich an den Maßstäben des Zentrums als abgelöste und eigene Qualität. So ist Plečnik tatsächlich in einigen Aspekten dem Katalanen Antoni Gaudí vergleichbar, als Grenzgänger zwischen Kulturen, als architektonischer «Fundamentalist», aber auch als Handwerker, Techniker, Erfinder, als Identifikationsfigur einer nationalen Architektur, die im Bewußtsein der Region arbeitet, aber gegenüber der «Volks»- wie der «Hochkultur» gleich kritisch bleibt.

Plečnik ist der Architekt der einander ausgrenzenden und überlagernden Kulturen Mitteleuropas, mit ihren Konflikten und Zeitverschiebungen, ihren Hochsprachen und Dialekten, ihrem Sprachbewußtsein und ihrer Sprachempfindlichkeit, ihrer Vielfalt der Orte und Regionen. Plečnik ist vielleicht aus einem Zentrum erklärbar, verständlich wird er aber vermutlich nur von der Peripherie her.

Architektur in Mitteleuropa, heute

Man kann vermutlich ungestraft behaupten, daß die architektonische Situation vor dem Ersten Weltkrieg durch eine deutliche Zweiteilung charakterisiert ist: während im deutschsprachigen Drittel Mitteleuropas auf dem Untergrund der regionalen Entwicklungen sich eine im eigenen Selbstverständnis fortschrittliche Moderne artikulierte, bis zu den internationalen Avantgarden, ist die Entwicklung in den sogenannten Kronländern akzentuiert durch die gleichzeitige Suche nach einer nationalen Identität in der neuen Architektur. Dieser Prozeß verschärft nicht nur die kritische Position gegenüber Wien, sondern intensiviert auch die Kontakte zu Berlin, Paris oder Moskau. Diese Situation trägt dazu bei (wenn man von den ökonomischen Voraussetzungen in der Tschechoslowakei, also im industrialisiertesten Land Mitteleuropas absieht), daß in den zwanziger und dreißiger Jahren etwa in Brünn und Prag mehr an international bedeutender Architektur entsteht als im bereits resignierenden Wien.

Während man also in der Zwischenkriegszeit, auch was die Entwicklung in Ungarn betrifft, eventuell noch eine mitteleuropäische Szene konstruieren könnte, die sich an den auseinanderstrebenden Kräften darstellt, so ist die Zeit nach dem Zweiten Weltkrieg kaum mehr damit vergleichbar. Zwar hatte sich in den von Hitler besetzten Staaten die moderne Architektur als ein Relikt des kulturellen Widerstandes konserviert und es schwappte nicht die Welle der Blut-und Bodenarchitektur über sie hinweg, aber 1948 setzte das Programm des Sozialistischen Realismus neue Zeichen. Zwar hat der Stalinismus versucht, ein neues Verhältnis zu den nationalen Architekturen zu gewinnen (und es gab auch in den verschiedenen Ländern regionale oder nationale Varianten), aber ideologisch war die neue Architektur der Bruderstaaten doch «gleichgeschaltet». Wie immer man die Entwicklung bis heute sehen oder darstellen mag, wie immer die Interpretationen von Funktionalismus im Osten und im Westen ausgesehen haben, von einem auf Mitteleuropa begrenzbaren Phänomen oder gar einer beschreibbaren Charakteristik kann man bestimmt nicht sprechen.

Es mag sein, daß heute im Zuge der postmodernen Diskussion und der kulturellen Emanzipation einiger Länder, verstärkt durch die sogenannte Regionalismusdiskussion, neue Ansätze sichtbar werden, die vage an historische Entwicklungen erinnern oder sie höchst subjektiv interpretieren, aber Mitteleuropa wird dabei sicher nicht zum Vorschein kommen.

Natürlich könnte man etwa in der organisch-subjektiven Architektur eines Imre Makoveczs auch nationalromantische Spuren entdecken, und es ist vielleicht kein Zufall, daß seine Arbeit besonders in der ungarischen Tourismusarchitektur Widerhall findet, aber sind das wirklich Mosaiksteine eines «mitteleuropäischen Selbstverständnisses»? Ich glaube es nicht. Natürlich ist es möglich, alles was heute in den betroffenen Ländern (welchen?) passiert, auf ihren ehemaligen historischen Boden zu beziehen. Aber ich fürchte, man macht dann die Rechnung ohne die Zeit.

Was Österreich betrifft, so könnte man die architektonische Entwicklung als eine Art von Mitteleuropäisierung bezeichnen. Angefangen von den Regionalisierungstendenzen innerhalb der Moderne in den dreißiger Jahren, verstärkt durch die Kulturpolitik der Besatzungsmächte in den Nachkriegsjahren, haben sich bei uns vitale regionale Zentren entwickelt, die mit Erfolg das Profil einer differenzierten Architekturlandschaft ausformen. Aber auch diese Entwicklungen sind Produkte einer internationalen Architekturdiskussion, Reaktionen auf unterschiedliche Bedingungen und sicher ohne den Aspekt einer betonten mitteleuropäischen Vielfalt entstanden.

«Das ist es ja eben», antwortet der unverbesserliche Mitteleuropäer darauf, und man kann nur erwidern, daß regionales Bauen nur dann akzeptabel sein kann, wenn es im Bewußtsein der überregionalen Entwicklungen geschieht und diese positiv verarbeitet; alles andere ist Regionalismus, also Peripherie mit Komplexen behaftet, statt die Komplexität der Peripherie zu besitzen.

(1986)

Aufstand der Provinz

Zur Architektur der österreichischen Bundesländer in der Zwischenkriegszeit

Ich hatte ursprünglich vor, in den Versuch, ein Relief der österreichischen Architekturlandschaft der Zwischenkriegszeit zu entwerfen, auch Wien mit einzubeziehen, denn auch hier fand eine Art von *Aufstand der Provinz* statt, im positiven und negativen Sinne des Begriffes. Ich behaupte, daß das kaiserliche Wien, das nach 1918 seine Legitimation und seine Maßstäbe als Großstadt und Metropole verloren hatte, ähnlich wie die Bundesländer seine lokalen und regionalen Qualitäten zu entdecken begann und, nachdem es de facto politisch zu einem Bundesland geworden war, auch das «Wienerische» zum Gegenstand architektonischer Auseinandersetzung machte. So spiegelte der «Wiener Realismus» des kommunalen Wohnbaus nicht nur das politische, kulturelle, ökonomische und soziale Programm einer fortschrittlichen Kommunalverwaltung wider (mit den eingebauten Sicherungen einer überwiegend konservativen Beamtenschaft), also nicht nur die Perspektiven einer erwachenden Arbeiterkultur, sondern auch das Trümmerfeld zerschlagener, orientierungslos gewordener Architekturschulen und die widersprüchliche Vielfalt einer sie repräsentierenden Architektenschaft.

Welches Adjektiv man auch erfinden mag, es handelt sich bei der Architektur des Wiener Gemeindebaus tatsächlich um einen Realismus, der vielleicht sogar Vorbedingungen für einen sozialistischen schuf (was ein eigenes Thema wäre), der jedenfalls eine kulturelle Realität widerzuspiegeln vermochte, mit ihrem ganzen bürgerlichen Traditionalismus und ihrer Verspanntheit zwischen expressivem Pathos und gediegener Sachlichkeit. Wenn also im Bauen etwas *Zeitgeist* vermittelt, dann ist es dieser kommunale Wohnbau. Wien hatte um 1918 nicht nur eine Moderne hinter sich, sondern auch eine Art von «Postmoderne», wenn man darunter einen besonderen Umgang mit architektonischen Sprachen, den Sinn für Mehrsprachigkeit, Doppelkodierung, ja überhaupt den Pluralismus der späten Donaumonarchie versteht.

Man kann die Wiener Architektur der Zwischenkriegszeit nicht ablösen von jener der Spätmonarchie, wurden doch die meisten der Architekten noch in ihr ausgebildet oder haben sogar noch wesentlich an ihrem Baugeschehen teilgenommen. Sieht man sich die Schultraditionen an, so führt an der Akademie der bildenden Künste am Schillerplatz eine Linie der «Klassiker» über Theophil von Hansen, Karl Hasenauer, Otto Wagner zu Peter Behrens, der als schillernde Architektenfigur mit seiner inhaltlichen und stilistischen Bandbreite für Wien geradezu eine idealtypische Disposition mitbrachte. Dieser Schule standen die «Gotiker» oder «Romantiker» gegenüber, deren Linie über Friedrich von Schmidt, Viktor Luntz, Friedrich Ohmann zu Clemens Holzmeister führte. Flankiert vom Traditionalismus der Technischen Hochschule (repräsentiert etwa durch die Schule Carl Königs) und den «Modernen» der k.k. Kunstgewerbeschule am Stubenring (Heinrich Tessenow, Josef Hoffmann, Oskar Strnad, Josef Frank) ergab sich allein aus dieser Situation der Architekturausbildung eine Neuauflage des Pluralismus der Spätgründerzeit.

Ein Thema dieser Skizze ist die Frage nach der Beziehung von Politik und Ästhetik, von politischen Inhalten und architektonischen Formen. Schon der Wiener Historismus kann einen hier entmutigen: Die Schulen der Neorenaissance, der Neugotik, des Altdeutschen Stils oder der Nationalromantik, des Neobarocks (Mariatheresianischer Stil), des Neobiedermeiers[1], der Moderne und der Secession erlauben nur bedingt politische Zuweisungen oder Affinitäten. So bedienten sich etwa des gotischen Bezugsrahmens genauso die Kirche, der Klerus, das Kaiserhaus, wie das konservative und liberale oder großdeutsche Bürgertum. Die Neorenaissance deckte das breite Spektrum einer staatlichen wie bürgerlichen Repräsentationsarchitektur von Verwaltung, Kultur und Bildung. Der Altdeutsche Stil ist in einem gewissen bürgerlichen Rahmen festlegbar, der Neobarock betrifft genauso spätmonarchistische Selbstdarstellung wie private Kaisertreue. Noch schwieriger wird es bei den durchwegs herrschenden Mischungen, die meist relativ oberflächlich oder unreflektiert den Bedürfnissen der Unterscheidung oder der subjektiven Profilierung dienten. So kann man verkürzt annehmen, daß die Mitteilung oder die semantische Dimension der Wiener Architektur auf einer relativen Begrifflichkeit und Differenzierung beruhte. So gesehen war Otto Wagners Konzept der «Moderne» der letzte Versuch einer Objektivierung der architektonischen Sprache jenseits des historistischen Gemischs, also gewissermaßen der Entwurf einer Hochsprache, indem er als Grundlage eben nicht die unmittelbare kulturelle Tradition, sondern das «moderne Leben» forderte. Wie wenig sich seine Forderungen erfüllt haben, beweisen gerade seine Schüler in den zwanziger Jahren.

Diese kurze Einleitung zeigt, wie verwirrend die Situation in Wien tatsächlich war. Dieses Thema bleibt hier ausgeschlossen. Wien spielt aber insofern eine Rolle, als es für die Bundesländer ein fester Bezugspunkt bleibt und auch viele Wiener Architekten (etwa Otto-Wagner-Schüler) das Baugeschehen in der «Provinz» stark beeinflussen.

Der Prozeß der politischen und kulturellen Loslösung von Wien hat sich nicht nur in den sogenannten Nachfolgestaaten der Monarchie, sondern auch in den einzelnen Bundesländern fortgesetzt.

Sieht man einmal von den geographischen Distanzen und den historisch gewachsenen und zu Klischees erstarrten Beziehungen zu Wien ab, so entstand nach dem Ersten Weltkrieg zusätzlich ein politischer Graben, der das «Rote Wien» von der schwarzen oder schwarz-liberalen Provinz trennte. Es

---

[1] In Wien ist die Bezeichnung «Neo...» üblich. Daß sich allerdings «Neugotik» eingebürgert hat, ist vermutlich der Deutschtümelei der «Neugotiker» zu verdanken.

gehört übrigens zur Ironie der Geschichte, daß nach dem Zweiten Weltkrieg durch die französischen, amerikanischen, englischen und russischen Besatzungsmächten die regionalen Entwicklungen gefördert und die alte Rot-Schwarz-Distanz von einer Ost-West-Teilung noch verstärkt wurde.

Ich möchte das Thema also regional abhandeln, indem ich Tirol und Vorarlberg, Oberösterreich und Salzburg sowie Kärnten und Steiermark getrennt bespreche. Man kann vorwegnehmen, daß sich in diesen Regionen unter verschiedenen Bedingungen die Polaritäten von Fortschrittlichkeit und Konservativismus, von internationalen Bewegungen und Heimatschutz, von Expressionismus und Sachlichkeit und nicht zuletzt von linken und rechten Tendenzen aufgebaut haben, wobei sich nicht nur die Grenzen und Konturen verwischten, sondern auch die Inhalte und ihre Darstellungen. Wenn der Begriff «Fortschritt» noch verwendet wird, so kann er nur im Sinne des Selbstverständnisses fortschrittlicher Tendenzen verwendet werden, was allerdings nicht garantiert, daß künstlerischer und politischer Fortschritt gleichzeitig auftreten.

Ich möchte die Probleme und Konflikte an einem bekannten und polaren Architektenpaar veranschaulichen, an Lois Welzenbacher und Clemens Holzmeister. Ihre auf regionalem Boden unvereinbaren Ansätze haben für viele Bundesländer als Initialzündung gewirkt, ja deren weitere Entwicklung geprägt. Beide Tiroler entstammten einem handwerklich-bürgerlichen Milieu, Holzmeister aus einer Schmiededynastie im Stubai, Welzenbacher aus einer Steinmetzfamilie im Vintschgau. Holzmeister wurde an der Wiener Technik im Dunstkreis von Späthistorismus und Heimatschutzbewegung ausgebildet, Welzenbacher in München bei Theodor Fischer, also beim fortschrittlichsten Exponenten der süddeutschen Heimatschutzbewegung. Holzmeister war durch Familie und Herkunft im Tiroler Katholizismus verwurzelt, Welzenbacher stieg als hochdekorierter Kaiserjäger nach dem Ersten Weltkrieg in teilweise liberale bürgerliche Kreise auf.

Welzenbacher hatte eine induktive Arbeitsweise, die vom Kleinen zum Großen, vom Besonderen zum Allgemeinen führte. Er reagierte auf bauliche Probleme und topographische Situationen unmittelbar, sinnlich, nicht nur mit den Augen, den Ohren und der Nase, sondern auch mit den Beinen, seinem ganzen Wahrnehmungsapparat. Der Zeichner und Aquarellist Holzmeister arbeitete hingegen eher deduktiv, er war ein Verwerter von Formen, ein Umsetzer und Verarbeiter. Er entwarf von der Konvention her, vom Vorhandenen, vom Motiv und dessen Variation, er konnte präzise Wirkungen kalkulieren, seine Haltung war also eher historisierend, deskriptiv, im Bildlichen typologisch. Welzenbacher erfindet, während Holzmeister eher findet. Welzenbacher formt, Holzmeister transformiert. Welzenbacher antwortet auf Orte, geht einen subjektiven, ja riskanten Dialog ein, er entwickelt und entschlüsselt. Holzmeister spricht eher im Pluralis majestatis, fühlt mit Recht eine ganze Kultur hinter sich, er verhält sich ritual, verbindlich, harmonisierend, ja manchmal leutselig.

Welzenbacher hatte offenbar eine Berührungsangst mit der Konvention, er konnte nicht aus sprachlichen Verbindlichkeiten heraus denken, er entfernte sich zusehends von den regionalen kulturellen Normen. Welzenbachers Häuser warfen existentielle Fragen nach einer neuen Lebensform auf, nach einem neuen Landschafts-und Kulturbegriff. Sie stellten der gewohnten Welt eine neue gegenüber, die ihre Logik, ihre Dynamik aus sich selbst entwickelte und nicht, wie Holzmeister, aus der kulturellen Tradition. Bei Welzenbacher trägt jedes Detail, jedes Element das gesamte künstlerische, architektonische Programm. Welzenbacher kennt nicht die Collage, das Zitat, die Erinnerung, oder schränken wir ein, er versucht sie in den Jahren seiner vitalsten Produktion radikal zu verdrängen. Der Barockmensch Holzmeister trägt im Sinne eines Fischer von Erlach den «Entwurff der historischen Architektur» mit sich herum.

Welzenbachers Arbeiten stehen also nicht für etwas anderes, sie repräsentieren nicht. Sie sind weder ableitbar noch austauschbar. Sie sind nicht von ihrem Gedanken abzulösen. Sie können auch nur als etwas Unteilbares existieren, daher konnten sie auch so leicht zerstört werden.

Welzenbachers Bauten stellten also jede Konvention grundsätzlich in Frage, und sie waren auch nicht im kulturellen Kontext von Tirol, Salzburg oder Bayern interpretierbar. Sie blieben eine Herausforderung, ja sie wurden als Bedrohungen, als Verschandelungen empfunden, sie störten die Harmonie eines aufkeimenden alpinen Selbstverständnisses und mußten auch prompt dafür büßen. Während Welzenbachers Bauten fast alle ausgerottet sind, blieben die rund 400 Objekte Holzmeisters fast unversehrt. Natürlich sind Welzenbachers Entwürfe nicht frei von naivem Zeitgeist, von unreflektiertem Fortschrittsglauben. Dynamik war ein Symbol für Zukunft und Freiheit, der Umgang mit Luft, Sonne und Wasser ein Zeichen eines neuen Lebensgefühls. Dynamische Konzepte werden a priori als systemgefährdend empfunden, statische als konsolidierend. Welzenbachers Skizzen wirken oft wie Verfolgungsjagden von Gedanken, jene Holzmeisters hingegen wie bestätigte, ja inszenierte und verklärte Wirklichkeit.

Ich möchte jetzt einfach behaupten, daß in diesen beiden Architekten sich zwei polare kulturelle Grundmuster gegenüberstehen, die die europäische Kultur geprägt haben. Es ist dies eine zeit- und fortschrittsorientierte Kultur, wobei der Begriff der Zeit auch im Beharren, im Stillstand, ja im Rückgriff bestimmte Inhalte auszudrücken vermag. Seit der Renaissance ist es möglich (sagen wir, deklariert möglich), Rückgriffe auf die Antike oder später auf das Mittelalter als Symbole gesellschaftlichen oder politischen Fortschritts zu sehen, wie wäre es sonst möglich, etwa den Staffettenlauf der Klassizismen zu erklären. Hier würde sich ein neues Thema, der der Avantgarden, der Problematik von Gleich- und Ungleichzeitigkeiten eröffnen. Ich möchte aber zur architektonischen Realität der Bundesländer zurückkehren. Sie werden mit mir vielleicht einig sein, daß die regionalen Probleme dieser Länder, die der kulturellen Selbstfindung und Selbstbestimmung, das

Clemens Holzmeister, Hotel Post, St. Anton, 1927–29

Lois Welzenbacher, Haus Rosenbauer, Linz, 1929/30

Entdecken einer eigenen Identität auf dem deduktiven, transformatorischen, ja pluralistischen Weg eines Clemens Holzmeister leichter zu lösen oder darzustellen waren als nach dem «Prinzip Welzenbacher», das die avantgardistische Position (mit vielen Einschränkungen) vertritt. Holzmeisters «Romantischer Realismus» hat durch seine historische Dimension, durch die Vielfalt der herstellbaren Bezüge, durch die Kompatibilität seiner Inhalte auch jene Struktur, die realpolitische Liaisons einzugehen vermag, mit jenen Wackelkontakten der Ambivalenz im konservativen Lager, die vom katholisch-vaterländischen bis zum deutschnationalen und nationalsozialistischen reichen.

Eine Beschreibung der Architektur in den Bundesländern betrifft im wesentlichen die Vielfalt dieser konservativen Muster, oft eingebettet in eine Heimatschutzbewegung, oft überraschend erfindungsreich und auch fortschrittsgläubig. In diesem großen Feld stehen dann ganz wenige, einzelne Figuren, die so etwas wie eine avantgardistische Opposition aufzubauen versuchten und damit automatisch auch in eine gesellschaftskritische, das heißt in diesem Kontext fast ausschließlich linke Position gestellt wurden.

(1988)

Aufbrüche – Umbrüche – Abbrüche

Österreichische Architektur zwischen Irritation und Resignation

Die sogenannte Zwischenkriegszeit hat alle Merkmale einer Abbruchs-, Umbruchs- und Aufbruchszeit, wobei die Architekturgeschichtsschreibung bisher eher die Linien des Aufbruchs beobachtet hat. Meines Wissens hat sich bisher noch niemand die Mühe gemacht, den statistischen Anteil der Avantgardebauten am allgemeinen Baugeschehen festzustellen, wobei man wieder zwischen dem tatsächlichen Bauen und der publizistischen Rezeption unterscheiden müßte. Ich weiß schon, daß solche Vergleiche nur Teil einer allgemeinen Bewertung sein können, da schließlich originale Werke einen anderen Stellenwert einnehmen, als mehr oder weniger gute oder schlechte Variationen und Wiederholungen eingebürgerter «Stile».

Trotzdem wurden die sogenannten Entwicklungslinien der Moderne in unser Bewußtsein so eingraviert, daß wir es sehr schwer haben, uns ein einigermaßen ausgewogenes Bild der zwanziger und dreißiger Jahre zu machen. Denn es ging sicher nicht nur um einen Kampf der Schulen innerhalb eines scheinbar autonomen Mediums, sondern um eine äußerst komplizierte Entwicklung, in der einmal die Liberalen und Linken, und zum Schluß die Konservativen und Rechten Oberhand gewannen. Um diese Entwicklung einigermaßen darstellen zu können, müßte man in Österreich etwa folgende Faktoren bedenken:

Politisch und ökonomisch war die kulturelle Situation die eines an sich selbst zweifelnden Reststaates, dem allgemein die Existenzchancen abgesprochen wurden und der einerseits sein Heil in einem Anschluß an Großdeutschland suchte, andererseits aber bestrebt war, eine neue Identität in seiner kulturellen Vergangenheit zu finden. Die Architektur spielte in dieser Schaffung einer neuen Identität (im Verein mit Tourismus und Ästhetisierung der Landschaft) eine besondere Rolle. Sie nahm aber auch teil an der kulturellen Positionierung der politischen Kräfte, obwohl die Anschaulichkeit und Ablesbarkeit nicht nur unter der sprachlichen Unschärfe der architektonischen Mittel an sich litt, sondern auch an den sprichwörtlich ambivalenten Haltungen der Wiener (und österreichischen) Architekten, die ja dem zweiten Schub der Moderne – nach dem Ersten Weltkrieg – nicht mehr ganz naiv und vorbehaltlos optimistisch gegenüberstanden. Schließlich war für sie der erste Aufbruch der Moderne mit dem Zerfall eines Großreiches, dem Untergang der Donaumonarchie und der Katastrophe des Ersten Weltkriegs verbunden.

Während die äußeren Bedingungen für die Architektur leicht zu analysieren wären, bleiben ihre inneren ebenso sperrig wie ausufernd. Man darf auch nicht vergessen, daß die Generation, die in den zwanziger Jahren am Bauen bleibt und auch zum Bauen kommt, ausschließlich in den Architekturschulen des Historismus ausgebildet wurde, zu denen trotz geringer zeitlicher Distanz – aber über einen Weltkrieg hinweg – auch die Otto-Wagner-Schule gehörte. Historismus bedeutet im Prinzip Verfügbarkeit über und bewußtes Einsetzen von sprachlichen Mitteln oder auch Adaption architektonischer Formen. In diesem Spektrum nimmt die absolute Deckung von Form und Inhalt – also die Sprache der Avantgarde – einen ganz kleinen Platz ein. Außerdem erweist sich gerade deshalb die Architektur der Avantgarde als besonders anfällig, da mit einer Kritik der Inhalte auch ihre Formen in Frage gestellt oder zerstört werden (dieses Phänomen kann man ja bei den Bauten Lois Welzenbachers besonders gut studieren).

Einen Teil dieser Problematik stellen die herrschenden oder in Entstehung begriffenen Architekturschulen dar und die damit verknüpften Architektenbiographien, wobei es vorkommen konnte, daß Schulfreundschaften, auch Arbeitsgemeinschaften sehr unterschiedliche, ja politisch und architektonisch kontroverse Haltungen überbrücken konnten. Außerdem ist es sicher falsch, wenn man die ideologischen oder auch ästhetischen Lager als homogen betrachtet. Gerade in minimalen Distanzen oder deklarierten Unterscheidungen drückten sich oft tiefe weltanschauliche Gräben aus, die, zumindest in ihrer Zeit, als unüberbrückbar schienen. Und bisher habe ich noch gar nicht die sogenannten Zeitgeistphänomene ins Spiel gebracht, die oft sehr merkwürdige Allianzen und Feindschaften provozierten. Ich möchte anhand konkreter Beispiele die Untiefen dieser Problematik vorführen. Sollte sich daraus unerwarteter Weise zum Schluß doch so etwas wie ein Überblick ergeben, soll es mir recht sein. Die Beispiele sind streng chronologisch geordnet, dadurch werden die Spannungen, Konflikte, Brüche und die einander ausschließenden Gleichzeitigkeiten noch deutlicher.

1   Clemens Holzmeister, Isonzodenkmal, 1917
Dieser Denkmalentwurf scheint (über den Monumentalarchitekten Wilhelm Kreis) eine direkte Beziehung zum wilhelminischen Denkmalkult herzustellen. Holzmeister war zu dieser Zeit Assistent bei Carl König, einem exponierten, loyalen und gebildeten Vertreter einer restaurativen Assimilationsarchitektur, womit ich vorläufig nur auf ein besonderes, bis heute unbearbeitetes Problem des Wiener Späthistorismus hinweisen möchte. Dieser Monumentalismus der reinen Formen und der nackten Volumen hatte aber seinen Ursprung in der Diskussion um die Renovierung der deutschen Kaiserdome, war also innerhalb der Historismusdebatte positiv besetzt, galt als modern.

2   Karl Maria Kerndle, Villacher Kriegerdenkmal, 1918–24
Kerndle galt als besonders talentierter und intelligenter Otto-Wagner-Schüler. Daß er sich in Kärnten niedergelassen hatte, brachte ihm offenbar sein biographisches Verhängnis. Diese frühe Arbeit zeigt einerseits das Verlassen des Klischees vom «Sterbenden Krieger», andererseits eine Hinwendung zu einer noch deftigeren Ikonologie mit Schwert, Eichenlaub und Adler im Rahmen ewigkeitsstiftender Klassizität. Angesichts der sich in der Nachbarschaft

1

2

entwickelnden faschistischen Architektur Italiens war er hier zweifellos noch auf der «Höhe der Zeit».

3   Clemens Holzmeister, Krematorium Wien 1922–24
Wenn man davon absieht, daß sich hier der katholische Burschenschafter Holzmeister in einen ideologischen Brennpunkt des Roten Wien begab und für den Verein «Die Flamme» einen atheistischen Sakralbau mit allen Spannungen und Folgen entwarf, so war das eigentliche Ereignis dieser Architektur ihr sprachliches Kalkül, beziehungsweise ihr Grenzgängertum zwischen formaler Präzision und ideologischer Ambivalenz (oder umgekehrt). Der expressionistische Zeitgeist erlaubte einen überraschend effektvollen Dialog mit den Ruinen des «Neugebäudes», einer Villenanlage Maximilians II., Fernöstliches ebenso andeutend wie historische Legitimation. Holzmeister lieferte hier einen erweiterten Begriff des Sakralen in der Architektur und mit ihm auch die Mittel seiner Inszenierung.

4   Franz Zell, «Stieglkeller» Salzburg, 1924/25
Hier verkrallt sich bayerische Regionalromantik an einem prominenten Salzburger Ort (auf dem Weg zur Festung) ins alte Stadtbild. Vorwegnahme von bewußten Materialwirkungen, wie etwa den das Konglomerat des Mönchsbergs imitierenden gestockten Beton, dem Holzmeister später beim Festspielhaus zu besonderer Wirkung verhelfen sollte. Das ideologische Bindemittel dieser Baukultur ist jedoch flüssig, es ist, wie wir alle wissen, das Bier.

5   Fritz Haas, Wehranlage Pernegg (nördlich von Graz), 1925–27
Fritz Haas, Heimatschutzarchitekt, Hochschulprofessor für Wasserbau in Wien und Nationalsozialist, inszenierte mit seinen Kraftwerksbauten eine Beziehung von Technik, Natur und Landschaft. Die Hüllen für die Maschinen haben eine autonome, am bürgerlichen Klassizismus des Biedermeiers orientierte Form, die funktionale Ablesbarkeit ermöglicht, aber nicht zelebriert; die Elemente der Wehranlage sind an die alte Typologie von Turm, Steg und Laufgang gebunden, eröffnen also ein Assoziationsfeld zurück bis zu mittelalterlichen Landschaftsbildern. Man könnte hier von einer Sonderform des Historismus sprechen, der sich bereits weit von der unmittelbaren Formanleihe entfernt hat und sich einer Methode bedient, die im Zeichnen einmal als stilisieren bezeichnet wurde, worunter man einen Vereinfachungs- oder Abstraktionsprozeß von Natur- und Kunstformen verstand.

6   Leopold Bauer, Vogelweidhof Wien, 1926/27
Auch bei diesem Wohnhof der Gemeinde Wien (der wegen der Darstellungen auch Märchenhof genannt wird) handelt es sich zunächst um eine versachlichte Renaissancearchitektur, die jedoch gleichzeitig durch Überbetonung einzelner Elemente (Kranzgesimse, Arkaden) expressiv überhöht wurde. Zweifellos ein manieristisches Verfahren, das das Neue in der Variation des

Bekannten, Alten sucht. Bei Bauer ist es durchaus vorstellbar, dieses didaktische Verfahren mit einem – wenn auch nicht parteikonformen – sozialen Engagement in Beziehung zu bringen. Womit man auch auf alte bürgerliche, ja feudale philanthropische Quellen stoßen könnte.

7   Franz Baumann, Nordkettenbahn, 1927/28

Hinlänglich bekannt, aber noch lange nicht als kulturhistorisches Phänomen erforscht. Was normalerweise ein zeitlicher Prozeß war, nämlich die Entwicklung von einer typologisch geprägten Moderne zu einer topologischen – man könnte auch sagen, von einer wertkonservativen zu einer sachlich-funktionalistisch-positivistischen (etwa im Spannungsfeld zwischen Holzmeister und Welzenbacher) – also diese zeitlichen Schritte stellen sich hier in der Höhenlage dar. Die Station Hungerburg (7a) bewegt sich im Assoziationsfeld von bäuerlich-bürgerlichen Tiroler Bauformen, die Anlage auf der Seegrube (7b) hält eine vermittelnde Position – auch im Hinblick auf eine direkte Bezugnahme der Objekte zum Ort –, während die Bergstation Hafelekar (7c) eine Symbiose von Technik, Verkehr und Topographie darstellt. Man könnte auch sagen, die Architektur löst sich bei den drei Stationen aus der kulturellen Umklammerung und liefert sich immer mehr den Elementen der Natur aus.

8   Adolf Loos, Haus Moller, Wien, 1927/28

Genaugenommen sind die Häuser von Adolf Loos in den zwanziger Jahren Variationen der Wohngedanken, die bereits vor 1914 entwickelt wurden. Merkwürdig genug, daß sie sich in der irritierten Szene zwischen Restauration und neuer Identitätssuche besonders radikal und kosmopolitisch ausnehmen.

9   Hans Feßler, Kirche Langen am Arlberg, 1928/29

Feßler war ein Holzmeisterschüler, aber vom Geist Welzenbachers angesteckt. Dieses kleine Objekt zeigt in einer besonders schönen Form die Dialektik von Einbindung in die Landschaft und Distanzierung vom topographischen Ort.

10   Eugen Kastner, Fritz Waage, Umspannwerk Favoriten, 1928–31

Die dramatische, technischen Fortschritt signalisierende Form gibt genaugenommen keine Auskunft über die technische Leistung des Bauwerks. Sie ist, einmal kritisch betrachtet, eine Einkleidung, die sich aus der extremen Dreiecksform des Grundstücks ergibt und die hier, in ihrer städtischen Situation, zeichenhaft übersteigert wird. Könnte man, was die Verwendung der sprachlichen Mittel betrifft, hier nicht von einem verkappten Historismus sprechen, der nichts anderes als seine Vorlage gewechselt hat?

7c

7a 7b

8

9

10

11   Hans Steineder, Schule der Schulschwestern in Wels, 1929/30
Ein eigenes Thema wäre der Aufbruch jener als konservativ eingestuften Institutionen – etwa die der Schulschwestern – in die Moderne. Waren es zufällige Konstellationen, wie die Begegnung eines jungen, aufstrebenden Behrens-Schülers mit der Kirche, oder gab es konzeptionelle Erneuerungen, die sich hier ganz bewußt moderner Mittel im Schulbau bedienten? Oder war eine moderne Formensprache nur ein Symbol für eine ganz besondere Form von Zeitzugewandtheit?

12   Adolf Loos, Haus Khuner, Payerbach, 1929/30
Loos wettert gegen den trachtlerisch gekleideten städtischen Notar, der mit dem Bauern im Steinklopferhansdialekt spricht. Frage: Ist das Haus Khuner im Semmeringgebiet nicht auch eine Art von Einkleidung, die vor der ländlichen Baukultur ihre Verneigung macht? Oder sind hier die «bodenständigen» Mittel, die sich eigentlich nur im Sockelmauerwerk und in der Blockbauweise äußern, nicht so auf ihre strukturalen und handwerklichen Eigenschaften reduziert, daß sie, im Verein mit den Blechläden, dem Blechdach, den Fensteröffnungen etc. schon wieder bürgerlich und großstädtisch wirken? Jedenfalls würde niemand auf die Idee kommen, daß hier ein Bauer (im Jahre 1930) wohnen könnte. Einkleidung ist also nicht Einkleidung, es bleibt immer noch die Frage, wie ein Kleid getragen wird und vor allem, welche Absicht dahinter steckt.

13   Clemens Holzmeister, Max Fellerer, Kurmittelhaus Bad Ischl, 1929–31
Hier wird die Deutung der Architektur besonders schwierig, weil das Ischler Kurmittelhaus zwei Autoren hat, die zu ihrer Zeit fast polare Positionen eingenommen haben. Fellerer war insofern ein Antipode Holzmeisters, als er in der Wiener Szene eher die Position eines intellektuellen Entwerfers mit einer besonderen Sensibilität für feine Details, also gegenüber dem Bauern Holzmeister eher die Qualitäten einer verfeinerten Großstadtkultur vertrat. Insgesamt gab wohl die biedermeierliche Atmosphäre von Bad Ischl und das in unmittelbarer Nähe liegende Sudhaus aus dem frühen 19. Jahrhundert Anlaß zu dieser betonten Biedermeierrezeption. Jedenfalls gibt es hier eine Tendenz, die in Richtung Tessenow weist und die in einem größeren kulturgeschichtlichen Zusammenhang zu betrachten wäre.

14   Clemens Holzmeister, Schlageter-Denkmal, Goldheimer Heide bei Düsseldorf, 1930
Ein hochpolitisches Denkmal, das den Ritualen von Feiern nationalistischer und faschistischer Menschenmassen in jeder Weise entgegenkommt und darüber hinaus so etwas wie eine Erinnerung an archaische Kultstätten schafft. Lediglich das christliche Symbol relativiert diese Inszenierung. Ein Zeichen, das vier Jahre später in Österreich – im Angesicht des politischen Katholizis-

mus und des austrofaschistischen Ständestaates – vermutlich nicht mehr so eindeutig gelesen werden konnte.

15   Josef Frank, Haus Beer, Wien, 1929–31

Das Haus in der Wenzgasse gilt nach den Loos-Häusern als das bedeutendste Privathaus, das in der Zwischenkriegszeit in Wien entstanden ist. Seine eigentliche Bedeutung scheint mir aber – angesichts der Radikalisierung der internationalen Moderne – in seiner harmonisierenden Kraft, in seiner undoktrinären Artikulation des Wohngedankens zu liegen. Es zeigt in seiner formalen Gelassenheit eine nicht minder radikale Abkehr von allen ästhetischen Ideologien zugunsten eines Spielraums für das Leben. Und trotzdem handelt es sich um ein modernes Haus, das nur in einer ganz schmalen Zeitspanne der Architekturgeschichte entstehen konnte. Josef Franks frühe Kritik des Funktionalismus und aller orthodoxen ästhetischen Systeme bedeutet also im künstlerischen Spannungsfeld der Zwischenkriegszeit eine ganz neue Qualität.

16   Franz Wallack, Großglockner-Hochalpenstraße, 1930–35, mit Gedenkkapelle von Clemens Holzmeister

Arbeitsbeschaffung, Verbindung dreier Bundesländer, die durch die Abtrennung von Südtirol keine direkte Kommunikation mehr besaßen, Ausstellung der alpinen Landschaft, technische Großleistung, Österreichbewußtsein und sicher noch einiges mehr war mit dem Bau der Großglockner-Hochalpenstraße verbunden. Österreich setzte auf den Tourismus und brauchte zugkräftige Symbole. Dem Kraftfahrer erschließt sich tatsächlich die hochalpine Landschaft wie ein Film. Die Ästhetisierung der Landschaft wird zum nationalen Programm. Holzmeister setzt in dieses grandiose Szenario seine Kapelle wie eine Duftmarke, natürlich am sensibelsten und ausgesetztesten Punkt der Kulisse, und er wählt eine visuell resistente, archaische Form. Der Theatraliker weiß auch um die Einheit von Zeit, Ort und Handlung.

17   Franz Baumann, Landhaus Zach, Reith bei Seefeld, 1932

Vielleicht sollte man einmal bei einem Beispiel wie diesem die Frage stellen, was hier eigentlich an transformatorischer Leistung wirklich geschah: Dieser Entwurf ist sicher nicht das Produkt von wissenschaftlicher Forschung, wie wir sie aus dem Süden der Alpen, etwa bei Edoardo Gellner kennen. Baumann widmet sich dem modernisierten Hausgrundriß mit einer besonderen Verschränkung von Innen- und Außenraum. Darüber stülpt er zeichenhaft das abgeschleppte, alpine Dach und noch demonstrativer den angezogenen Pfeiler als Kamin. Landschaftsverbundenheit wird gewissermaßen ausgestellt, demonstrativ vorgeführt, wodurch man sich gleichzeitig Handlungsfreiheit im praktichen Wohnen erkauft.

15

16

17

18 Clemens Holzmeister, Hotel Drei Zinnen, Sexten, 1932–34
Holzmeisters wertkonservativer typologischer Ansatz führte zwangsweise zur Transformation alter Modelle (z. B. des Bauernhauses), zu neuen prototypischen Lösungen. Er ist also, bei aller seriösen Anstrengung in dieser Möglichkeit, für die spätere Flut der aufgeblasenen Bauernhäuser mitverantwortlich.

Das Hotel Drei Zinnen ist zweifellos eine etwas moderatere Weiterentwicklung des bekannten Hotel Post von St. Anton. Holzmeister verläßt den Loggien-Erker-Schematismus zugunsten einer plastischen Durchbildung der Tal- und Schauseite. Obwohl die Bindung an das Bauernhaus noch enger erscheint, wird gleichzeitig ein charakteristisches Thema des alpinen Hotels abgehandelt: Man betritt das Haus in halber Höhe (am hinteren Straßenniveau), in dieser Ebene liegen die wichtigsten Gesellschaftsräume des Hauses wie Halle, Speisesaal etc. Nach unten entwickelt sich eine mächtige Substruktion mit gemischten Funktionen. So erscheint das Hotel in der Landschaft als ein Verschnitt von bäuerlicher und städtischer Welt, gewissermaßen als versöhnliche Geste im Gegensatz zur radikalen Landnahme der ersten touristischen Phase im 19. Jahrhundert. Diese kulturelle Ambivalenz drückt sich auch im Inneren des Hauses aus, und man könnte schon die Frage stellen, welche Prämissen dieses Spiel ermöglichten.

19 Ernst A. Plischke, Landhaus Gamerith am Attersee, 1933/34
Hier geht es nicht mehr um die touristische, sondern die private Nutzung einer kulturellen Erholungslandschaft. Dieses legendäre Haus, das heute keine Baubehörde mehr genehmigen würde, steht sozusagen auf dem Rücken einer langen aristokratischen und bürgerlichen Baukultur, es zeigt eine Art von destillierter Landschaftswahrnehmung im Sinne eines veredelten Naturgenusses. Natürlich wird damit jede Art egalisierender Anbiederung an die in Fragmenten noch vorhandene Bauernlandschaft vermieden. Das Haus und seine Architektur wehrt sich gegen eine regionale oder gar nationale Vereinnahmung, und trotzdem erhielt Plischke im Ständestaat dafür den Großen österreichischen Staatspreis. Da soll sich unsereins noch auskennen.

20 Clemens Holzmeister, Denkmal der Exekutive, Ankara, 1932–36
Zur gleichen Zeit, als Holzmeister sich für den Staatspreis an Plischke einsetzte, baute er in Ankara die ersten Objekte des Regierungsviertels für Kemal Atatürk und unter anderen auch dieses Denkmal für die Exekutive. Ich glaube kaum, daß diese Phänomene alleine durch das veränderte politische Umfeld bzw. durch die Auftragsbedingungen zu erklären sind.

21 Clemens Holzmeister, Seipel-Dollfuß-Gedächtniskirche, Wien XV., 1933/34
Und ebenfalls zur gleichen Zeit baute Holzmeister die Seipel-Dollfuß-Gedächtniskirche am Vogelweidplatz, gewissermaßen in franziskanischer

18

19

20

21

Einfachheit und Strenge, ähnlich einem Kloster in der Eifel. Es ist auffallend, daß Holzmeister die großstädtische Umgebung fast ostentativ zu ignorieren scheint. Oder handelt es sich auch hier um eine besondere Inszenierung, um eine Art von gegenreformatorischer Geste mit umgekehrten Vorzeichen?

22   Rudolf Wondracek, Österreichisches Heldendenkmal, Wien, Heldenplatz, 1934
Zweifellos ist das Heldendenkmal das einzige Bauwerk des Ständestaates, das seine Ideologie am reinsten widerspiegelt. Nicht zufällig handelt es sich um einen Um- und Einbau in ein Symbol monarchischer Größe, in das Burgtor, das dem Vielvölkerstaat als Völkerschlachtdenkmal diente. Die Errichtung des Denkmals war vor allem ein restaurativer, patriotischer Akt, zu dem sich noch einmal die Militäraristokratie, der Reichskameradschafts- und Kriegerbund, das Bundesheer, die Kirche, die Vaterländische Front, der Österreichische Offiziersverband, die Bundespolizei und Repräsentanten der Wirtschaft zusammenfanden. Da die Geldmittel durch Spenden aus der Bevölkerung nicht aufzubringen waren, mußte am Ende die Stadt Wien und die Bundesregierung «trotz bewegter Zeit» einspringen.

Auch dieses Zeugnis einer Architektur aus dem Austrofaschismus harrt noch einer genauen ikonologischen Analyse, zur semantischen kann sicher die damals erschienene Broschüre eine große Hilfe sein.

23   Josef Hoffmann, Österreich-Pavillon, Venedig, 1934
Der Biennale-Pavillon, der die Kultur des jungen Ständestaats symbolisierte, ist ein kaum überbietbares Dokument österreichischer Unverbindlichkeit, ein Balanceakt zwischen Wiener Noblesse und faschistischer Stringenz, zwischen kultivierter Leichtigkeit und monumentalem Gewicht. Hier tritt die Ästhetik charmant als politischer Weichspüler auf, alles in Wohlgefallen auflösend. Man könnte auch von einer wienerischen Verneigung gegenüber dem neuen Italien sprechen, ohne sich selbst zu verleugnen, aber auch niemanden zu vergrämen.

24   Oswald Haerdtl, Weltausstellung Brüssel, Österreich-Pavillon, 1935
Es hing offenbar auch von den personellen Konstellationen in den Architekten- und Künstlervereinigungen ab, wie sich Österreich im Ausland präsentierte. Jedenfalls konnte unter der mehr oder weniger sichtbaren Regie Holzmeisters dies auch durchaus elegant, transparent, zeitbezogen oder den Zeitgeist konterkarierend ausfallen.

25   Clemens Holzmeister, Salzburger Festspielhaus, 1936/37
Kultur und Landschaft, Kultur- und Alpintourismus waren nicht nur Elemente einer neuen österreichischen Identität, sondern auch einer Überlebensstrategie. In diesem Zusammenhang spielten die Salzburger Festspiele eine entscheidende Rolle. Natürlich kann man den Beitrag Holzmeisters, den man

22

23

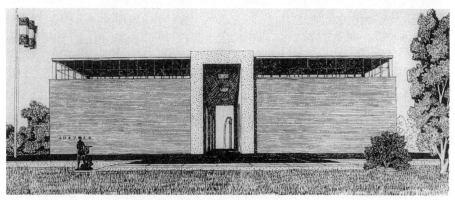

24

25

wohl heute als Revitalisierung einer Altstadt bezeichnen würde, sehr unterschiedlich bewerten. Einerseits handelt es sich zweifellos um eine Meisterleistung der Integration, andererseits – und das muß man heute schon wieder betonen – doch auch um einen relativ riskanten, ja brutalen Eingriff in ein bestehendes Ensemble. Immerhin mußte, beim zweiten Umbau und der Drehung des Bühnenhauses, das Geburtshaus des damaligen Landeshauptmanns Rehrl abgebrochen werden. Ein Eingriff also, der heute undenkbar wäre. Holzmeisters Sprachlichkeit blieb dabei vielschichtig, der romantische Bau verkrallt sich mit dem Konglomerat des Mönchsbergs und sucht erst in den vorderen Raumschichten einen Kontakt zur manieristischen Szenerie der Stadt. Ebenfalls ein Bau, der nach den Kriterien orthodoxer Architekturtendenzen schwer zu beurteilen ist.

26   Clemens Holzmeister, RAVAG Wien, 1935–38
Es war sicher kein Zufall, daß der letzte repräsentative Bau des Ständestaates in Wien ein Rundfunkgebäude war. Das neue Medium, das im Deutschland Hitlers bereits so erfolgreich für propagandistische Zwecke eingesetzt wurde, hatte auch in Österreich eine schnell wachsende Bedeutung. Holzmeister hatte zu dieser Zeit – vor allem durch seine Bauten in der Türkei – eine Sprache entwickelt, die imstande war, staatstragende Funktionen zu signalisieren. Die Architektur des RAVAG-Gebäudes ist aber um vieles komplexer, verhaltener, ja vielleicht sogar verschlüsselter.

27a   Alfons Fritz, Haus Blank, Bezau, 1930/31
27b   Claus Ströbele, Haus Zimmermann, Bregenz, 1934
Ideologie auf das Plakat reduziert. Einerseits das wertkonservative, bürgerliche Haus im bäuerlichen Bregenzer Wald, von einem Holzmeister-Schüler geplant, andererseits das provokante Flachdachhaus für einen gutsituierten Bregenzer Geschäftsmann, der gleichzeitig Kommunist war.

Ich habe bisher absichtlich Lois Welzenbacher ausgelassen. Um Sie noch mehr zu verwirren, möchte ich an Hand seiner Arbeiten – natürlich ganz kurz, komprimiert und mit eher beliebigen Beispielen – beweisen, daß dieses ganze Spektrum der scheinbar unversöhnlichen Tendenzen der zwanziger und dreißiger Jahre, wenn auch einem persönlichen Bezugssystem unterworfen, in einem Lebenswerk vorkommen kann. Wir müssen uns vielleicht abgewöhnen, zu selektiv wahrzunehmen und zu einseitig zu denken. Wenn man Welzenbacher z. B. als einen Antipoden Holzmeisters sieht und beurteilt, so müssen automatisch viele seiner Arbeiten und Merkmale unter den Tisch fallen. So wie Josef Frank einmal behauptete, daß unsere Zeit die ganze uns bekannte historische Zeit sei, so könnte man auch behaupten, daß jede Person, jeder Künstler in irgend einer Form seine ganze Zeit repräsentiert. Meine Auswahl ist eher zufällig, ich habe absichtlich jene Arbeiten ausgelassen, mit denen Welzenbacher fast ausschließlich identifiziert wird, also sozusagen das «Klischee Welzenbacher» ausgeblendet.

26

27a

27b

28   Lois Welzenbacher, Haus Arnold, Wien, 1925
Wenn jemand unverfroren behaupten würde, das frühe Wiener Haus Arnold sei ein Plečnik, würden Sie vermutlich einen Augenblick stutzen. Welzenbacher ging in dieser Zeit tatsächlich mit historischen Formen erfinderisch um, er verriet jene Kenntnis des klassischen Vokabulars, das entwerferische Freiheit erlaubte.

29   Lois Welzenbacher, Festhalle Feldkirch, 1925/26
In dieser Hinsicht war die Festhalle Feldkirch eine sehr eindrucksvolle Erfindung, die mit ihrer «Doppelturmfassade» mit dem visuell resistenten Zwillingskegel nicht nur ein neues Wahrzeichen der Stadt, sondern auch einen unverwechselbaren Ort schuf. Der entwerferische Ansatz ist hier weit entfernt von einem topographischen Positivismus, die Form ist nicht aus einer Situation heraus entwickelt, sondern bewußt gestiftet, allerdings für einen städtischen Raum, der einer solchen Stiftung bedurfte und sie auch honorierte. Ich muß nicht extra betonen, daß dieses Zeichen bei der ersten Gelegenheit (nach einem Brand) weggeräumt wurde.

30   Lois Welzenbacher, Tanzcafe Reisch, Kitzbühel, 1928
Großstädtisches Flair für eine Tourismusmetropole, die bereits zur Rutschbahn in die Niederungen der Kommerzfolklore unterwegs war. Dieser Raum simuliert heute eine Almhütte für Heimatabende, sozusagen eine Vorform für den Musikantenstadel. Aber das ist, heißt es in einer erfolgreichen Werbung, eine andere Geschichte.

31   Lois Welzenbacher, Haus Buchroithner, Zell am See, 1928–30
Welzenbacher konnte in einem Detail, in einer Linie das ganze Prinzip eines Hauses darstellen. Er hat also gewissermaßen das barocke Ideal eines Dreiklangs der Künste nicht durch Addition, sondern durch Komplexität erreicht. Die Raumentwicklung des Hauses, die dem Gelände abgerungen wurde, fokussiert sich in einem Handlauf und sie wird auch in diesem Detail entschlüsselt.

32   Lois Welzenbacher, Turmhotel Seeber, Hall in Tirol, 1930/31
Ähnlich beschrieb das Turmhotel Seeber den städtischen und landschaftlichen Umraum von Hall in Tirol. Die gestisch ausholende Drehbewegung ist eine einzige Liebeserklärung an den Ort. Man muß es nicht extra erwähnen, daß man inzwischen kräftig dafür gesorgt hat, daß dieser Ort keiner Verneigung mehr bedarf.

33   Lois Welzenbacher, Haus Proxauf, Innsbruck, 1931
Welzenbacher war in der Darstellung von Bewegung fast unerschöpflich, trotzdem griff er auch auf fast klassische Lösungen der Moderne zurück. Man müßte also vielleicht doch manchmal eine hauchdünne Linie zwischen Erfindung und Anwendung ziehen.

28
29
30
32
31
33

Statt zu einer historischen Darstellung der Aufbrüche, Umbrüche und Abbrüche bin ich jetzt zu einer Infragestellung der Beschreibbarkeit dieser Phänomene gekommen. Natürlich habe ich immer noch die Hoffnung, daß es möglich sein muß, auch das verworrene Feld der architektonischen Äußerungen der Zwischenkriegszeit in irgend einer Form zu strukturieren und in lesbaren Linien darzustellen. Ich glaube nur nicht mehr daran, daß es sich um einfache Abbilder einer politischen, ökonomischen oder wie immer geprägten Wirklichkeit handelt. Ich glaube, um dieses Unternehmen einigermaßen seriös durchzuführen, muß man sozusagen die Mittel und Methoden, die der Architektur der zwanziger und dreißiger Jahre zur Verfügung standen, genau analysieren. Und dabei spielt das Trümmerfeld (das semantische, symbolische, ikonologische etc. etc.), das der Historismus und seine Feinde hinterlassen haben, eine große Rolle. Ohne die genaue Kenntnis der historistischen Ambivalenzen, ja Multivalenzen kann man über die Architektur dieser Zeit überhaupt nicht sprechen. Und selbst wenn diese Kenntnisse alle vorhanden wären, hätte man es immer noch mit sehr vagen, gestörten, verwirrenden und gar nicht gesicherten Koppelungen von Inhalt und Form zu tun, weil sich eben die Formen schon im Historismus von den Inhalten vielfach gelöst haben und zumindest keine logischen, verlässlichen Beziehungen mehr auszumachen sind. Wie wäre es sonst denkbar, daß ideologisch so polare Lager wie der Stalinismus und der Nationalsozialismus zu so irritierenden Kongruenzen fanden, oder der italienische Faschismus und der Nationalsozialismus zu so erstaunlichen Divergenzen. Natürlich ist das alles einigermaßen plausibel beschreibbar, aber die Ratlosigkeit tritt dann ein, wenn es etwa um die ästhetischen Differenzen zwischen der Architektur des Wiener kommunalen Wohnbaus und/oder austrofaschistischer Erzeugnisse geht, die noch dazu teilweise von den gleichen Architekten im Jahresabstand entworfen wurden.

Ich möchte außerdem behaupten, daß die Probleme nicht nur bei den architektonischen Mitteln und ihrer sprichwörtlichen Ambivalenz liegen, sondern ebenso in den nicht minder konturschwachen Kulturprogrammen der politischen Lager, und natürlich vor allem auch in der Unmöglichkeit eindeutiger ästhetischer Analogien. Von den persönlichen, biographischen und individuellen Überschneidungen, Verqickungen und Durchdringungen habe ich schon gesprochen. Ich komme also zu einem zwar nicht resignativen, aber doch sehr skeptischen Schluß: Der Rest ist nicht Schweigen, aber Dichtung. Die österreichische Architekturgeschichte der Zwischenkriegszeit gibt es nicht, sie muß erst entworfen werden.

(1995)

Ausländer rein

In der Architektur kannte man bis in die siebziger Jahre des 19. Jahrhunderts die Polarität von national und international überhaupt nicht. Sie war eine an Inhalten, Methoden und Moden orientierte Größe, die in den Relationen kultureller Machtdarstellung und Einflußsphären ihre unterschiedlichen Modelle entwickelte: die französischen Bauhütten haben bis Ungarn hinein gewirkt, die Italiener gaben über Jahrhunderte hinweg in Mitteleuropa den Ton an, und noch die führenden Architekten der Wiener Ringstraße waren Deutsche, Dänen und ein paar Österreicher aus Budapest.

Mit den nationalromantischen Bewegungen (von Finnland bis Katalonien) und den regionalistischen Tendenzen im Schoße der Heimatschutzbewegung wurde jedoch nicht nur eine Beurteilungsskala von «landschaftlichen und stammesmäßigen» Merkmalen entwickelt, die die Region als eine Qualität an sich entdeckte, sondern auch das Konstrukt von Nationalarchitekturen erfunden, deren Kenntnis vor allem den Kunsthistorikern vorbehalten blieb. Da Nationalstile nicht nur konstatiert, sondern gleich auch entworfen wurden, mußte sehr schnell der Eindruck entstehen, es handle sich um das Selbstverständlichste der Welt, und es war der Naivität oder der Gleichgültigkeit der Moderne vorbehalten, gegensteuernd, für die Architektur das zu beanspruchen, was sie eigentlich immer hatte: eine internationale Bezugsebene mit wechselnden Zentren oder einen autonomen kulturellen Spielraum zwischen den Ländern.

Heute, da jeder oberitalienische oder kalifornische Huster dank Satelliten doppelt so stark in Japan gehört werden kann, ist es umso erstaunlicher, daß die Sehnsucht nach nationalen oder regionalen Architekturen nicht nur existiert, sondern anscheinend vitaler ist als eh und je. Der selbsternannte Psychologe (in der Gestalt eines Architekturschreibers) sagt natürlich, gerade deshalb, weil jede Information überall präsent und zugänglich ist, entsteht das Bedürfnis nach behüteten und scheinbar geschützten Bereichen lokalen oder regionalen Bauens – nach einer Qualität in der Maske der Vielfalt und der Unterscheidbarkeit – die ja auch wiederum, wenn die Gäste kommen, zu Buche schlägt. So war der Regionalismus von Anfang an ein internationales Phänomen und diese Tendenz, soweit man sie so benennen kann, macht nicht Regionen unterscheidbarer, sondern stellt eher ihren gemeinsamen Konflikt mit der «Überfremdung» dar, der wieder überall zu ähnlichen Formen und Erscheinungen führt. Man könnte dieses Verwirrspiel noch weiter treiben, nur müßten wir dann über das Marktverhalten verbreiteter Formklischees diskutieren. Verzweifelt an diesem Thema, habe ich einmal versucht, zwischen Regionalismus und regionalem Bauen zu unterscheiden, wobei das regionale Bauen die selbstverständliche, ungewollte Widerspiegelung regionaler Kultur (gibt es die noch?), jedenfalls charakteristischer, beschreibbarer Verhältnisse wäre und der Regionalismus die artifizielle, absichtsgeschwängerte Reflexion dieser Probleme. Regionalismus wäre demnach eine zu spät gekommene Reaktion auf etwas Verschwindendes (das im paradiesischen Zustand regionalen Bauens ja nicht erkannt werden kann), der Versuch, regionale Werte in «Baukunst» zu transformieren, was von vornherein Distanz, also die Sehweise einer Großstadtkultur voraussetzt.

Trotz allem, das Bauen findet heute immer noch im Spannnungsfeld von lokalen, regionalen Möglichkeiten und überregionalen Gedanken, Maßstäben und Kriterien statt. Der Einfluß einzelner Köpfe ist größer denn je, der Verschleiß jeder Erfindung schneller und radikaler als in früheren Tagen. Der Wahn, den «großen Meister» überall in natura haben zu wollen, ob als Verkünder seiner Botschaft oder als Autor eines Bauwerks, beschleunigt seine Vernichtung, die Duftmarken werden immer dünner, bis sie von lokalen Gerüchen zugedeckt werden. Es kann also nicht darum gehen, daß jede Bezirkshauptstadt ihren Meisterbau aus dritter Hand bekommt. Wenn Architektur, abgekoppelt von den PR-Strategien der Städte, noch eine Funktion hat, dann geht es ja um komplexere kulturelle Anliegen und nicht nur um Vorzeige- oder Alibibauten.

Ich habe eigentlich nichts gegen die goldenen Eier, die die «Großmeister» allenthalben in einen Ort legen und die dann zu beliebten Reisezielen werden. Man muß sich nur darüber klar sein, daß diese Arbeiten im sogenannten Diskurs eine ganz bestimmte Rolle spielen und daß sie vor Ort oft das nicht einlösen, was ihnen auf einer medialen Ebene zugestanden wird. Ihre oft blasierte Abgehobenheit von den Verhältnissen rundherum läßt sie auch nur an ganz bestimmten Auseinandersetzungen teilhaben, wenn man so will, an eigenen Marktmechanismen, die sowieso die allgemeinen Trends und Wahrnehmungsschwerpunkte bestimmen.

Ich wollte eigentlich auf ein anderes Ziel lossteuern und zunächst von einer ganz einfachen Erfahrung sprechen.

Die Erfahrung von Salzburg

Auch im sogenannten *Salzburgprojekt* hat man es zuerst mit den «grossen Meistern» versucht, mit dem Ergebnis, daß der größte trotz Bauauftrag nie nach Salzburg kam und das Werk, das er hinterließ, höchstens als ein Bau «à la» bezeichnet werden kann. Nun, die Diskussion um das Projekt «Forellenweg» hat eine gewisse Öffentlichkeit für Architektur in Salzburg erzeugt, und die politischen, genossenschaftlichen und medialen Anstrengungen, es zu vernichten, waren so groß, daß sie heute schon als historische Ereignisse verklärt werden. Die fruchtbare Auseinandersetzung mit ausländischen Architekten lag aber auf einer ganz anderen Ebene. Man muß vorausschicken, daß es zum architekturpolitischen Konzept des damaligen Planungs- und Baustadtrates Johannes Voggenhuber gehörte, jene bauliche Tradition Salzburgs wieder zu beleben, die eben Salzburg zu Salzburg gemacht hat, also den intensiven Dialog mit der Baukultur südlich der Alpen. Dabei hat man nicht nur jeweils einen Italiener in den Gestaltungsbeirat geholt (Gino Valle,

Adolfo Natalini), sondern auch den Tessiner Luigi Snozzi zum Vorsitzenden in der zweiten Arbeitsperiode gemacht. Die ausländischen Zuladungen zu Wettbewerben oder Gutachterverfahren wurden etwa in einem Rahmen von 20 Prozent gehalten, und es haben sich die Zugeladenen nicht immer durchgesetzt. Dieser relativ geringe Anteil an Ausländern oder Ortsfremden wurde problemorientiert, also nach spezifischen Qualifikationen in das Bauprogramm der Stadt eingeschleust, was auf die lokale Diskussion, auch durch die zeitweilige Anwesenheit dieses Personenkreises, sehr befruchtend gewirkt hat. Es wurde manchmal eine wichtige Bauaufgabe in der Stadt über Monate hinweg mit einem hohen Niveau an Alternativen diskutiert. Ein Effekt dieser Praxis liegt auch darin, daß bei problemorientierter Erweiterung eines Wahrnehmungsfeldes (an der konkreten Bauaufgabe, bei intimer Kenntnis der örtlichen Verhältnisse) sich eine Dialektik von Nähe und Distanz entwickelt, die eben nur durch Gedanken von außen befruchtet werden kann. Es war also kein Zufall, daß für Salzburg Architekten aus betont urbanen Baukulturen (Tessin, Italien, Portugal, aber auch von München, Basel und Berlin) eingeladen wurden, denen einerseits die kulturellen Bedingungen dieser Stadt zugänglich waren, die aber andererseits eine kritische Distanz zu den oft sehr verkrusteten örtlichen Verhältnissen mitbrachten. Dabei war es auch wichtig Architekten zu finden, deren Arbeit eine kommunikative Bereitschaft signalisierte, mit einer baukulturellen Situation einen Dialog aufzunehmen, die also wenig Neigung zu einer monologisierenden Hermetik zeigten.

Es geht aber noch um viel einfachere Erfahrungen: das Auftreten von Architekten aus anderen Ländern (oft schon aus einer anderen Stadt) hat meist den ganz simplen Effekt zu zeigen, daß nicht alles so sein muß, wie es sich eben an dem Ort eingebürgert hat. Allein der Konflikt mit den Baubehörden oder den öffentlichen Bauträgern (Genossenschaften) bläst Sauerstoff in die Amtsstuben. Aber die «Fremden» bringen noch etwas viel wichtigeres mit, das ist der frische Blick auf die Merkmale und Qualitäten eines Ortes, für das Besondere einer lokalen Situation. Ortsfremde machen durch ihre spontanen Reaktionen und Vorschläge vieles sichtbar und bewußt, was dem Ansässigen schon lange verschüttet und unzugänglich ist. Es ist sicher kein historischer Zufall, daß Salzburg von der Renaissance, ja von der Gotik bis zur Mitte des 20. Jahrhunderts seine Physiognomie ausschließlich Architekten aus Italien, Tirol, Bayern und Wien verdankt, von Stethaimer, Scamozzi, Zugalli über Fischer von Erlach, hin bis zu Wessiken, Ceconi, Berndl, Behrens, Deininger und Holzmeister. Alle diese Architekten wurden auf ihre Weise von der Stadt gefesselt und haben von näheren oder weiter entfernt liegenden Bezugsebenen auf sie reagiert.

Natürlich neigen Architekten (gezeitenartig) immer wieder dazu – angefangen von den sogenannten Platzhirschen – Territorien abzugrenzen und eine Förster- oder Rauchfangkehrermentalität zu entwickeln. Diese Schübe architektonischer Erblindung haben ihre ökonomischen Ursachen und können nicht mit fachlichen Argumenten erhärtet werden. In Österreich hat man in den fünfziger Jahren allen Ernstes einmal die Frage diskutiert, ob man nicht (ähnlich wie bei den Rauchfangkehrern oder Apothekern) die Tätigkeitsfelder der Architekten in Rayone oder Reviere einteilen sollte. Diese gewerbliche Auffassung von Architektur geht paradoxerweise davon aus, daß Architekten automatisch Architektur produzieren, was wiederum paradoxerweise die Architekten zur Tautologie verleitet, das, was sie produzieren, in jedem Fall für Architektur zu halten.

Dialektik von Nähe und Distanz

Es war eingangs falsch, abgehobene, hermetische Architekturkonzepte, die überall und nirgends bestehen können, mit den «großen Meistern» kurzzuschließen. Die Hermetik der Mittelmäßigkeit oder die der unreflektierten Repetition ist oft noch eine viel größere und auch gefährlichere. Aber es geht doch darum, günstige Bedingungen zur Entstehung von Architektur zu schaffen, und zwar möglichst überall. Und das ist wiederum nur möglich, wenn die Auseinandersetzung an Hand von Gebautem, über den Prozeß des Bauens geführt werden kann. Die Nähe der Sachzwänge braucht automatisch die kritische Distanz, das Gewohnte, nicht mehr Reflektierte ungefragt seine Infragestellung. *Ausländer rein* kann also nur heißen, Positionen und Relationen nicht erstarren zu lassen, immer wieder neue Aspekte und Kriterien zu produzieren, die vor Ort keine Chance haben, von selbst zu entstehen.

Ein modernes Problem liegt auch darin, daß die Reizschwelle gegenüber der Informationsflut immer höher wird, daß gegenüber dem Informationsfluß der Informationsstau eher das Alltägliche ist. Darin liegt ja gerade die Verführung im Auftritt der «großen Meister», daß sie die Illusion der puren Wahrheit, des Originals, der Authentizität erzeugen, die durch das Papier schon lange nicht mehr vermittelt werden kann. Die spannendsten Momente bei den Auftritten der alten Großmeister, ob sie nun Alvar Aalto, Le Corbusier oder auch nur Rudolf Schwarz oder Egon Eiermann hießen, waren doch die Momente, wo sie zu konkreten Problemen der Stadt befragt wurden oder zu anstehenden Fragen der lokalen Architektur. Die heutigen Jet-setter werden nicht mehr gefragt, da sie die realen Verhältnisse, in denen sie auftreten, ohnehin nicht mehr wahrnehmen oder wahrnehmen können.

Die kurze Periode der Salzburger Architekturreform hat jedoch gezeigt, daß ein abgewogenes, problemorientiertes *Ausländer-rein-Programm* auch für die ansässigen Architekten – soweit sie nicht die Augen schließen – ein enormer Gewinn ist. Herausforderungen wurden schnell, vor allem von jüngeren Gruppen, angenommen, und die anfängliche Lähmung hat sich bald in eine erhöhte Wachheit verwandelt. Und schließlich ist auch die Erfahrung etwas wert, daß die gerne überschätzten Ausländer auch nur mit Wasser kochen. Jedenfalls birgt die Konkurrenz vor Ort auch die Chance, die eigenenen Qualitäten zu zeigen.

Wenn es der organisierten Architektenschaft darum geht, daß ihr Produkt, die Architektur, als kultureller Faktor in der Gesellschaft ernst genommen wird, dann ist die einzige Konsequenz daraus, die Türen und Fenster so weit aufzumachen, wie es nur geht. Sicher, die meisten Länder haben es noch nicht kapiert, daß ein Architekturimport nur Vorteile bringen kann, auch wenn es zunächst nur Einbahnen gibt und ein kräftiges Austausch-Defizit entsteht. Aber es werden ja nicht Waren eingeführt, sondern Kenntnisse, Qualitäten, eben nicht quantifizierbare Werte.

Und was die Ausländer betrifft, so sollte man an den vielzitierten Häuptling denken, der entdeckt hat, daß alle Menschen Ausländer sind, also auch wir.

(1990)

Das «Europäische Haus»

Traum oder Alptraum?

Konfrontiert man einen oder gar eine Versammlung von Architekten mit dem Begriff «das Europäische Haus», so ist gewissermaßen ein Desaster vorprogrammiert. Vielleicht ist es kein Zufall, daß sich in der letzten Zeit immer mehr die Politik architektonischer Metaphern bedient: da wird eben allerorten am «gemeinsamen Haus Europa» gebastelt, es gibt Architekten der Nahost-, der Südost- oder Nord-Süd-Politik; unlängst fand ich sogar das Wort «europäische Sicherheitsarchitektur» in einer Tageszeitung.

Während der hinlänglich abgenutzte und geschändete Begriff der Struktur noch die Illusion von Präzision, Solidität oder Flexibilität erwecken konnte und für den Benutzer den Schein analytischen Denkens verstrahlte, vollzieht nun der Architekturbegriff einen qualitativen Sprung zum Ganzheitlichen und verleiht den Glanz komplexer Weltsicht. Das Ganzheitliche ist wieder im Vormarsch und die Architektur sieht – wenigstens in den Köpfen der Politiker – wieder besseren Zeiten entgegen.

Ich gebe zu, die architektonischen Metaphern sind versöhnlicher, ungenauer, harmloser, und so ein gemeinsames Haus vermag schon allerhand Heimeligkeit zu vermitteln. Ich hege den Verdacht, daß dieses Bild zuerst von einem Außenstehenden, sich Draußenfühlenden gebraucht wurde, denn so wirklich schön kann ja ein solches Haus nur von außen sein. Ich weiß nicht, wieso mir dabei ein geräumiges Bauernhaus einfällt, mit einer Gutstube (in die nur Verwandte an Feiertagen hineindürfen), mit einigen Schlafkammern, Wirtschafts- und Kellerräumen, Stall, Scheune und geräumigen Dach- und Heuböden. Wo sich die Bauersfamilie aufhält ist klar, wo das Gesinde schläft auch. Und die Taglöhner, Bettler, Hausierer und Landstreicher werden, wenn es zu bunt wird, ohnehin aus den Heuböden verjagt.

Oder stellen Sie sich unter dem europäischen Haus einen modernen Wohnblock vor, mit lauter gleich großen Wohnungen, alle nach Süden orientiert usw. Übrigens: Auch die Architekten sind großzügig im Umgang mit der Sprache, sie vermögen ihre Räume in alle Himmelsrichtungen zu *orientieren*.

Mir fällt also zum Thema «Europäisches Haus» nicht mehr ein, als daß es sich um ein höchst anfechtbares, unbrauchbares Bild handelt. Natürlich steckt in dieser metaphorischen Schlamperei auch ein Quäntchen Herausforderung, es liegt vermutlich in der Frage, was die Architektur überhaupt für Europa zu tun vermag, ob sie vielleicht eine Art von nonverbaler Kommunikationsebene abgeben könnte, ein kulturelles Beziehungsnetz in der brisanten Dialektik von Normierung und Differenzierung, auf einem neuen Terrain von Wünschen und Begierden.

Da aber die Architekten noch immer dazu neigen, ihr Metier zu überschätzen, also von der Architektur Leistungen erwarten, die sie nie zu erbringen vermag – ich erinnere Sie an die Rollen, die sie in der Verbesserung der Menschheit als moralisches Erziehungsinstrument oder als revolutionäres Werkzeug der Gesellschaftsveränderung schon spielen sollte –, erlaube ich mir ein paar einschränkende Bemerkungen zum Thema Architektur, die vielleicht nur wegen ihrer Tendenz Aufmerksamkeit verdienen:

1) Architektur ist keine Sprache und wenn, dann eine höchst unpräzise, widersprüchliche und mehrdeutige.
2) Architektur kommt immer zu spät, sie stellt dar, was geschehen ist (sich selbst), so daß sich das Denken in ihr nicht bewegt, sondern eher zur Ruhe setzt.
3) Trotzdem hat die gebaute Architektur nichts Statisches, sie verändert sich mit der Wahrnehmung und dem Denken des Menschen, sie ist als Gegenstand der Interpretation etwas höchst Flüchtiges.
4) Architektur ist, wenn schon nicht leutselig, so doch opportunistisch. Die wenigen Ausnahmen haben kaum eine Überlebenschance.
5) Architektur ist humorlos, würde sie mit den Augen zwinkern, fielen die Fenster heraus.
6) Architektur ist nur zum Schein kommunikativ, weil jeder glaubt, sie leicht verstehen zu können.
7) Architektur ist tautologisch, sie wird ja auch von Architekten gemacht.
8) Architektur ist einkleidbar, seit dem 19. Jahrhundert tritt sie auch in Trachten auf.
9) Architektur ist uniformierbar, seit dem 19. Jahrhundert trägt sie auch Uniformen.
10) Die Architektur ist ein europäisches Phänomen, ihre Verfügbarkeit ist also auch für Europäisches gefährlich.

Womit ich eingestanden habe, einmal Architekt gewesen zu sein. Wie wäre es sonst möglich, die Architektur so zu überschätzen.

Das 19. Jahrhundert wird hier nicht zufällig ins Spiel gebracht. In diesem Jahrhundert wurde die Architektur endgültig aus dem Paradies vertrieben, seither weiß sie, daß sie nackt ist, daß sie sich bekleiden muß, sie weiß um die Gesetze des Scheins, sie hat ihre Skrupel mit dem Echten; seit sie gleichzeitig mehrere Sprachen spricht, weiß sie um die Konventionen der Mitteilung, ja, sie ist sogar fähig, national oder regional zu sein. Seit die Kunstwissenschaft und die Architekturgeschichte Beziehungs-, Abhängigkeits- und Zuordnungssysteme erfunden haben, wir in Entwicklungslinien und Kausalitäten denken, seitdem die Architekturen nach Stilen klassifizierbar sind, hat sich nicht nur ihre Rezeption, sondern auch die Konzeption radikal verändert.

Plötzlich fand sich die Architektur im Wettkampf der Nationen wieder, sie wurde *ideologiereif*, ihre Inhalte wurden willkürlich von Staaten besetzt, begrenzt oder erweitert. Im ersten Eifer kam es sogar zu grotesken Irrtümern, wie etwa der Vereinnahmung der Gotik als deutsche Baukunst.

Und wer schützt uns heute, bei der Erfindung von Europa, beim Bau des *gemeinsamen Hauses* vor noch größeren Irrtümern? Produziert dieser Quantensprung aus der Nationalstaatlichkeit noch größere Ungeheuerlichkeiten, als sie von den Nationen des vorigen Jahrhunderts in das unsrige verpflanzt wurden?

Nationalarchitektur
Ich glaube es ist nicht notwendig, über die Genauigkeit und Begrenzbarkeit des Architekturbegriffes, über die gottgegebene Bandbreite seiner Semantik, sich noch mehr zu verbreiten. Präzision kann schon gar nicht in abstrakten Kategorien, höchstens in konkreten kulturellen Situationen erreicht werden.

Wie steht es nun mit dem Begriff der *Nation*, der, nach Meyer, durch «*die Gemeinsamkeit der Abstammung, Wohngebiet, Sprache, Religion, Welt- und Gesellschaftsvorstellungen, Rechts- und Staatsordnung, Kultur und Geschichte, sowie durch die Intensität der Kommunikation konstituiert wird*». Konstituieren hat auch etwas mit Konstanten zu tun. Es wäre aber vielleicht in diesem Zusammenhang klüger, von Variablen zu sprechen, also von Elementen, die in sich selbst veränderbar sind und die noch dazu in sehr unterschiedlichen Beziehungen oder Konstellationen aufzutreten vermögen, das Fehlen einiger dieser Variablen mit eingeschlossen. Es ist also auch der Begriff der Nation ein sensibles, anfälliges oder flüchtiges Konstrukt, wenn nicht Bedingungen äußeren oder inneren Drucks es zu stabilisieren vermögen. Verbinden Sie nun *Nation* mit *Architektur*, so erhalten Sie ein Gebilde, über das ich zumindest nicht gezwungen werden möchte, verbindliche Aussagen zu machen.

Über dieses bodenlose Terrain – ein schönes Paradoxon – kann man sich nur mit ein paar groben Pflöcken von Behauptungen retten: Die europäischen Nationalarchitekturen sind Erfindungen von Kunsthistorikern oder Architekturgeschichtsschreibern, die in Verbindung mit der Erforschung nationalstaatlicher Geschichten gemacht wurden. Je mehr mittelalterliche und neuzeitliche Quellen in diese künstlichen Kanäle eingeleitet werden konnten, umso besser stand es um die nationale Tradition. Um es gleich vorwegzunehmen: alle diese Geschichtsdarstellungen sind falsch und wahr in einem, denn es handelt sich um komplexe, fragmentarisch wahrgenommene oder verifizierbare Tatbestände, beobachtet unter bestimmten Interessensperspektiven oder geleitet von Wahrnehmungsmustern, wie etwa dem Gebot der Reinheit, das bekanntlich heute nur mehr in der Bierreklame eine Rolle zu spielen vermag.

Kleiner Exkurs über die Reinheit
Reinheit hat etwas mit Klassifizieren zu tun. Reinheit ist ein idealistischer Anspruch, der an sich nicht eingelöst werden kann. Wer jemals eine architektonische Typologie versucht hat, mußte zur Kenntnis nehmen, daß es den Typus real nicht gibt. Ich meine nicht den geplanten Typus, das Modell, son-

dern den abgeleiteten, abstrahierten Typus. Eine Abweichung ist immer dabei. Klassifikationen schaffen Bilder, nach denen dann die Welt gesehen wird oder geordnet werden soll. Die Defizite liegen schon in der Herstellung dieser Bilder. Das konnte so weit führen, daß große Theoretiker und Praktiker des 19. Jahrhunderts, wie etwa ein Viollet-le-Duc, gotische Kathedralen nach den «Gesetzen» typologischer Reinheit zu regulieren, zu korrigieren versuchten. Der Historiker maßregelt, kraft seiner historischen Kenntnisse, die Geschichte. Nach unseren Bildern von der Geschichte ist diese immer unperfekt, schlampig, willkürlich, beiläufig, mit einem Wort *unrein*. Wer also nach einem Reinheitsgebot antritt, kann nur Pleiten erleben. Oder, wenn er selbst in die Entwicklungen eingreift, zum Verbrecher werden. Es erübrigt sich der Hinweis, daß alle Reinheiten, ob rassische, ethnische, völkische, ständische, nationale, religiöse usf. nur Katastrophen angerichtet haben und noch anrichten. Dabei wäre die Erkenntnis schon alt genug, daß alles Leben, alle Vitalität, alle kulturelle Fruchtbarkeit aus Mischungen besteht. So gesehen war die deutsche Kleinstaaterei um vieles fruchtbarer als das Reich Bismarcks. Es empfiehlt sich, wieder Kulturgeschichten zu lesen, zu den amüsantesten gehört noch immer jene von Egon Friedell.

Architekturen
Wenn ich vorhin das Bild von der *Vertreibung aus dem Paradies* gebraucht habe, so meinte ich damit jene architektonische Bewußtseinsbildung, die mit der veränderten Wahrnehmung von Geschichte, ihrer Herstellbarkeit und der damit verbundenen Illusion der Verfügbarkeit zu tun hatte. Architektur also als ein Instrument der Mitteilung, bewußter Ein- und Ausgrenzungen, auf der Basis historischer Legitimation oder was man dafür hielt.

Der paradiesische Zustand wäre demnach eine selbstverständliche, nicht problematisierte inhaltliche Bindung, ja eine Identität von Leistung und Ausdruck, ob diese nun von religiösen, politischen, wirtschaftlichen oder kulturellen Programmen dominiert sind. So gesehen war Architektur nie an regionale oder gar nationale Kategorien gebunden: Die Architektur der Zisterzienser reichte ebenso weit wie die Ausbreitung ihres Ordens, die Architekturen der europäischen Herrscherfamilien bis zu den Grenzen ihrer Macht und der damit verbundenen Verfügbarkeit über die kulturellen Ressourcen. So gesehen war Architektur immer expansiv, überregional, ja international; sie reichte eben so weit wie sie rezipiert werden konnte, einmal von der Mobilität ihrer Produzenten ganz abgesehen. Und sie hatte auch keine Skrupel, andere, frühere Architekturen zu verdrängen.

So geraten auch Fragen, aus unserem sammelnden, katalogisierenden und etikettierenden Geschichtsverständnis im Rahmen nationalstaatlicher Schablonen gestellt, leicht an den Rand des Lächerlichen: War Fischer von Erlach ein deutscher Baumeister oder Theophil Hansen ein Wiener? Oder war der eine ein steirischer Römer und der andere ein dänischer Hellene? War die dritte Generation der Santinis in Böhmen – die sich dann Santini-

Aichel nannten – italienisch, tschechisch oder gar deutsch? War Carl Ludwig Engel ein deutscher, russischer oder schon ein finnischer Architekt? Was wiegt mehr: Herkunft, Geburt, Ausbildung oder Tatort?

Das Thema nationaler Abgrenzung von Architektur war merkwürdigerweise auch oder fast nur das Thema nationalstaatlicher Peripherien – ein Grenzlandthema – oder noch nicht abgeschlossener innerstaatlicher Konkurrenz. Bei der zentralstaatlichen Kontinuität etwa Frankreichs ist, meines Wissens, das Problem einer Nationalarchitektur nie entstanden. Da fiel der preussischen Architektur der nachnapoleonischen Zeit schon eine andere Rolle zu. Die klassischen Herzeigebeispiele sind aber allesamt mit Ansprüchen nationaler Selbständigkeit verbunden, die erst sehr spät (gegen Ende des 19. Jahrhunderts) architektonisch artikuliert wurden. Allen voran Ungarn, wo Ödön Lechner mit Hilfe einer sehr eigenwilligen ornamentalen Konstruktion einen ungarischen Nationalstil zu kreieren versuchte, der aber nur eine, allerdings sehr dominante, Variante des ungarischen Jugendstils geworden ist. Da hatte es die Nationalromantik der Finnen – ebenfalls ein Synonym für einen regionalen Jugendstil – mit der soliden Basis einer bürgerlichen Architektur schon etwas leichter. Für die Katalonen ist das Werk Antoni Gaudís und seiner Schüler bis heute ein nationalromantisches Versprechen geblieben.

Interessant war in diesem Zusammenhang die Situation in der österreichischen Monarchie: Österreich brachte es bekanntlich zu keinem Nationalstil – was mir nicht unsympathisch ist –, die Klammer der Sprachenvielfalt war eher ein trockener Beamtenstil, der mit den Bahnhöfen, Schulen, Museen, Amts- und Gerichtsgebäuden die Anwesenheit des Zentrums signalisierte. Erst gegen Ende des 19. Jahrhunderts, also schon mitten im Sprachenstreit im Wiener Parlament, wurde der Maria-Theresianische Stil – übrigens eine falsche Bezeichnung für den österreichischen Barock – inoffiziell zum Nationalstil erklärt, der jedoch gegenüber der Secessionsbewegung eine eher resignative Alternative darstellte. Daß das Kaiserhaus den secessionistischen Revoluzzern fast ein kalkuliertes Wohlwollen zeigte, hing vermutlich damit zusammen, daß diese Bewegung noch einen übernationalen Charakter hatte, also den auseinanderdriftenden Kronländern ein stabilisierender Faktor war.

Trotzdem wurde schon in der Meisterschule Otto Wagners das Thema *Nationalarchitektur* heftigst diskutiert, schließlich waren auch in dieser Schule die talentiertesten Köpfe der Monarchie vereinigt. Wagners Rationalismus, seine kosmopolitischen und imperialen Perspektiven konnten aber nur mehr den Reibebaum abgeben für diesen vitalen Prozeß einer inhaltlichen Neuorientierung. Die Tschechen Jan Kotěra, Pavel Janák, Josef Chochol, Josef Gočár oder Vlastislav Hofman entwickelten auf nationalen Grundlagen den *Tschechischen Kubismus* – mit einer gleichzeitigen brillanten Kritik der Wagnerschen Doktrin –, Dušan Jurkovič suchte in der bäuerlichen Architektur der Slowakei Quellen für einen nationalromantischen Stil, und Josef Plečnik formulierte an der Grenzlinie zwischen der römischen und byzantinischen Kultur eine slowenische Antithese zum Wiener Utilitarismus; ein Werk, das sozusagen posthum zur slowenischen Nationalarchitektur erklärt werden kann.

In allen Fällen handelt es sich um extrem personalisierte, individuelle Sichtweisen oder Interpretationen von Zeitproblemen, die zunächst Widerstand provozierten und einer späteren allgemeinen Akzeptanz bedurften. Da diese Entwicklungen gerade in den sogenannten Oststaaten durch die Umarmungen des sozialistischen Realismus gestoppt wurden – oder zumindest bisher so rezipiert werden –, kommt der Anknüpfungsprozeß erst heute wieder langsam in Gang, und es ist kein Wunder, daß dieser als Teil nationaler Souveränität und kultureller Eigenständigkeit empfunden wird.

Regionales Bauen, Regionalromantik, Regionalismus

Es bedurfte der Industriellen Revolution, des expandierenden Liberalismus, der Besetzung des Landes durch städtische Produktions- und Lebensformen, daß sich, gewissermaßen aus einer kulturellen Defensive heraus, die Heimatschutzarchitektur entwickeln konnte. Es wurde, parallel zur Dialektforschung, die heile Welt ländlichen, bäuerlichen und kleinbürgerlichen, jedenfalls handwerklichen Bauens entdeckt, wieder ein paradiesischer Zustand, den man erst registrierte, als er verschwunden war. Das war das regionale Bauen, mit seinen Eigentümlichkeiten, seiner Behäbigkeit und auch Selbstzufriedenheit, mit seinen Regeln und unreflektierten Ordnungen, mit seinen materialen Beschränkungen und den eingeübten Lebensformen. Hier war die Typenvielfalt die natürliche Norm, jedes Tal, jeder Landstrich, jede Miniaturherrschaft hatte Eigenes aufzuweisen. Angesichts der drohenden neuen Systeme, die in die unbekannte Welt hinauswiesen – so ein mechanischer Webstuhl und die Halle, in der er stand, wies von Vorarlberg direkt nach England –, mußte die traute Welt heimatlichen Bauens noch trauter wirken. Kein Wunder also, daß gegen die Überfremdung sich Kräfte mobilisierten, also diese Heimat geschützt werden mußte?

Falsch. So war es ganz sicher nicht. Nicht der Bauer, der Ansässige wehrte sich gegen diese Entwicklungen; sie brachten oder versprachen ihm immerhin eine Verbesserung seiner Lage, nein, der Städter, der die Idyllen der Armut als Fluchträume für seine Regeneration zu entdecken begann, dem das Land die «Sommerfrische» gewährte, der entdeckte plötzlich diese Veränderungen.

Die Rettung des Landes, der Heimat war also eine Erfindung der Städter. Nur der Städter hatte die Distanz und die Vergleichsmaßstäbe, die Kultur und das Bauen auf dem Lande als eine *Einheit* wahrzunehmen, was immer das war. Ich darf Sie daran erinnern, daß es in manchen alpinen Gegenden bis in die fünfziger Jahre unseres Jahrhunderts dauerte, bis sich die Bauern, durch die harte Droge der Heimatfilme, dazu überreden ließen, ihre Arbeitswelt schön oder gar erhaltenswürdig zu finden. In Wirklichkeit ist es heute noch so, daß der Bauer weiß, daß es Leute gibt, die diese Welt für wenige Wochen im Jahr als begehrenswert empfinden, und er erhält diese Werte nur soweit, als sie in den Mechanismen des Tourismus verwertbar sind. Und hier sind wir an einer Wurzel des Regionalismus angelangt

Ich möchte im Zusammenhang mit dieser Problematik auf der Unterscheidung von *regionalem Bauen* und *Regionalismus* beharren. Das regionale Bauen ist eingebettet in die realen Bedingungen einer Region, ist unmittelbarer und unreflektierter Spiegel einer konkreten Lebenswelt; es ist weniger abgeschlossen als man vermuten würde, es vermag auf die Vorgänge in der *Welt* und auf die *Zeit* zu reagieren und es ist, außer mit großer historischer Distanz betrachtet, nie *rein*.

Und es gibt den Regionalismus, der die vermeintlichen baulichen Merkmale einer Region zum architektonischen Thema macht oder zur Formel entwertet. Der Regionalismus ist ein Phänomen des Historizismus, er signalisiert die Verfügbarkeit über die bauliche Formenwelt einer Region, er ist ein Mittel der Einkleidung, er ist die Lederhose, die der Notar am Wochenende an seinem Zweitwohnsitz anzieht. Ich muß nicht erwähnen, daß dieses Verhalten im Spannungsfeld von blinder Liebe und fataler Respektlosigkeit angesiedelt ist.

Ein Paradebeispiel für Regionalismus scheint mir Bayern in der zweiten Hälfte des vorigen Jahrhunderts geliefert zu haben, wo im Glanz und Schatten der Wittelsbacher, kräftig unterstützt von der süddeutschen Heimatschutzbewegung, ein bayrischer Regionalstil entwickelt wurde, der ebenso bäuerlich-alpine wie bürgerlich-barocke Elemente verwendete. Welche Rolle diese Entwicklung in der Konkurrenz der deutschen Stämme im Reich Bismarcks spielte, vermag ich nicht zu beurteilen. König Max II. hatte sogar noch Höheres im Sinne: in einem Brief an Theophil Hansen fragte er diesen, was er von der Schaffung eines Nationalstiles hielte. Hansen riet davon ab, weil lediglich *individuelle Geschmacksrichtungen übrigbleiben, deren Bedeutung für die Kunst sich gegenwärtig noch nicht feststellen läßt*. Die Kunststadt München schuf jedenfalls ein selbstbewußtes regionales Klima, das sich über das Oberland ausdehnte und auch nach Tirol hinüberschwappte. Hier führte, sozusagen aus den Niederungen von Boden und Malz, ein Weg zum Obersalzberg, der in der Entwicklung des *alpinen Stils* immer noch ein «verehrungswürdiger Ort» ist.

Das war natürlich ein unerlaubter Kurzschluß. Kurzschlüsse entstehen aber durch ein Gebrechen im System. Ich muß es Ihnen überlassen, den Fehler zu suchen.

Jedenfalls ist es kein Wunder, daß der Regionalismus in der touristischen Aufbereitung von Kulturlandschaften eine große Rolle spielt. Es ist jene Sichtweise des Regionalen, die einen überregionalen Konsens verspricht. Regionalismus ist eben ein internationales Phänomen, und wer heute, um bei unserem Beispiel zu bleiben, den «alpinen Stil» sucht, wird ihn vom Boden- bis zum Neusiedlersee, aber auch von Squaw Valley bis zu den Skigebieten Japans finden. Regionalismus ist jene Verwandlungsmaschine, die aus der «Artenvielfalt» bäuerlichen Bauens (man verzeihe mir ausnahmsweise diesen Biologismus) einen leicht konsumierbaren Einheitsstil macht, der sofort erkennbar ist und der Heimeligkeit und Corporate Identity mit einem geringen Aufpreis liefert.

Zwischenbilanz
Ich habe Sie jetzt auf verschlungene Wege in der Auseinandersetzung mit diesem Thema geführt. Meine Ahnungen, damit noch in größere Untiefen zu geraten, haben sich erfüllt. Da ich in Sachen Geschichte und Politik nicht mehr als einen europäischen Hausverstand besitze, habe ich parallel das sehr empfehlenswerte Buch «Nationen und Nationalismus, Mythos und Realität seit 1780»[1] von dem Wirtschafts- und Sozialhistoriker Eric J. Hobsbawm gelesen und mit Genugtuung festgestellt, daß ich mit meinem eher intuitiven Unbehagen am Begriff *Nation* gar nicht so schlecht liege.

Der Begriff der Nation ist nicht nur ein geschichtlich sehr spät auftretender, facettenreicher und sich von historischer Situation zu Situation, von Land zu Land, von Staat zu Staat verändernder, sondern auch ein höchst wandelbarer. Hobsbawm ist davon überzeugt, daß die Zeit der Nationalstaaten vorbei ist, so virulent sich auch manche nationalistische Szenen beleben mögen. Der Nationalismus hat sich von den vorwiegend vereinigenden Tendenzen im vorigen Jahrhundert in überwiegend separatistische verwandelt, blieb jedoch im gleichen irrationalen Spannungsfeld. Trotz einer generellen *postnationalistischen* Phase im Westen – die bekannten Konfliktherde ausgenommen – wäre es, nach Hobsbawm, *absurd, die Wiederkehr der nationalistischen Politik der Zwischenkriegszeit in Osteuropa ignorieren zu wollen. Was wir hier zur Zeit erleben, ist offenbar die Auflösung des letzten erhalten gebliebenen Vielvölkerreiches aus der Zeit vor dem Ersten Weltkrieg, das durch die Oktoberrevolution für drei weitere Generationen vor dem Schicksal des Habsburger und des Osmanischen Reiches bewahrt wurde.*

Und in diesem Auflösungsprozeß wird sicher auch die Architektur als Symbol der kulturellen Identität eine Rolle spielen.

So liest man zum Beispiel in dem ebenso materialreichen wie eindrucksvollen Buch «Die Ungarische Baukunst der Jahrhundertwende»[2] in der deutschen Zusammenfassung von János Gerle folgenden Schluß:

Zum Abschluß möchten wir wiederholen, daß wir die Architektur der Jahrhundertwende als die erste Periode der in die weite Zukunft reichenden neuen Baukunst ansehen. Die wichtigsten Merkmale dieser neuen Baukunst hat die Zeit vielfältig wider(ge)spiegelt: sie gab ein Beispiel für die neue Möglichkeit intuitiver, schöpferischer Freiheit und der auf bewußten und

---

[1] Eric J. Hobsbawm: «Nationen und Nationalismus. Mythos und Realität seit 1780», Frankfurt am Main, 1991.
[2] Originalausgabe: «A Századfordulö Magyar Építészete», Budapest 1990.

tiefgreifenden Forschungen aufbauenden Bindung zur Landschaft und zum Volk. Der Architektur der Zukunft – den uralten Kulturen ähnlich – kommt eine besondere Rolle in der Herstellung neuer Verbindungen zwischen dem Menschen und der Natur, dem Menschen und dem Kosmos zu. Die Architektur der Jahrhundertwende hat diesen Weg gebahnt, es liegt an uns und unseren Nachfolgern, auf diesem auch weiter zu gehen.

Gemeint ist aber konkret die sehr virile und vielfältige Nationalromantik Ungarns, aber auch die neue ungarische Architektur einer sich nicht minder vital gebärdenden «Organik» (angeführt von Imre Makovecz), die im einst künstlichen Gebilde eines konstruierten Nationalstils «natürliche» Wurzeln gefunden hat.

Haben wir von unserer architekturhistorischen Position aus überhaupt das Recht, in einen solchen Prozeß einzugreifen, und wenn, welche Argumente stehen uns zur Verfügung? Makovecz zeigte in seinen frühen Arbeiten eine Art personalisierten Protest gegen die staatlich und ideologisch verordnete Architektur, seine «organischen Baustrukturen» symbolisierten die Suche nach neuen Grundlagen der Architektur, die nationalromantischen Aspekte wurden – obwohl von außen konstatiert – eher verdrängt, und es war kein Zufall, es entsprach gewissermaßen der inneren Logik der Architektur, daß sie in Verbindung mit dem in Ungarn aufkommenden Tourismus eine «Marktlücke» fand.

In diesem Zusammenhang möchte ich auf ein Faktum aufmerksam machen: auf die Ignoranz westlicher Architekturgeschichtsschreibung, die uns an der heutigen architektonischen Situation dieser Länder mitschuldig werden ließ. Wenn heute in diesen europäischen Staaten des ehemaligen «Ostblocks» kein allgemeines Bewußtsein von der eigenen Tradition der Moderne existiert, dann nicht deshalb, weil ihre Geschichte nicht geschrieben oder gar publiziert worden wäre – wir kennen die unermüdliche Tätigkeit eines Vladimír Šlapeta, Ákos Moravánszky, Damjan Prelovšek und vieler anderer –, sondern weil wir sie im «Westen» kaum wahrgenommen haben und sie daher kein gewichtiger Faktor der kulturellen Identität dieser Länder werden konnte, wenn man einmal von den ideologischen Barrieren absieht. So mußte man 1962 im prominenten *knaurs lexikon der modernen architektur* das Fehlen der Länder Jugoslawien, Ungarn, Polen, Tschechoslowakei und vieler anderer urgieren, von regionalen Differenzierungen ganz abgesehen und von einzelnen Architekten gar nicht zu reden. Um nur ein paar der wichtigsten Namen der österreichischen Nachbarländer zu nennen, die wirklich europäische Architekturgeschichte gemacht haben: Max Fabiani, Josef Plečnik, Victor Kovačićs, Juraj Neidhardt, Anton Ulrich, Aladár Árkay, Károly Kós, Lajos Kozma, Béla Lajta, Ödön Lechner, István Medgyaszay, József Vágó, Farkas Molnár, József Fischer (Marcel Breuer, Maholy Nagy), Jan Kotěra, Josef Chochol, Pavel Janák, Dušan Jurkovič, Kamil Roškot, Josef Gočár, Vladimír Karfík, Bohuslav Fuchs, Ernst Wiesner, Jiří Kroha, Otakar Novotny, Josef Havlíček und Karel Honzík, Emil Belluš, Friedrich Weinwurm, Vlatislav Hofman.

Wo entstand in unseren Ländern, die wir doch die Moderne gepachtet haben, eine funktionalistische Industriestadt mit über 40.000 Einwohnern, angefangen von den Fabrikanlagen, über Verwaltungs-, Hotel-, Geschäfts-, Kultur-, Schul-, Kirchen- und Wohnbauten (in Form von ausgedehnten Siedlungen), wie sie der Schuhfabrikant Batá in Zlin in den zwanziger und dreißiger Jahren verwirklicht hat?

Wenn aber im Nachfolgewerk von 1983, also in «Hatjes Lexikon der Architektur des 20. Jahrhunderts» immer noch nicht Jugoslawien, Ungarn, Tschechoslowakei, Polen, gar nicht zu reden von Rumänien, Bulgarien, Türkei, mit einem Stichwort aufscheinen, so ist das nicht nur der Fehler eines Herausgebers, sondern ein Symptom westeuropäischer Selbsteinschätzung oder Ignoranz, folgerichtig verbunden mit den entsprechenden Ausgrenzungen. Natürlich gab es noch gewichtigere, ideologische Gründe, daß die Geschichte der Moderne in diesen Staaten nicht produktiv aufgearbeitet wurde – erinnern Sie sich nur daran, wie lange es gedauert hat, das *Bauhaus* von einer «bürgerlichen Dekadenz» freizuklopfen –, aber unbeteiligt sind wir daran nicht, wenn wir heute gezwungen sind, die europäische Architekturgeschichte praktisch neu schreiben zu müssen.

Norm und Vielfalt – traumatische Begriffe

Zum Schluß der Versuch, das Thema auf eine andere Basis zu stellen. In dem Untertitel *Traum oder Alptraum* würde ich zunächst das *oder* durch ein *und* ersetzen, dann würde ich *Alptraum* , obwohl es vom Herrn Duden angefochten wird, lieber mit *b* schreiben, da mich das *p* an die Alpen erinnert, und das kann doch nicht im Sinne des Regionalen sein. Nun, wenn schon die Frage nach dem «Europäischen Haus» auftaucht, erinnert mich das ein wenig an die Frage Maximilian II. an Theophil Hansen nach einem Nationalstil, und ich möchte dessen Antwort geben. Sie erinnern sich: nein, *weil lediglich individuelle Geschmacksrichtungen übrig bleiben...* Und weil ich, müßte ich hinzufügen, den Verdacht hege, daß hier eine Art supernationales Gebilde geschaffen wird, mit den ökonomischen Merkmalen eines zentralistischen Nationalstaates, mit allen damit verbundenen Vereinnahmungen und Ausgrenzungen, die ein Konkurrenzdenken etwa gegenüber der Dritten Welt hervorzubringen vermag. Ich glaube nicht, daß sich hier die Architektur, wie einst im *edlen Wettstreit der Nationen*, besonders engagieren sollte. Aber das ist ohnehin nur eine theoretische Frage, die Dinge liegen ja doch ganz anders.

Ich gehe noch einmal kurz ins 19. Jahrhundert zurück, dort wurden bereits die Weichen gestellt für die Rollen der heutigen Architektur. Ich meine ihre Bindung an neue Bauaufgaben, ihre teils weltumspannenden typologischen Herausforderungen. Ich habe eingangs behauptet, daß dies in der Tendenz jedes architektonischen Programms liegt oder lag, nur kam im 19. Jahrhundert durch die von Technik und Wissenschaft veränderten Grundlagen der Bauproduktion, durch die erstmals *globale* Anwendung synthetischer Materialien wie Stahl, Metallegierungen, Glas, Eisenbeton, später auch

Kunststoffe und die Art der industriellen Produktion von Halbfabrikaten, noch eine neue Dimension der *Ordnung der Dinge* hinzu: Normierung, Koordinierung, modulare Ordnung, strukturelle Betrachtung ganzer Bausysteme, die von den Regeln industrieller Herstellung abgeleitet oder gar bestimmt werden; es entsteht eine neue Philosophie von Original und Kopie – das vervielfältigte, besser verfügbare, billigere «Original» ist die Kopie eines Prototyps –, Wiederholbarkeit und Reproduktion schaffen als ökonomische Begriffe eine neue Wertordnung.

Über die Vielfalt regionalen, handwerklichen Bauens breitet sich ein Netz von Produktionstechniken, die Maschinen greifen aber auch in die handwerklichen Herstellungsprozesse ein, es entwickeln sich neue Ästhetiken, neue Normen der Wahrnehmung. Es gibt wirklich den Traum und Alptraum von der Normierung, die Uniformen der stehenden Nationalheere zeigen dies schauerlich eindrucksvoll und entwickeln daraus sofort eine visuelle Vielfalt, aus der dann die Faschismen ihre Ornamente stricken konnten.

Hier wäre wieder ein Exkurs fällig, über die *Ästhetik der großen Zahl,* wie das Phänomen wohl einmal benannt wurde. Nur soviel: die Ästhetik ist, wenn schon nicht schamlos, so doch mit Sicherheit amoralisch. Sie stellt sich überall ein, wo die Schmerzgrenze erreicht oder überschritten wird. Sie ist eine Form von Bewußtlosigkeit. Wer sich mit der Ästhetik einläßt, kann sorglos in die Zukunft blicken. Auch der Weltuntergang wird ein schönes Schauspiel sein.

Oder: Wenn die Wahnsysteme der Bauphysik, wenn Brandschutz und Wärmedämmung einmal die Architektur regieren werden, wird am Ende immer noch der genius des Architekten alles in einen ästhetischen Griff kriegen. Ich komme langsam zum Thema: Irgendwie steckt doch in diesem Untertitel *Traum oder Alptraum* die Angst oder Skepsis, in dieses gemeinsame Europa könnten sich alte zentralistische, protektionistische, bürokratische, gleichmacherische und restriktive Systeme hinüberretten, von denen wir langsam die Hoffnung bekommen haben, daß sie in den föderalistischen Konstruktionen unserer Nationalstaaten zurückgedrängt wurden. Einerseits wissen wir, daß sich immer mehr Bereiche unseres Lebens – auf Grund der von uns eingeforderten Standards – von der Pharmakologie bis zu den elektronischen Tonträgern, von den Verkehrsmitteln bis zu den Haushaltsgeräten, also daß sich immer mehr Bereiche absoluten Leistungsstandards unterwerfen, also immer gleicher werden, andererseits träumen wir aber, in den Regionen Europas sitzend, von einer Vielfalt, die wir nicht verlieren wollen. Zugegeben, in meiner Vorstellung ist das «Europäische Haus» eher eine Tintenburg mit vielen kleinen, ein paar noch kleineren und ein paar größeren Zimmerchen, worin sich das Regionale in die Spirituosenschränke zurückgezogen hat, aber ich bange nicht um Bayern oder Katalonien, mögen noch so viele gewaschene oder ungewaschene Kartoffeln über den Brenner gekarrt werden.

Nachdem mir jetzt sowohl das «Europäische Haus», als auch die *Nationalarchitektur* und der *Regionalismus* unter den Händen weggestorben sind, möchte ich noch einmal kurz auf das regionale Bauen zurückkommen. Ich erinnere mich dabei an eine Behauptung von Martin Esslin, der einmal kühn gesagt hat, daß gerade die moderne Massenkultur die Garantie für die höchste künstlerische Qualität und die größte Vielfalt bietet. Ich möchte mich dem anschließen. Denn die Tatsache, daß heute jedem Architektengehirn jede Information zur Verfügung steht, die direkte Anschauung vor Ort mit eingeschlossen, daß er praktisch an jeden Punkt der Erde gerufen werden oder gleichzeitig in verschiedenen Regionen oder Ländern bauen kann, also daß sich damit auch die kulturellen Standortvorteile minimieren, diese Tatsache schafft allein für das Bauen ganz neue Bedingungen. Natürlich haben weiterhin die klimatischen, topographischen, kulturellen, gesellschaftlichen, produktionstechnischen Voraussetzungen (und was es noch alles geben mag) ihre Wirkung. Aber regionales Bauen ist ja nicht Regionalismus, es ist ja etwas Offenes, Dynamisches, der Welt Zugewandtes, und es verwandelt sich schneller als unsere Rezeption. Es vermag also die kreativen Ressourcen einer Region zu mobilisieren, indem sie ihre Probleme ernst nimmt: so gesehen gehören etwa die Berliner IBA, das Frankfurter Museumskonzept, die Urbanistik Barcelonas, das Salzburgprojekt, die Vorarlberger Baukünstler, die Grazer Schule, die Tessiner Tendenza, die Basler Gruppe, oder was immer es an lokalen oder regionalen Bewegungen gibt, in diesen Begriff. Alle diese Modelle und Phänomene sind keine Formen regionalistischer Nabelschau, sind keine Aufbereitungsanlagen von Architektur und Landschaft. Im Gegenteil, sie sind Impulsgeber des internationalen «Diskurses», auf der Höhe der Zeit, offen, kämpferisch, ja streitbar und verändernd. Sie konzentrieren die Probleme der Zeit auf einen Ort, sie alle sind europäisch – was sonst – und sie alle reden nicht vom «Europäischen Haus».

(1991)

Vom Grunzen und Rekeln

oder das Trauma von der Gemütlichkeit

«Deutsches Wörterbuch» von Jacob und Wilhelm Grimm:
«5, a) gemütlich heiszt nun auch, wer vor lauter gemüt die strenge des denkens, wie die entschiedenheit des thuns scheut und dem ernst des lebens aus dem wege geht oder ihn ganz übersieht, um nicht aus seinem gemütlichen behagen hinausgetrieben zu werden...»

«Etymologisches Wörterbuch der deutschen Sprache» von Friedrich Kluge:
«Gemütlich, kaum vor Adelung 1775, nennt Görres 1814 als neues Stichwort zeitgenössischer Deutschtümler. Der deutschen Gemütlichkeit folgt die Wiener 1839, die sächsische 1847.»

Karl Kraus (Pro domo et mundo, 1912, Kap. II. , Von der Gesellschaft):
«Ich verlange von einer Stadt, in der ich leben soll: Asphalt, Straßenspülung, Haustorschlüssel, Luftheizung, Warmwasserleitung. Gemütlich bin ich selbst.»

Meyers Enzyklopädisches Lexikon
Ein Lichtblick: In den 24 Bänden des «Großen Meyer» kommt das Stichwort *Gemütlichkeit* nicht vor.

Vermutung
Vermutlich ist Ge-müt-lich-keit eine Dekonstruktion von Mut. Und zwar des *guten Mutes,* dessen sich der Geborgene erfreut. Guten Mutes kann man nur unter bestimmten vertrauten Personen und Dingen sein. Deshalb wird auch zur Inszenierung von Gemütlichkeit nur Altvertrautes genommen; Symbole einer überwundenen, stillgelegten Welt oder Zeichen einer nie erreichten. Beide erlauben absoluten Besitz, totale Verfügbarkeit. Dazu gesellt sich die Geborgenheit: der niedere Raum, das Eck, der Winkel, die Nische. Gemütlichkeit braucht die Verkleinerung und die Unterteilung. Was sich nicht mehr unterteilen läßt, das fülle man mit vertrauten Formen und Materialien. Die Formen der Erinnerung sind die Daunen, mit denen man die Polster der Gemütlichkeit füllt.

Gemütlichkeit ist die gewonnene Distanz von allem Fremden, Feindlichen, Gefährlichen, Unbestimmten und Unbestimmbaren. Kein Wunder, daß die fremden Sprachen, die Ausländer das Wort Gemütlichkeit nicht kennen. Da haben wir's. Auf die deutsche Sprache ist halt doch Verlaß. Gemüt, das ist die Konstruktion eines psychischen Zustands, der es erlaubt, über die gemütliche Wahrnehmung von Wirklichkeit hinaus die Wirklichkeit selbst in Gemütlichkeit zu verwandeln. Das Gemüt wird nur sauer, wenn der Kraftakt nicht funktioniert. Das Gemüt wird zur Bestie, wenn die Gemütlichkeit nicht hinhaut. Aber es gibt noch den sich rekelnden Humor: man kann es sogar mit Gemütlichkeit der Ungemütlichkeit heimzahlen.

Die Silbe *lich* hat etwas mit gleich zu tun, es ist das tautologische Element in der Dekonstruktion von Mut. Und *keit?* Macht die Sache erst richtig perfekt. Es macht Würde und institutionalisiert. Das bißchen Härte kann Gemütlichkeit schon vertragen, wenn es sich mit Redlichkeit, Obrigkeit, Vergänglichkeit, Unmöglichkeit, Minderwertigkeit etc. verwandt fühlen will. In Gemütlichkeit steckt etwas Herrschendes, Expansives, ja Imperiales. Wo wir gemütlich sind, da bleibt kein Auge trocken. In Gemütlichkeit steckt ein unverschämtes Potential. Wer kann schon etwas gegen Gemütlichkeit haben? Außer jenen, die uns nicht verstehen oder nicht verstehen wollen. Gemütlichkeit rechnet von vornherein mit dem Einverständnis der anderen. Das macht die mit Grölen gefüllten Autobusse so sympathisch. Gemütlichkeit als die totale Projektion der Innenwelt in die Außenwelt. Die kollektive Inszenierung eines infernalischen Zustands. Warum hat eigentlich Nietzsche nie über den deutschen *Willen zur Gemütlichkeit* geschrieben? Eine satanische Steigerung ist die Verwandlung dieses Willens (oder Zwangs) in Bewegung und Rhythmus – das Schunkeln. Der deutsche Mensch traut offenbar erst seiner Gemütlichkeit, wenn er sie in eine Bewegung der Massen verwandeln kann, auch wenn dabei die Gesichter einfrieren und sich die Lachmuskeln verkrampfen. Ein wenig Verbissenheit braucht die Gemütlichkeit schon. Eine Steigerung schafft nur mehr der Gesang: erklingt in einer Bierrunde «ein Prosit der Gemütlichkeit», beginnt ihre Schlachtung, ihre öffentliche Hinrichtung.

Vielleicht war die Erfindung des Wortungeheuers *Gemütlichkeit* nur die Bekundung eines Defizits: ein Begriff, erfunden für einen Mangel, für etwas, das man nicht hat? Denn gäbe es im Deutschen die Gemütlichkeit, bräuchte es, wie in anderen Sprachen, kein Wort dafür. Ein interessanter sprachtheoretischer Ansatz: die Sprache als Ersatz für eine nicht vorhandene Wirklichkeit? – die Sprache als Ersatzwelt?

Gemütlich bin ich selbst
Hinter diesem Ausspruch steckt mehr als pointierter Witz. Genaugenommen besagt er, daß Gemütlichkeit – getreu der deutschen idealistischen Tradition – ein Phänomen der Anschauung, nicht der Eigenschaft (oder Wirkung) der Dinge ist. Sie ist also eine gewollte Einstellung der Wirklichkeit gegenüber. Wie lächerlich oder ärgerlich wirkt ein *gemütlicher Raum*, wenn man aus irgend einem Grunde nicht imstande ist, dessen Wirkung zu ertragen oder zu estimieren. Der gemütliche Raum verlangt also die entsprechende psychische Disposition, den arglosen, entspannten Geist, der bereit ist zu übersehen, der passiv und versöhnlich gestimmt ist. Wachheit ist a priori ungemütlich. Gemütliche Inszenarien verlangen den Konsens, im Urlaub sind wir besonders konsensbereit. Der Kitsch der Urlaubsländer ist allemal erträglicher als der heimatliche. Gemütliche Räume zeigen einen laxen, dumpfen, unkontrollier-

ten Umgang mit der visuellen Welt. Sie haben sicher nichts Insistierendes, Forderndes oder gar Belehrendes, Aufklärerisches, Infragestellendes. In gemütlichen Räumen menschelt es, sie sind in allem unzulänglich, sie leben von Halbheiten: halb hell, halb dunkel, halb laut (auch optisch), halb leise, halb bunt, halb perfekt, halb vordergründig, halb verdeckt.

Ich entdecke mit Schrecken, daß es vielleicht mehrere Gemütlichkeiten gibt, sozusagen gute und schlechte, liebenswürdige, unaufdringliche, zufällige oder eben penetrante, verordnete, beherrschende und unverschämte. Jedenfalls entwickelt die Gemütlichkeit als Massenphänomen beachtliche Qualitäten in der Darstellung menschlicher Leidensperspektiven: der Wiener Heurige als Fegefeuer, das Münchner Oktoberfest als Vorhölle und der Mainzer Karneval als Hölle. In Bayern sind Planungen bekannt geworden, Gefängniszellen – zur Strafverschärfung – als Bauernstuben einzurichten, und es sollen auch schon einschlägige Restaurants beim Europäischen Gerichtshof in Straßburg angezeigt worden sein. Nun, man sollte es mit der Gemütlichkeit und den Menschenrechten nicht zu weit treiben, schließlich weht sie als Geist – die Gemütlichkeit – oder geht sie als Gespenst um, wo sie will. Ich, für meinen Teil, würde ihre Pflege gerne Gerhard Polt anvertrauen – etwa in der Rolle eines Bundesgemütlichkeitsverwesers –, dann könnte man vielleicht nach einigen Jahren das Problem auf EWG-Ebene richtig durchdiskutieren; im Anschluß würde ich dann ein *gemütliches Beisammensein* vorschlagen.

(1992)

Neues Bauen in alter Umgebung

oder Du sollst Dir kein Ortsbild machen

Wenn man in einer Flugstunde Österreich vom Neusiedler- bis zum Bodensee überfliegt, so entspricht das einem Spaziergang durch das Freilichtmuseum Stübing, nur mit dem Unterschied, daß einem der kleine Fußmarsch eine Ahnung von der ungeheuren Vielfalt der österreichischen Hauslandschaften vermittelt. Sie können aber auch während dieser Flugstunde einen Prospekt der österreichischen Fremdenverkehrswerbung studieren und bekommen den Eindruck, daß es vom Boden- bis zum Neusiedlersee nur einen Haustyp mit bestimmten Stilmerkmalen gibt, der auf eine geheimnisvolle Weise vergrößert oder aufgeblasen werden kann, um dann, bei der nächsten Gelegenheit, wieder zu einem Zwergendasein zu schrumpfen. Die Gründe für solche Metamorphosen sind funktioneller Art, weil noch der dümmste Hotelier eine Schule von einem Krankenhaus, eine Tankstelle von einer Großmolkerei zu unterscheiden vermag. Aber die Einheitlichkeit des *alpinen Stils* ist gerade das Quantum ästhetischer Information, das ein jettender Tourist in einer Flugstunde aufnehmen kann.

Wir haben es also hier mit sehr unterschiedlichen Wahrnehmungsinteressen zu tun. Wenn wir uns einem sogenannten städtischen Ensemble gegenüber sehen – was übrigens schon ein sehr wertender Begriff ist, der auch a priori das Alte darstellt – so sehen wir nicht nur, was wir wissen, sondern vertragen offenbar auch nur ein bestimmtes Quantum, eine bestimmte Dichte an Information. Was über das Wahrnehmbare, weil nicht mehr Einsehbare hinausgeht, empfinden wir als Chaos, nur was in der geordneten Welt unserer Kenntnisse einen Platz findet, ist *in* Ordnung.

Ortsbild ist die interessensgesteuerte Wahrnehmung von scheinbar vertrauten Dingen. Und da auch die vergangenen Zeiten immer die schöneren sind, muß der Mensch ein ausgeprägtes Harmonisierungsvermögen von Erinnerungen haben, vermutlich, um genug Mut für Künftiges zu schöpfen. Der Begriff des Ortsbildes ist ein sehr junger. Noch Matthäus Merian d. J. (1621–87) hat eigentlich noch keine Veduten, sondern eher akribische Informationen über Stadtstrukturen gezeichnet, die fast imstande waren, Stadtpläne zu ersetzen. Das Stadtbild als tendenziöse, geschlossene Information ist eigentlich eine Erfindung der Romantik, als Vehikel der Vermittlung von Stimmung. Das Stadtbild wurde später, gegenüber den explodierenden Großstädten der industriellen Revolution, eine Aufforderung zur Rückkehr in die Idylle der überschaubaren Kleinstadt. Der Verfall, das Pittoreske, das Organisch-Naturhafte war die Botschaft dieser Bilder. Zeit und Vergänglichkeit verrichteten ihr Werk der Harmonisierung, die Patina, beschienen von der Abendsonne, war der Inbegriff bürgerlichen Glücks und kontemplativer Weltsicht. Alles befand sich im Zustand der Vollendung, der nicht gestört werden durfte.

Die nationalen oder nationalistischen Erinnerungs- und Erneuerungsbewegungen im späten 19. Jahrhundert, mit ihrer Erfindung und Verklärung nationaler Traditionen (viele dieser Traditionen mußten erst entdeckt oder neu entworfen werden, um dieses kulturpolitische Paradoxon etwas zu verdeutlichen) haben das Ihre dazu beigetragen, um das Bild von der Kleinstadt endgültig von der gesellschaftlichen Realität abzulösen. Gleichzeitig wurde die Großstadt zum internationalistischen, kosmopolitischen, proletarischen, kapitalistischen und natürlich zum jüdischen, kurz zum nicht abbildbaren lebensfeindlichen Prinzip erklärt. Ich erinnere in diesem Zusammenhang auch an den Begriff der *Heimatschutzbewegung*, eine rückwärtsgewandte Utopie heiler Regionalität, deren kulturpolitisches Programm sehr bald in das Schlepptau einer «Blut-und Boden-Ideologie» geriet. Daß dem eigentlich nicht so sein mußte, beweist die Schweiz, wo bis heute die Heimatschutzbewegung eine künstlerisch produktive, aufgeschlossene und zeitzugewandte geblieben ist.

Ich möchte die These vertreten, daß der Begriff *Ortsbild* ein vom Leben einer Stadt, von ihrer tatsächlichen Struktur, von den Schichten der Lesbarkeit ihrer Geschichte (ihrer politischen, wirtschaftlichen, gesellschaftlichen, geistigen Vergangenheit und Gegenwart) abgekoppeltes und nicht deklariertes ästhetisches System vertritt, das seine Kriterien (falls es überhaupt zu solchen kommt) aus der verklärten Anschauung einer Oberfläche bezieht, die jedenfalls unter ganz anderen Bedingungen entstanden ist, als es die Bildbetrachtung wahrhaben will. Außerdem maßregelt der Bildbegriff mit seinen eigenen, aus der Kunstgeschichte entlehnten Harmoniegesetzen ein so komplexes Phänomen wie die Stadt, reduziert es auf einige Ansichtskarten, auf wenige «Motive», die zwar geeignet sind, als Urlaubsgrüße in andere Orte (mit denen dasselbe geschieht) geschickt zu werden, die sich aber in Wirklichkeit jeder Information versperren, genaugenommen, die jede genauere Information verhindern. Der Ortsbildbegriff ist also die verhängnisvollste, sich selbst aussperrende Betrachtungsposition eines Stadtgefüges, das nur zu läppischen Regeln und Vorschriften, weil hoffnungslosen Versuchen führen kann, diesem Bild – das noch dazu von individuellen Zufällen und Wahrnehmungsfähigkeiten gesteuert ist – zu entsprechen.

Mit diesem reduzierten Bildbegriff verbunden ist nämlich das sogenannte harmonikale Schauen, eine ästhetische Selektion und Ausblendung jeglicher Realität, das oft die größten Gegensätze formaler, struktureller, inhaltlicher und maßstäblicher Natur, die eine reiche Geschichte der Konflikte und Konkurrenzen erzeugt hat, verklärt und distanziert als Einheit sieht; wie gesagt als eine Bildharmonie, mit der Aura der Unantastbarkeit und Vollendung.

Der Bildbegriff in der Anschauung und Analyse von Städten wirkt nicht nur deshalb so katastrophal, weil er zu verfremdeten und abgekoppelten Wahrnehmungen, sondern weil er im Hinblick auf Veränderungen in diesen *Bildern* auch zu ganz falschen Konsequenzen führt.

Wenn ich die Typologien und die morphologischen Variationen in der Baustruktur einer Stadt von ihren historischen Ursachen, Konventionen und

Interessen abkopple, so komme ich automatisch zu isolierten ästhetischen Systemen, die nur mehr ihre Rechtfertigung in sich selbst tragen. Das heißt, ich beschäftige mich mit Formen, ohne zu fragen, was diese einmal geleistet haben, was ihre Botschaft war. Wenn ich solche Formen, ob Dächer, Attiken, Giebel, Tore, Erker, Fenster etc. und die sie verbindenden Systeme als verbindlich für neue Baumaßnahmen erkläre, schneide ich für das Neue genau jenen Lebensnerv durch, der das Alte zu der bewunderten Vielfalt geführt hat. Ich raube dem Neubau die Basis seiner Identität, ich verhindere die Chance zu einer semantisch einwandfreien Mitteilung. Das heißt, ich zwinge das neue Objekt von vornherein in falscher Verkleidung aufzutreten und über seine Leistung eine falsche Information zu verbreiten.

Das harmonikale Paradoxon

Die Einheit oder Einheitlichkeit, die wir heute in alten Städten sehen oder zu sehen glauben, hat etwas mit der Identität und der Identifizierbarkeit der Einheiten, also der Bauten zu tun. Ich meine damit, daß wir nicht nur die reale Leistung (also die Funktion eines Bauwerks), sondern auch die Zeit seiner Entstehung, also den Stil zu erkennen vermögen. Diese zeitliche und räumliche Erkennbarkeit erzeugt in uns ein Wohlbefinden, weil wir uns in einem Spektrum vertrauter Äußerungen beheimatet fühlen. Orientierung ist also nicht nur ein räumliches Phänomen, deren Abhandensein Unruhe oder Panik auszulösen vermag, sondern auch ein zeitliches. Wir möchten also, wenn auch unbewußt, über unsere Situation Bescheid wissen. Die Wahrnehmung von Stadt, die dies zu leisten vermag – und in vertrauten Kulturkreisen ist dies auch leicht möglich – vermittelt uns eben Ordnung, Harmonie und Vertrautheit.

Dieses Gefühl möchten wir natürlich gerade in unserer Umgebung bewahren. Wenn etwas Neues in ein vertrautes Gefüge eindringt, empfinden wir dies als Störung. Zurecht. Aber nicht die Störung ist das Problem – jede Veränderung ist auch eine Zerstörung –, sondern unser Verhalten gegenüber diesem Prozeß. Wir möchten nämlich einerseits die Veränderung, weil wir einsehen, daß dies und jenes gebraucht wird, wir möchten aber nicht, daß sie als das, was sie ist, auch sichtbar wird. Wir glauben, mit der Ordnung – der von uns festgestellten – das Neue maßregeln zu können, weil wir damit die Illusion verbinden, daß dann unsere Orientierung erhalten und unsere Welt bewahrt bleibt. Gerade das ist aber nicht der Fall.

Die Störung von heute ist die Ordnung, die Orientierung von morgen

Wir dürfen eines nicht vergessen: Der historisierende, harmonisierende Blick auf unsere Städte und Ensembles ist kaum hundert Jahre alt. Noch der Historismus in seiner Blüte hat gegenüber der sogenannten gewachsenen Stadt wenig Sensibilität gezeigt. Seine Eingriffe und Regulierungen haben alle anderen Ziele verfolgt als das des Schutzes von Althergebrachtem. Noch um die letzte Jahrhundertwende mußte von den Kunsthistorikern um die Anerkennung des Barocks gekämpft werden. Ich möchte hier nicht das alte und etwas platte Architektenargument wiederholen, daß sich alle Zeiten (und oft sehr brutal) selbst verwirklicht haben, ohne das Vorhergehende besonders zu schonen. Wenn man daraufhin unsere Altstädte ansieht, so handelt es sich tatsächlich um Schlachtfelder von Interessen, die, neben den einzelnen baulichen Prunkstücken, einen Scherbenhaufen von Zeitspuren hinterlassen haben. Gerade die großen städtebaulichen Visionen, wie jene der Renaissance oder des Barocks, aber auch noch jene der regulierenden Gründerzeit, haben in die mittelalterlichen Stadtgefüge rigoros eingegriffen, sehr zum Schaden dieser Substanz und zum Nutzen des heutigen Bildungsbürgers. Nun kann man natürlich argumentieren, das Wichtigste daran war, wie diese Eingriffe gemacht wurden, welches künstlerische Niveau und welche architektonische Qualität sie hatten.

Heute dürfen wir nicht mehr so argumentieren. Das heißt, wir arbeiten heute in den Altstädten mit einem ganz anderen Bewußtsein über die historischen Qualitäten, wir haben einen ganz anderen Zugang zu den gespeicherten Informationen. Unser kaum darstellbares Detailwissen hat uns sensibler gemacht, und jeder halbwegs interessierte Bürger sieht in jeder Stadt schon mehr als jeder spätromantische Aquarellist. Wir sind heute dort angelangt, daß wir schon bei einzelnen historischen Objekten (die natürlich meist aus mehreren Bauphasen bestehen) nicht mehr wissen, auf welchen historischen Zeitschnitt hin wir sie renovieren sollen. Am liebsten möchten wir alle Zeitphasen sichtbar machen und, wenn wir besonders mutig sind, die heutige noch dazu. Kenntnisse und Respekt binden uns sozusagen die Hände, und da die Werthierarchie meist an das Alter gebunden ist, wird das, was oft nur mehr in Spuren vorhanden ist, zum Allerwertvollsten.

Kein Wunder, daß in einer solchen Situation – sagen wir einmal eines selektiven Historismus – wieder neue Begriffe erfunden oder reaktiviert werden. Ich denke an die so strapazierte *Komplexität* und an das *dialogische* Prinzip. Wenn noch einer den *Widerspruch* dazu erfindet, ist ihm der Weltruhm sicher. Daß ein altes, ja jedes Stadtbild komplex ist, darauf kann man sich verlassen. Daß man, wenn man daran etwas verändert oder eine sogenannte *Intervention* macht, sich dialogisch verhalten soll, darüber kann man sich verständigen. Dialog heißt in diesem Falle – und das ist schon etwas Neues – beides, das Alte und das Neue zu Wort kommen zu lassen. Eine Gleichwertigkeit der Gesprächspartner (ich betone, eine gleiche Wertigkeit) vorauszusetzen, ist schon ein guter Anfang. Ich habe jetzt eine Phase locker übersprungen, in der das Neue Bauen in alten Ensembles besonders gelitten hat und noch leidet, ich meine die Aspekte der *Einfügung*, *Anpassung* und *Unterordnung*. Die Ortsbildspezialisten haben nämlich – das unterstelle ich jetzt einmal, obwohl ich weiß, daß in diesem Bereich auch viel Substantielles und Vernünftiges gedacht und gefordert wurde – nicht die Stadt, die Kräfte ihrer Entstehung und Wandlung, also die tatsächlichen Ursachen ihrer Vielfalt analysiert, sondern nur ihre Ablagerungen, ihr Bild, ihre visuellen Spuren. Und da jedes Bild eine Reduktion, Vereinfachung, ja Abstraktion darstellt und die daraus gewonnenen formalen Elemente wiederum zeitgebundenen Sehgewohnheiten entsprechen, mußten die davon abgeleiteten Regeln versagen oder unbrauchbar sein. Ortsbildsatzungen sind höchstens Vehikel für Scheinharmonien.

Mir ist klar, daß eine seriöse historische Recherche im Alltag des Denkmalschutzes und der Ortsplanung kaum oder gar nicht geleistet werden kann, aber eine kleine Verunsicherung täte den Stadtbildexegeten und Regelmachern schon ganz gut. Eine genauere Kenntnis der Entwurfs-und Bauprozesse, überhaupt der Entstehung von Kunst, würde manchem Entscheidungsträger ein entkrampfteres Verhältnis zur Gegenwartsarchitektur bescheren. Reyner Banham, der die spannende Entstehungsgeschichte des New-Brutalism wie einen Kriminalroman geschrieben hat, sah es als unabdingbare Lehre für einen Kunsthistoriker, einmal bei der Entstehung eines Stiles oder einer Bewegung dabeigewesen zu sein.

Einigen wir uns darauf, daß es das Erscheinungsbild einer Stadt gar nicht gibt, wenn, dann eben unzählige, daß sie Momentaufnahmen in einem Zeitfluß sind, daß sie sich nicht nur selbst ständig ändern, sondern daß sich ihre Wahrnehmung, je nach Kenntnis der Beschauer, der Interessen und Wahrnehmungsmoden, ständig verändert. Daß die Eingriffe in diesen Prozeß selbst Prozesse sind und daß nur jene Äußerungen eine Chance haben zu bestehen, die unseren Standort verdeutlichen, die der Situation das abringen, was heute unser Denken und Fühlen, unsere Wahrnehmung und unser Handeln bestimmt. Architektur, so beschränkt ihr Handlungsraum sein mag, ist immer auch Weltentwurf, und sie trägt auch immer einen Funken Utopie von einem besseren und bewußteren Sein in sich.

Gehen wir noch einmal zur Tatsache zurück, daß die Erscheinung einer komplexen Stadtsubstanz von unzähligen historischen Aussagen geprägt ist, die in ganz bestimmten kulturellen Zeitsituationen unter ganz bestimmten Bedingungen entstanden sind. Inzwischen sind wir aus dem ästhetischen Paradies insofern vertrieben worden, als wir nicht mehr die Naivität und das Selbstverständnis früherer Generationen gegenüber dem Historischen haben. Es ist uns aufgetragen, das Neue im Bewußtsein des Bestehenden zu entwickeln; darin sehe ich aber keine Hemmnisse, eher die Chance zu einer noch größeren Qualität.

Zum Qualitätsbegriff
Man könnte das bisher gesagte so mißverstehen, daß städtebauliche und architektonische Qualität eine Art von automatistischem Naturprodukt sei, das unter den bestimmten und immer vorhandenen Rahmenbedingungen des Bauens, in den Sachzwängen einer Altstadt, ohnehin von selbst entstehen müsse. Ich mißtraue aber jeder Art von biologistischen Analogien oder Metaphern. Außerdem wissen wir alle, daß Neues nicht von selbst entsteht, es wird eher von selbst verhindert. Qualität hat etwas mit Dichte zu tun, mit der

Dichte von Information, die ein Werk abgibt, mit der Dichte, wie es im gegenwärtigen Denken vernetzt ist, mit der Intensität, mit der es auf Probleme der Gegenwart hinführt oder antwortet. Qualität hat etwas mit Selbsteinschätzung zu tun, mit Verhältnismäßigkeit, mehr mit Einschluß als Ausgrenzung. Qualität ist mehrdimensional, wach, verwundbar, sensibel. Aber auch entschieden, präzise, deklariert, klärend. Qualität ist nicht dumm, also nicht konsequent, klar, unzweideutig.

Architektur kann nicht alles
Wenn heute Einkaufszentren, Großgaragen, ja Umspannwerke über einige Parzellen hinweg hinter alten oder neuen Althausfassaden verschwinden, so ist das zunächst nicht ein Problem der Architektur, sondern der Stadtplanung. Mit einem Wort, es gibt Probleme der Umstrukturierung oder Entwicklung, die nicht mehr mit architektonischen Mitteln zu lösen oder zu kaschieren sind; ob eine City-Bildung gefördert, eingebremst oder verhindert werden soll, sind Fragen von Politik und Wirtschaft.

Wenn die Architektur, vor allem die der prosperierenden sechziger Jahre, so viele Bausünden gerade in diesem Bereich aufzuweisen hat, so lagen die Ursachen oft in den sie weit überschreitenden Rahmenbedingungen. Wenn wir also heute von der Architektur eine Verhältnismäßigkeit ihrer Mittel verlangen, so muß diesen eine Verhältnismäßigkeit der Funktionen im Stadtgefüge vorausgehen. Architektonische Qualität entsteht in Relation zu den Inhalten, die meist außengesteuert sind. Wenn man also die Architektur nicht durch Überfunktionen belastet, kann man in ihrer Eigensprachlichkeit für Gelassenheit plädieren. Wenn eine Leistung in einem sinnvollen Zusammenhang mit dem Leben der Stadt steht, gibt es keinen Grund diese verstecken zu wollen, diese nicht sichtbar zu machen oder ihre Lesbarkeit zu beeinträchtigen. Wenn bestimmte Materialien und Konstruktionen, neue Inhalte signalisierende Formen in einem sich bisher anders artikulierenden Altbestand auftreten, gibt es unter den bisher genannten Kriterien keinen moralischen Grund, sie hinter einer Kostümierung zu verstecken.

Was nämlich heute als Folge der Umwandlung unserer Städte vor allem in den sechziger Jahren als deren Zerstörung empfunden wird, waren nicht in erster Linie Störungen durch die Architektur, sondern durch die Planung, durch die Situierung von Funktionen (Einkaufszentren, Bürohäuser, Garagen, Straßen oder Stadtautobahnen), insgesamt monofunktionale Großprojekte, oft gefährliche Implantate für das Leben in einer Stadt. Dem folgte der Mißbrauch der Architektur als Großverpackung in den siebziger Jahren, mit abgekoppelten Dekorationssystemen, ob als History-Land oder Warenwerbung ist egal.

Ich möchte mit diesem Einschub nur darauf hinweisen, daß meist die eigentlichen Ursachen der Bausünden im Vorfeld architektonischer Entscheidungen passieren, daß die Verhältnismäßigkeiten schon in den Bauprogrammen verletzt oder gestört werden und daß die formale Harmonisierung solcher Entwicklungen immer scheitern muß. Ich habe nicht gesagt, daß solche Programme nicht oft auch von Architekten in leichtfertiger, ja verantwortungsloser Weise mitgetragen werden.

Der heutige Alltag des «Neuen Bauens in alter Umgebung» ist aber nicht mehr von starken Eingriffen dominiert, die vor allem ein Produkt der großen Flächenressourcen durch die Kriegszerstörungen und der wirtschaftlichen Schubkraft des Langzeitwiederaufbaus waren. Heute geht es meist um den Umbau, den kleinen Eingriff, also um vordergründig baukulturelle und architektonische Fragen. Für diese Probleme gibt es keine Regeln, leider oft Vorschriften.

Im Sinne der Lebendigkeit unserer visuellen Umwelt, der Fruchtbarkeit des Dialogs mit dem Bestehenden, der Erhaltung der Orientierbarkeit auf unseren zeitlichen Wegen, des Wachhaltens von Geschichte und Gegenwart müßte gerade auch das Neue in alter Umgebung aufgerufen sein, sich der ständig drohenden Verkrustung zu erwehren. Gerade im Bauen in alter Umgebung – übrigens eine Tautologie, denn alles Bauen findet in alter Umgebung statt – besteht die besondere Gefahr, sich dem Dialog nicht zu stellen, sondern sich mit einem konfektionierten Vokabular des scheinbaren Konsenses auf ein Klischee von Historizität einzulassen. Die Gefahr für die Geschichte ist nicht die Gegenwart – ich muß Sie enttäuschen, auch Altwien war einmal neu, sagte Karl Kraus, die eigentliche Gefahr ist die gefälschte Geschichte, die Vernichtung von Geschichte mit pseudohistorischen Mitteln. Wer heute in die bunte Vielfalt der historischen Stile einen Verschnitt von allen hineinkleistert, der verschmiert uns nicht nur die Augen, stört unser zeitliches Orientierungsvermögen, sondern steigt überhaupt aus der Geschichte aus, macht unter dem Vorwand einer Vollendung den Betrug vom Ende der Geschichte. Oder er deformiert unsere visuelle Welt zu einem Informationsbrei, die jede Mitteilung deformiert, die uns zwingt, das Gebaute als Orientierung aufzugeben, nur mehr auf Zeichen zu reagieren oder auf Signale von Angeboten. Wir sind vielleicht bei einem richtigen Punkt angekommen:

Wenn unsere Städte, was immer sie seien, noch eine Qualität gespeichert haben, dann ist es die auf einen größeren Zeitraum abgestimmte und noch intakte kulturelle Information, die Vielsprachigkeit von Geschichte und ihrem Wandel, die Beständigkeit von Referenzen und Aussagen, die Verläßlichkeit von Mitteilungen (bei zunehmender Schwierigkeit, sie zu lesen), kurz jene kulturelle Botschaft, die sich nur durch Gebautes und durch Architektur vermitteln kann. Bleiben wir also bei der klaren Diktion, erlauben wir den Architekten eindeutige Aussagen, gerade die Orte ihrer Verdichtung, die alten Städte, werden es uns danken.

(1992)

Die Vorarlberger Bauschule

Das Phänomen einer Region, aber kein regionalistisches

Man kann es ohne Übertreibung behaupten: Das Phänomen der *Vorarlberger Baukünstler* oder der *Vorarlberger Bauschule* ist das Modell einer regionalen Architekturentwicklung, das es in dieser Form, Ausprägung, Charakteristik, Dichte und Dynamik kein zweites Mal gibt.

Ich möchte hier, statt des Versuchs einer Chronologie der Entwicklung, die Frage aufwerfen, wie es zu dieser überhaupt gekommen ist. Als «begleitender Kommentator» (seit über dreißig Jahren) gewann ich einige Einsichten in die «Szene», als trotzdem Außenstehender bleiben diese korrektur- und ergänzungsbedürftig.

Benennungen wie *Vorarlberger Baukünstler* hatten zuerst eine ein- und ausgrenzende, vor allem eine konkrete agitatorische Funktion. Der Name ist die Feststellung einer Wirklichkeit, ein Phänomen wird handhab-, bestimm- und behandelbar. Wird der Gebrauch solcher Namen allgemein, kann man Gift darauf nehmen, daß es den kompakten Inhalt eigentlich nicht mehr gibt. Das klassische architekturgeschichtliche Beispiel war das Buch und die Ausstellung *The International Style* (von Henry-Russell Hitchcock und Philip Johnson, 1932, New York), die bereits die Auflösung dieser Bewegung signalisiert haben.

Es wird also nicht nur um die Frage gehen, was diese *Vorarlberger Bauschule* eigentlich ist, sondern auch, ob sie heute noch existiert oder in welcher Form sie weiterwirkt. Vielleicht sollte man auch daran erinnern, daß Vorarlberg im Barock schon einmal eine weit ausstrahlende Bauschule entwickelt hatte, die regionale Hermetik und überregionale Offenheit glücklich vereinte. Figuren wie Angelika Kauffmann und Franz Michael Felder waren Symbole der Beziehung zur «Hochkultur» oder zu den gesellschaftlichen und politischen Strömungen ihrer Zeit.

Wer Mitte der sechziger Jahre in Vorarlberg mit jungen Architekten zusammentraf, hatte den Eindruck, in konspirative Kreise geraten zu sein. Anfang der siebziger Jahre trafen sich rudelweise Literaten, Maler, Bildhauer, Objektkünstler, Architekten, Musiker, Liedermacher und Journalisten, Lehrer und Graphiker, um die «Randspiele» oder die «Wäldertage» zu veranstalten. Es entwickelte sich eine vitale und virulente Gegenkultur gegen den offziellen «Festspielbetrieb», der sich damals gerade auf die unteren Höhen der Operette emporzuschwingen vermochte. Viele der Revoluzzer studierten in Wien, Zürich oder Frankfurt, sie artikulierten ihr Unbehagen vom weiten Horizont einer «Studentenrevolte» her. Die Feindbilder waren, was das Bauen betraf, die Baubürokratie und die Wohnbaugenossenschaften, die Politiker im allgemeinen und die Bürgermeister im besonderen, aber auch die «Kammer» oder einige ihrer zur rigorosen Ausgrenzung bereiten Mitglieder. Trotzdem gab es da und dort die ersten Ansprechpartner. Das Beziehungsnetz war zu eng, man kannte einander zu gut, um eine Gesprächsbasis zerstören zu können.

Die kulturelle Sozialisation

Ohne vorschnelle Schlüsse ziehen zu wollen, scheint mir die erste Phase der kulturellen Sozialisation im teilweise gemeinsamen Studium der Architekten zu liegen, etwa in der Langzeitwirkung der Rainer-Schule, die über zwei Jahrzehnte anhielt. Roland Rainers Doktrin vom *ebenerdigen Wohnen*, seine Auseinandersetzung mit der Tradition des Wohnbaus, vor allem mit der anonymen Architektur östlicher und fernöstlicher Länder, sein Umsetzen dieser Erkenntnisse in eine neue Architektur zeigten eine überraschende Kompatibilität zu den Wohnbauproblemen und den mentalen Voraussetzungen im Ländle. Mit dem Rainerschen Blick auf die Probleme des Wohnens und der handwerklichen Ressourcen des Landes war es der ersten Generation der *Vorarlberger Bauschule* möglich, langsam ein Terrain zu erobern, das sich später als sehr fruchtbar erweisen sollte.

Dieses akademische Programm hätte – einmal von den originalen Köpfen und den besonderen Fähigkeiten seiner Schrittmacher abgesehen – nicht so gegriffen, wenn nicht gleichzeitig der eingangs kurz beschriebene kulturelle Aufbruch stattgefunden hätte, der, wie gesagt, eine ganze Generation quer durch alle kreativen Disziplinen erfaßt hat. Es gab keinen künstlerischen Bereich, in dem nicht Eigenes produziert, es gab kein Thema, das nicht von den unterschiedlichsten Positionen aus diskutiert worden wäre. Gesprächszirkel wurden nicht nur programmiert (wie etwa in St. Gerold), sondern sie fanden auch an allen möglichen und unmöglichen Orten statt, Besäufnisse nicht ausgenommen.

Es wäre eine soziologische Studie wert, wieweit sich die ersten Auftraggeber für die *Vorarlberger Baukünstler* aus diesen Randspiel-Gruppen rekrutiert haben, wieweit sich hier ein Feld potentieller Bauherrschaften entwickelt hat. Wer jedenfalls diese frühen Häuser besuchte, fand überall ähnliche Bilder an den Wänden, die gleichen Schallplatten herumliegen oder dieselbe Literatur in den Bücherstellagen. Ging es zunächst vielleicht mehr um ein gruppenspezifisches Verhalten, so kamen doch auch bald Momente eines Statusverhaltens dazu, es wurde einfach schick, in verglastem Holz zu wohnen; die *Psychologie* des modernen Holzhauses wurde ja noch nicht analysiert.

Man darf auch nicht vergessen, daß ein Teil des Erfolges dieser Bewegung in der Wiederbelebung echter Traditionen lag, das heißt, daß hier auf einer neuen zivilisatorischen Ebene (mit dem Einrichtungskomfort der Gegenwart) altes Wohnen wiederbelebt wurde. Es ist kein Zufall, daß diese erste Generation von Architekten sich auch große Kenntnisse in der Renovierung alter Objekte erwarb, daß erstmals modellhafte Umbauten und Sanierungen von Rheintal- oder Wälderhäusern durchgeführt wurden. Außerdem erkannte man das *moderne Potential*, das in der biedermeierlich-noblen Einrichtungskultur der Wälderhäuser steckte, in dieser höchstentwickelten bäuerlichen Wohnkultur Österreichs. Wiederentdeckt – nicht zuletzt durch verstärkte ökologische Interessen – wurde auch die Ästhetik alter Holzbearbeitungs-, vor allem Behandlungsmethoden. Der Kampf gegen die sorglos angewandten chemischen Konservierungsmittel eröffnete ein ganz neues Terrain der gestalterischen Sichtbarmachung einer neuen Haltung gegenüber Natur und Kultur.

Natürlich bestand ein wichtiges Moment auch in der Erweiterung der räumlichen Wohnbedürfnisse, der Entdeckung offener oder offenerer Raumstrukturen, denen die strukturellen Eigenschaften des Holzbaues sehr entgegenkamen. Die individuellen Ansprüche begrenzten die Rahmen der Finanzierbarkeit und Förderbarkeit. Daraus entwickelte sich die Dialektik von Typus und Abweichung mit dem oft paradoxen Ergebnis, daß eine prototypische Lösung die größte Freiheit der Nutzung gestattete und die höchste entwerferische Anstrengung erforderte. Überflüssig zu erwähnen, daß diese ersten Manifestationen eines neuen Wohnens auch kompaktere Formen, etwa das Reihenhaus mit einschlossen.

Man könnte zusammenfassen, daß in der Pionierzeit der *Vorarlberger Bauschule* zunächst eine Adaption der Rainerschen Grundmuster stattfand, eine Transformation in eine regionale Situation, die zwar am Anfang großen Widerstand erzeugte und von den jungen Architekten ein großes Durchhaltevermögen erforderte, die aber andererseits – wie etwa in anderen Bundesländern – nicht so sehr mit einem falschen Selbstverständnis (etwa durch den Tourismus) belastet war und damit zumindest Nischen für private Initiativen anbot, in denen sich ein Bauen mit Vernunft, Sachverstand, Ökonomie und kultureller Signalwirkung entwickeln konnte.

Handwerkliche und industrielle Voraussetzungen

Natürlich können handwerkliche Voraussetzungen oder Gegebenheiten allein nicht fruchtbar werden, wenn sich niemand dieses Instruments bedient oder die Kräfte, die in ihm schlummern, aktiviert. Trotzdem war die Tatsache, daß sich aus einer alten handwerklichen Tradition eine innovative Holzindustrie entwickelt hatte, keine schlechte Voraussetzung für eine neue, von diesem Materialbereich geprägte Baukultur. Dazu kam, daß einige Architekten direkt aus dem Umfeld dieses Baugewerbes stammten oder sogar selbst ausgebildete Zimmerleute waren.

Man muß aber vor dem einfachen Schluß warnen, daß diese produktionstechnische Gegebenheit automatisch für eine architektonische Kultur fördernd sein muß. Analog würde dies bedeuten, daß die Vorarlberger Textilindustrie etwa selbstverständlich einen hohen Standard des Landes im Modedesign bringen müßte. Abgesehen davon gibt es genug Regionen in Österreich, die ebenfalls seit Jahrhunderten mit der Holzverarbeitung leben und keine regionale Architektur hervorgebracht haben. Ja, es ist gerade umgekehrt: lange ansässige Produktionsbereiche neigen durch die Tradierung zur Verkrustung und Erstarrung. Man könnte also, im Hinblick auf das Phänomen dieser ersten Entwicklung, augenzwinkernd behaupten, daß, obwohl es in Vorarlberg eine ausentwickelte Holzbauindustrie gegeben hat, eine lebendige Architektur entstanden ist.

Mitbestimmungsmodelle, genossenschaftliches Handeln
Obwohl es Übergänge gibt, war die *zweite Generation* von neuen Interessen und Zielen geprägt. Die *Achtundsechziger* konnten auf Grund der Erfahrungen ihrer älteren Kollegen, deren Hilfsbereitschaft in praktischen Dingen, aber auch auf Grund der neuen Motivation einer größeren Klientel zu gemeinschaftlichen Experimenten Modelle der Partizipation entwickeln, für die zunächst auch der Baustoff Holz eine größere Bandbreite für Eigenleistungen anbot. Da aber auch durch Künstler ein *Nebenschauplatz* alternativen und collageartigen Bauens durch Wiederverwendung alter Bauteile eröffnet war, wurde auch die erste Phase der Mitbeteiligungsprojekte von einer gewissen gestalterischen Lässigkeit und Freiheit bestimmt. Man könnte in diesen ersten Versuchen vermutlich ein ganzes Spektrum von gestalterischen Verhaltensweisen entdecken, die später dann in professionellere und gediegenere Bahnen übergeleitet wurden.

Bemerkenswert ist auch, daß in dieser Periode der Interessens- und Methodenerweiterung trotzdem das alte, vom akademischen Boden aus diskriminierte freistehende Einfamilienhaus seinen Stellenwert behaupten konnte. Im Gegenteil, diese sozialkritische Generation lieferte sogar bedeutende Erweiterungen sowohl im gestalterisch-typologischen wie im ökologischen Bereich. Ich möchte einmal behaupten, daß für diese virulente Szene partizipatorischen Bauens noch der kulturelle Hintergrund der Randspiele-Aktivitäten nachwirkte. Es waren die gleichen sozialen Gruppen, die kulturelle, politische und soziale Wachheit mit kritischem Verhalten und der Suche nach alternativen Handlungsmustern verbanden.

Es mußte aber noch eine ältere, vielleicht sogar noch vitalere Motivationsschicht vorhanden gewesen sein, die diesen nicht eindämmbaren (gesellschaftlichen?) Zwang zum eigenen Haus – wenn auch in Gemeinschaft – ausübte. Daß sich in einer ländlich überschau- und organisierbaren Welt (vielleicht sogar mit alten Traditionen der Nachbarschaftshilfe) solche Ziele noch leichter verwirklichen ließen, sei dahingestellt.

Die Frage nach der Architektur oder die Ästhetisierung des Bauens
In den achtziger Jahren wurde einmal in Vorarlberg die ironische Feststellung formuliert: *Wir bauen und die Wiener machen die Architektur*. Diese gar nicht unsympathische und nicht minder selbstsichere Behauptung wurde aber bald in Frage gestellt. War schon bei der ersten Generation das architektonische Engagement nicht zu übersehen – es war sogar der Motor zu einer betont modernen Sprachlichkeit –, so kam dieses Engagement in der

heroischen Phase der Mitbeteiligungs- und Mitbestimmungsmodelle etwas unter die Räder oder wurde schlicht als bedeutungslos erklärt. Architektonische Sehnsüchte – im Sinne einer Visualisierung von kulturellen Bedürfnissen – traten erst wieder in den Vordergrund, als einige Architekten «kein Holz mehr sehen» konnten, also auch eine formale Ermüdung in einem dominierenden Materialbereich eintrat. Erste Anzeichen waren die «Verfremdung» von Holzoberflächen durch Anstrich, neben dem befreienden Weiß traten zumindest wieder Grundfarben ins *Bild*. Neben der formalen Erweiterung, mit der eine selektivere Materialsprache auftrat, kam es auch zu thematischen und inhaltlichen Erweiterungen, etwa durch die Beschäftigung mit dem Geschoßwohnbau.

Mit diesem Phänomen der eigendynamischen Eroberung neuer Bereiche verbunden ist sicher auch – wenn man einmal von den natürlichen Generationsschritten absieht – die Erweiterung des Bauherrenspektrums. Zum Kreis der Verschworenen kam der statusbewußte Jungbürger, eine sich kulturell legitimierende Mittelschicht (Personen des öffentlichen Lebens mit eingeschlossen), die das Bauen oder die Architektur als Darstellung eines Lebensstils erkennen und nutzen. Das auch ästhetisch Extravagante ist gesellschaftsfähig geworden, gerade nach einer Phase der Kritik und des Zweifels an seinen Werten.

So konnte sich die Architektur vom privaten oder in Gruppen organisierten Wohnbau lösen und auch kulturell komplexere, weil öffentlichere Aufgaben übernehmen.

Natürlich läge jetzt der Schluß nahe – ich wage ihn kaum als These zu formulieren –, daß die letzte Phase der *Vorarlberger Bauschule,* etwa ihr erfolgreiches Vordringen in den Schul- oder in den Industriebau, ihr gestalterisches Zentrum, das Reservoir der Mittel im Wohnbau hat. Zu selbstverständlich bieten sich die Entwicklungslinien an, als daß man ihnen wirklich vertrauen dürfte.

Versuch einer vorläufigen Schlußbemerkung

Tatsache ist, daß die *Vorarlberger Bauschule* ihr Zentrum der Auseinandersetzung im Wohnbau hatte, wenn auch von Anfang an der Kirchen- oder der Schulbau eine Rolle spielte. Ihre architektonische Sprachlichkeit hat sie in der Dialektik von handwerklichem Denken und industrieller Fertigung, von kritischem Traditionalismus und lebensbezogener Moderne auf dem Hintergrund einer neuen Sensibilität gegenüber Lebensformen und kulturellem Selbstverständnis entwickelt. Obwohl von einzelnen Architekten in ihren Grundmustern geprägt, hat sie sich zu einer kollektiven Gesamtleistung entwickelt. Partnerschaft, Hilfsbereitschaft, kollegiale Nachbarschaftshilfe und gemeinsames Auftreten gegenüber veralteten (Kammer-)Strukturen haben diese große Gruppe in ihrer Haltung zusammengeschweißt. Sie wurde schnell stark genug, um neue Kräfte anziehen zu können, sie wurde schnell groß genug, um nicht in den eigenen Mitteln zu verflachen.

Man mag darüber streiten, ob die gegenwärtige Situation noch als *Schule* zu bezeichnen ist, die erweiterte *Szene* hat bereits sehr unterschiedliche Eigendynamiken entwickelt, die man höchstens an einem Regionsbegriff festmachen kann, und auch da mit Verkürzungen und Einschränkungen. Vielleicht sollte man es als positives Signal registrieren, daß der Begriff der Einheit nur mehr aus größerer Distanz einen Sinn macht, eben als Begriff einer Region mit offenen Grenzen. Vielleicht ist es auch die letzte Gelegenheit, das Phänomen einer *Bauschule* als gerade noch abgrenzbar vorzustellen.

Auch die Chronologie der baulichen Entwicklung, die Folge von *drei Generationen* kann als ein System der Überlagerung, der Simultaneität, der gleichzeitigen gegenseitigen Beeinflussung gesehen werden. Die Szene hat, das ist der Eindruck von außen, ihre Dialogfähigkeit bewahrt, sowohl mit dem vitalen Nachbarn, der Schweiz, als auch über die größere und kritischere Distanz zu Wien und Graz, von selektiven internationalen Beziehungen einmal abgesehen.

Eine Zwischenbilanz in den frühen neunziger Jahren könnte zur Klärung der gemeinsamen Position beitragen, das Bewußtsein von jenen Qualitäten fördern, die nur in einem bestimmten kulturellen Klima entstehen konnten, in einer Atmosphäre des Gesprächs, der Kritik und der gegenseitigen Hilfe. Die Phase der Konflikte, vor allem mit dem öffentlichen Bauherrn, scheint beendet zu sein, der Architektur sind viele Hindernisse aus dem Weg geräumt. Höchste Wachsamkeit wäre geboten.

(1993)

Gibt es eine «Grazer Schule»?

Zum Begriff

Solche Namensgebungen entstehen oft zufällig, nebenbei, aus Verlegenheit oder aus dem Notstand, eine Abgrenzung vornehmen zu müssen. Für das Phänomen selbst sind sie meist irritierend, wenn nicht tödlich. Das berühmteste Beispiel gaben wohl Henry-Russel Hitchcock und Philip Johnson mit ihrer Ausstellung «The International Style», die Geburt eines Stiles war auch sein Begräbnis. Man kann also behaupten, daß solche Benennungen, so notwendig oder unnötig sie oft sind, gerade durch den Versuch einer Bestimmung die Auflösung ihres Gegenstandes betreiben.

An dieser Auflösung müssen sich dann die Hebammen oder Taufpaten gar nicht mehr beteiligen, die so Benannten und Klassifizierten besorgen dies schon selbst. Im Katalog *Architektur aus Graz* (1981), wo der Begriff *Grazer Schule* unter Anführungszeichen in einer Einleitung gebraucht wurde, waren neben zwei Zeichensälen der TU, wenn ich richtig gezählt habe, 54 Namen von Architekten und Studenten angeführt, im Katalog *Grazer «Schule»* (1984) wurden innerhalb dieser Gruppenbezeichnung nur mehr dreizehn Standpunkte von siebzehn Architekten bezogen, wobei man heute, hätte man etwas mitzureden, einige davon sicher nicht mehr zur «Schule» rechnen würde.

Ich wollte mit dieser kurzen Einleitung nicht die vermutliche Schlußthese vorwegnehmen, nämlich die, wenn es die *Grazer Schule* je gegeben hat, es sie heute sicher nicht mehr gibt, und wenn, dann hat sie sich vielleicht nach Kärnten zurückgezogen (woher sie vermutlich stammt) und versucht mit einer Art Verinnerlichungs- und Konzentrationsprozeß am Ossiachersee das Idealprojekt einer Architekturkonzeption zu verwirklichen. Vom Steinhaus in Steindorf wird ja noch die Rede sein.

Zur Geschichte

Ich möchte zunächst versuchen, das Phänomen, das zwar nicht allein mit Graz verbunden ist, aber das sich hier entwickelt hat, historisch, inhaltlich und personell nach meiner Einschätzung etwas zu beschreiben. Ich muß in diesem Zusammenhang auf die Vorgeschichte, also auf die Entwicklung vom späten neunzehnten Jahrhundert bis in die fünfziger Jahre verzichten. Es gab in Graz, aus der National- und Regionalromantik kommend, eine starke und vielfältige Heimatschutz- und Werkbundbewegung, und es gab auch deren Opponenten, wie den als Widerstandskämpfer hingerichteten Herbert Eichholzer oder auch Architekten mit einem besonderen intellektuellen Profil wie Eugen Székely oder Rambald von Steinbüchel-Rheinwall. Wenn auch die spätere Grazer Schule sich nicht um diese Geschichte gekümmert hat, so ist sie der Stadt ebenso eingeprägt wie die Struktur der spitzen Winkel, die einen gelernten Wiener immer wieder vor Orientierungsprobleme stellt. Aus der eher wienorientierten Situation der fünfziger Jahre (Friedrich Zotter, Karl Raimund Lorenz und Ferdinand Schuster) hat sich in den sechziger Jahren eine Art von dynamischem Parallelogramm von vier Fraktionen entwickelt:

1) Eine funktional, sozial und bautechnisch orientierte Gruppe, die bewußt eine Tradition der Moderne suchte und diese auch, mit wechselndem Erfolg, bis heute fortsetzte. Ich nenne hier den sehr kontrollierten, forschenden und denkenden Ferdinand Schuster und einige Schüler, wie sie sich etwa im Team A Graz oder in der Werkgruppe Graz zusammenschlossen.
2) Die mit der Situation vielfältig verwobene Fraktion der regionalen und regionalistischen Architekten, die, eklektisch oder kritisch, volkstümelnd oder anthropologisch sensibilisiert, klischeehaft oder handwerklich denkend, «kuhwarm» (um Dieter Ecker zu zitieren) oder sozialkritisch heute schon eine eigene «Grazer Schule» bilden.
3) Die urbanen und technischen Utopisten, die Revoluzzer aus den Zeichensälen der TU, aus denen sich später ein Teil der *Grazer Schule* rekrutiert, die sozusagen ihr eigenes utopisches Potential einbringen, auf ihren strukturellen Ansätzen beharren und dem Handschriftlichen gegensteuern.
4) Schließlich die Individualisten, die den Nullpunkt von Entwicklungen, von Gedanken, Bildern oder Träumen in sich selbst suchen. Das Prozeßhafte stellt sich eher auf einem dramatischen Feld dar, in Eruptionen, Explosionen, wie alles Theaterhafte sehr nahe am Material, an sinnlichen Qualitäten orientiert.

Der Aufbruch in den sechziger Jahren in Graz hatte ganz bestimmte Merkmale; Graz hat schneller, heftiger und auch bedingungsloser (unkritischer?) auf internationale Tendenzen reagiert. Während in Wien ein *Verschimmelungsmanifest* (Hundertwasser) oder das Konzept einer *inzidenten Architektur* (Feuerstein), beide 1958, ja sogar Slogans wie *Alles ist Architektur* (1963, Hollein) Spuren eines historischen Universalismus bewahrten, hat Graz jede mögliche Antiposition zu einem wie immer gearteten geschlossenen Architekturbegriff bezogen. Die utopischen Visionen beschäftigten sich mit endlosen Stadtstrukturen oder artikulierten apokalyptische Aggressionen gegen den Ort (ich erinnere an den Vorschlag, das Grazer Becken unter Wasser zu setzen und die Bevölkerung von Graz in einem Wolkenkratzer auf dem Schloßberg zu konzentrieren). In einem real-baulichen Zusammenhang folgte man zuerst den Schweizer Gegenströmungen gegen den modernen Akademismus (etwa der dominierenden Mies-van-der-Rohe-Schule), symbolisiert in Figuren wie Walter Förderer oder Christian Hunziker. Charakteristisch für diese frühe Bewegung aus den Zeichensälen war auch eine ausgeprägte Design-Komponente, neben den strukturalen Visionen wurde auch der Gerätcharakter von Bauwerken im Zusammenhang mit technoiden Strategien betont. Der Architekturbegriff wurde wirklich auf allen Ebenen und in allen Bereichen radikal in Frage gestellt. Dazu gehört auch die Aufgabe des objektgebundenen Entwerfens zugunsten komplexerer Zusammenhänge, die Auflösung der Fassade zugunsten von Gerüst und Installation, also die Visualisierung aller Leistungen.

Eine Wurzel der *Grazer Schule* lag aber, so paradox dies klingen mag, im Realisierungsdruck oder Realisierungswillen dieser Tagträume. Unabhängig von Prioritätsstreitigkeiten (die jedes Treibhausklima erzeugt) bestand die Schockwirkung etwa im Projekt der «Überbauung Ragnitz», in ihrer Nähe zur Realisierbarkeit, in ihrem Eintauchen in die Sphäre des Baubaren. Vielleicht bedurfte es auch der Schule des Schweizer Betonfetischismus (der Sichtbeton eroberte sich die höchsten Weihen im Kirchenbau), um sozusagen die Schubkraft der Grazer Emotionalität visuelle Wirklichkeit werden zu lassen. Jedenfalls führte das Entwurfsduo Domenig & Huth diese Übersetzungsarbeit in Österreich durch, und wenn heute noch jemand in die letzten Geheimnisse des Betondopings vordringen will, sucht er das Gespräch mit Domenig oder heimlich die Gestade des Ossiachersees auf.

Ich möchte an Hand von einigen Beispielen die Genesis oder Gruppendynamik der *Grazer Schule* skizzieren und einige prototypische Arbeiten vorstellen.

1 Ferdinand Schuster, Seelsorgezentrum St. Paul (Eisteichsiedlung), 1969–71

Ferdinand Schusters «Mehrzweckhalle» ist in zweifacher Hinsicht ein Schlüsselbau der österreichischen Gegenwartsarchitektur. Sie signalisiert einerseits den Endpunkt des architektonischen Funktionalismus, verstanden als die absolute Deckung von Bedarf, Leistung und Form, der Interpretation eines Inhalts und seiner baulichen Entsprechung. Es scheint so, als hätte Schuster hier, entgegen seiner theoretischen Position (er akzeptierte wie kein anderer die Bedeutung der semantischen Dimension von Architektur) einen notwendigen «letzten Schritt» der Entsemantisierung von Architektur vollzogen, die gleichzeitig eine ebenso entschiedene Öffnung bedeutete. Öffnung war aber auch ein zentraler Begriff der Kirche der sechziger Jahre, und so stellt andererseits dieser Bau den radikalsten Ausdruck einer «offenen Kirche» dar, die, für alle sichtbar, auch den Anspruch auf ihre einst dominierende Rolle in der Gesellschaft zurückgenommen hatte. Wenn heute dieser Bau, der sich jeder Art von Zeichenhaftigkeit enthielt, ein besonderes Zeichen seiner Zeit geworden ist, so mag das vordergründig als architekturgeschichtliches Paradoxon erscheinen, in Wirklichkeit handelt es sich aber um die selten erreichte Übereinstimmung eines aus der Zeit entwickelten Baugedankens und der mit adäquaten Mitteln vollzogenen Realisation, einer Deckung von «Form» und «Inhalt», die auch dem seriösen Funktionalismus kaum gelungen ist.

2   Werkgruppe Graz, Wohnanlage Göss-Steigtal, 1973–77
Die Anlage ist ein realistisches Endprodukt aus der Systemdiskussion der sechziger Jahre im Spannungsfeld von Flexibilität/Variabilität und Partizipation. Wobei der Begriff der Partizipation mit der Lebensdauer der Anlage verknüpft ist, das heißt, sie bietet eine permanent veränderbare Struktur innerhalb der Wohnungen an. Auch die Ästhetik des Baus ist von diesen strukturellen Prämissen bestimmt. Handelt es sich innen um eine variable Räumlichkeit, so ist der Außenraum als stabiles Element aus den Gegebenheiten des Ortes entwickelt.

3   Team A Graz, Fernmeldebauamt Graz, 1985–90
Dieser späte Bau des Teams scheint mir ein Beleg für die «Tragfähigkeit der Moderne» zu sein, für die Brauchbarkeit ihrer gestalterischen Mittel, wenn sie intelligent und vielleicht auch gelassen angewendet werden. Dieses Konzept bedient sich einer durchaus konventionellen Typologie des zweihüftigen Bürohauses mit Innenhöfen. Die eigentliche entwerferische Leistung liegt sicher auch im Detail, in der durchgängigen Sprachlichkeit alles dessen, worauf man tritt, was man angreift oder auch zur Orientierung benötigt. Auch die räumliche Erschließung zeigt, daß ihren uralten Mitteln wie Gang, Treppe und Halle immer noch neue Wirkungen abgerungen werden können.

4   Raimund Abraham, Brückenstadt (1965)
Es geht bei den neuen, visionären Projekten nicht nur um neue Modelle für die Stadt, um ein neues Systemverständnis und neue Raum-Zeit-Fantasien, sondern auch um eine neue Qualität von Machbarkeit im Bauen. Die Schubkraft der Raketen zur Eroberung des Weltraums wird auch zu einer Art geistiger Schubkraft für das Experiment.

5   Günther Domenig & Eilfried Huth, Überbauung Ragnitz, 1966–69
Das Projekt stellte einen großen Schritt in Richtung Realisierbarkeit dar, wenn es auch schließlich den Beweis für das Gegenteil lieferte. Die Art der Durchplanung von Traggerüst, Versorgung und Ausbau machte einen wesentlichen Schritt zur Vorstellbarkeit solcher Systeme. Domenig und Huth betraten damit ein Terrain der realen Bauproduktion, es ging plötzlich nicht mehr um abstrakte Möglichkeiten, sondern um konkrete Wirklichkeit. Damit entstanden aber auch die ersten Reibungswiderstände, und es ist kein Wunder, daß die Vokabel *Kraft* ein zentraler Begriff der *Grazer Schule* wurde.

6   Günther Domenig & Eilfried Huth, Seelsorgeanlage Oberwart, 1966–69
Die Anlage signalisiert den Höhepunkt der Auseinandersetzung mit der damals die Architekturdiskussion beherrschenden Schweizer Sichtbetonarchitektur, die zur Dynamik simulierenden Ästhetik auch eine Philosophie der permanenten Veränderung lieferte. Es ging um die Dialektik von Festlegung und Offenheit, wenn man will, um eine extrem funktionalistische Dok-

1

2

3

4

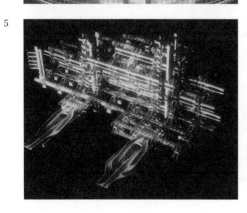
5

6

trin, deren Gebärdensprache aber selbst die Funktionalismuskritik beschleunigte. In Österreich ging es aber auch um den handfesten Beweis, daß es tatsächlich möglich ist, solch komplizierte Raumgebilde in die Wirklichkeit umzusetzen.

7   Günther Domenig, Mensa der Schulschwestern, 1973-77
Es mag überraschen, aber in ihrer Ausschließlichkeit ist diese Halle gar nicht so weit vom Konzept Schusters entfernt. Während sich jedoch Ferdinand Schuster auf eine kollektive Basis bezog, mit Blickrichtung auf eine der historischen Situation abgerungenen Ausgewogenheit der Faktoren, suchte Domenig die baulich-visuelle Identität von räumlicher Situation, Interpretation und Bauprozeß herzustellen. Der «kollektiven Selbstaufgabe» Schusters steht Domenigs «Verallgemeinerung eines subjektiven Entwurfs» gegenüber. Symbolisiert Schusters Halle eine rationale oder positivistische Welt, ist Domenigs handgemachte Struktur Abbild eines Prozesses, jedoch ebenso apodiktisch, grenzgängerisch und effektiv wie die andere. Auch dieser Bau erlaubt in seiner Tendenz keinen Schritt weiter. Er zeigt die gleiche Kompromißlosigkeit, nur am anderen Ende der Skala. Zeichenlosigkeit und Zeichen – beide sind unverwechselbare Zeichen ihrer Zeit geworden.

8   Eilfried Huth, Reihenhaussiedlung Gerlitz, 1975-81 (Mitbestimmungsmodell)
Man könnte nicht nur bei der «regionalistischen Fraktion» das Thema *Grazer Schule* abhandeln, sondern natürlich auch bei dem von Eilfried Huth vital beackerten Feld der Mitbestimmungsmodelle im sozialen und genossenschaftlichen Wohnbau. Die extreme ästhetische, fast therapeutische Artikulation der Beteiligten wirft natürlich die Frage nach dem kollektiven Kontext auf, nach dem architektonischen Verhältnis von individueller Baugestalt und öffentlichem Raum, eine Frage, die auch direkt ins Zentrum des Selbstverständnisses der *Grazer Schule* führt.

Die bisherigen acht Beispiele waren eine Art Einführung in das Thema, kleine historische Markierungen. Mit den folgenden «zehn Standpunkten» möchte ich das von der *Grazer Schule* selbst ausgesteckte Terrain etwas durchwandern.

Zehn Standpunkte

9   Günther Domenig, Z-Zweigstelle Wien-Favoriten, 1975-79
Es handelt sich um ein zentrales Werk der *Grazer Schule*, das gewissermaßen exterritorial, also in Wien realisiert wurde. An diesem Haus wurde damals grundsätzlich alles in Frage gestellt, ob es sich um die Haut, das Gerüst, die Haustechnik, den Innenausbau oder das räumliche Konzept handelte. Es zeigte eine totale visuelle Synchronisierung unterschiedlicher, oft einander

konkurrierender und konterkarierender Systeme, und es gab keine Frage, auf die nicht eine neue Antwort gefunden worden wäre. Ich erlaube mir ein Eigenzitat aus der Zeit der Fertigstellung und vom Wiener Boden aus: *Diese Arbeit relativiert und reflektiert nicht, sie stellt keine Brücken und Beziehungen her, signalisiert keine Kommunikationsbereitschaft. Sie zeigt – in Wien eine Art von Todsünde – die «naive Unverfrorenheit», sich selbst ernst zu nehmen. Sie arrangiert und kommentiert nicht. Sie ist nicht literarisch, hat weder surreale noch phantastisch-realistische Ambitionen, jongliert nicht mit Bedeutungen und will auch im Grunde nichts von der Geschichtlichkeit des Ortes wissen.*

Es handelt sich um eine mögliche Antithese zum Wiener Architekturbegriff, wenn man darunter eine betonte historische, topographische, typologische und semantische Sensibilität versteht.

10   Hermann Eisenköck, Eigenhaus, 1985–88
Hier wurde sozusagen die architektonische Angestrengtheit, das expressive Pathos privatisiert, also gemildert. Das Haus versteht sich als Teil der Landschaft, die Landschaft ist ein Bestandteil des inneren Raumkonzepts. Der Hang ist das eigentliche Thema der räumlichen Bewegung, der Durchlässigkeit und der Ruhepunkte. Die durchstoßenden und ausstrahlenden Blicklinien werden am Ort gebündelt, sie sind das Thema des übergeordneten Raumkonzepts. Das Haus zeigt für mich den Ausdruck eines bestimmten Lebensgefühls, der ästhetisch abgehobenen Besitznahme eines Punktes in der Landschaft. Man ist hier angekommen.

11   Konrad Frey, Kunsthaus Mürzzuschlag, 1988–91
Diese Arbeit zeigt die Erschließung einer alten Bausubstanz, ihre innere Umwidmung und ihren äußeren Rollenwechsel. Sie verändert den Baubestand, indem sie diesen auf seine materiale Erscheinung zurückweist, ihn als Artefakt ausstellt und diese Ausstellung zum Grundthema der neuen Nutzung als Kulturhaus macht. Während die umhüllenden Räume die Offenheit zum Thema der räumlichen Beziehung zum Umraum machen, stoßen die inneren neuen Nutzungsebenen an die Kompaktheit des historischen Gehäuses. Das Haus zeigt nicht nur eine radikale Veränderung des räumlichen Kontinuums, es stellt auch dieses aus, macht es als neue Qualität zugänglich und erlebbar. Daß die kleinstädtische Umgebung durch Spiegelung auf sich selbst zurückgeworfen wird, könnte als Akt der Versöhnung, aber auch als didaktische Provokation aufgefaßt werden.

12   Volker Giencke, Glashäuser im Botanischen Garten, 1982–93
Die Entwicklung des *Palmenhauses* ist eine Geschichte der Dialektik von konstruktivem Risiko, räumlicher Erfindung und inszeniertem Umgang mit der Natur; Abbild einer kulturellen Synthese der Interessen der Forschung, des Schauens, der Lust am Exotischen und dem Reiz der Vielfalt natürlicher und

10

11

12

künstlicher Formen. Giencke wählte für das konstruktive Gerüst den Parabelbogen, der bekanntlich als Kettenlinie die größte Annäherung an eine natürliche statische Form darstellt. Durch die konzentrische Durchdringung oder tangentiale Berührung der Volumen (Hallen) entsteht eine absolut neue, faszinierende Raumkonstellation, die jedoch genaugenommen auf einer strengen Geometrie und der «semimaterialen» Erscheinung der Aluminiumkonstruktion beruht. Die Netzwerke artifizieller Bauten, die filigranen Gespinste scheinen in ihrer Umschreibung von Raum, mit dem Oszillieren der Begrenzungen, dem Changieren der Oberflächen, den Schichtungen, Überlagerungen, Tiefenwirkungen und ständigen Veränderungen, durch die Bewegungen des Betrachters mit den Pflanzen selbst zu konkurrieren oder ihnen zumindest eine analoge und gleichzeitig konterkarierende Ästhetik entgegenzustellen. Giencke relativiert hier den Selbstwert des Gebauten und stößt in neue Wahrnehmungsbereiche vor. Bei seiner Kirche von Aigen werden wir dieses Thema weiterverfolgen.

13   Bernhard Hafner, Wohnanlage Grabenschlößl Graz, 1983–90

Eine besondere Verschränkung von typologischen und topologischen Merkmalen: Man könnte behaupten, aus dem Typus eines Schlößels mit einem anschließenden Industrie- oder Gewerbebau wurde ein unverwechselbarer Topos entwickelt. Einerseits befreit sich die Wohnanlage aus den Fesseln eines Schloßgrundrisses – das Stakkato der Wohntürme könnte kein größerer Gegensatz sein –, andererseits vollendet der glasgedeckte, lichtdurchflutete Innenhof die Geborgenheit einer innerstädtischen Wohnsituation. Analoges geschah auf materialer Ebene: Die Beziehung von industrieller und handwerklicher Fassadenbekleidung sucht eine bewußte Äquidistanz zur Putztextur des historischen Objektes.

14   Eilfried Huth, Haus in Weinburg, 1977–80

Sie müssen langsam am Begriff der *Grazer Schule* zu zweifeln beginnen, wenn Sie darunter eine Art formaler Einheitlichkeit, eine Entsprechung der Entwurfsmethoden oder gar eine Kongruenz der Ziele verstehen sollten. Dieses Haus scheint mir deshalb wichtig zu sein – obwohl es schon fast fünfzehn Jahre alt ist –, weil es in einer Art Gratwanderung entlang anthroposophischer Raumvorstellungen ein ganz bestimmtes Bekenntnis zur Emotionalität ablegt. Dieses biologistische Schwammerl vereinigt Schirm und Höhle, also zwei archetypische Bauformen in einem Entwurf fast spielerischer Erfüllung von Wohnbedürfnissen. Ich glaube, daß Huth in dieser prototypischen Aussage eine Gesprächsbasis für seine Mitbeteiligungsprojekte gesucht hat: eine Aufforderung zur Eigendefinition von Raumbedürfnissen.

13

14

15   Klaus Kada, Steirisches Glaskunstzentrum und Glasmuseum
Bärnbach, 1987/88
Umbau und Erweiterung eines alten Industriebaus für Ausstellungszwecke, wobei dem musealen Thema, dem Glas, auch im Bau eine besondere Rolle zugestanden wurde. Aus dem Altbestand und der Erweiterung entwickelt sich die Beziehung von Zellenstruktur und Halle, von intimen und großräumigen Ausstellungssituationen. Obwohl der Altbestand an sich keine besonderen Qualitäten besaß, kann er heute im Gesamtkonzept ganz spezifische Leistungen erbringen.

16   Irmfried Windbichler, Casa Piccola, HUMANIC, Graz, 1986–88
Das Geschäft als Passage, die Passage als betonte Raumsequenz: Schwellenbereiche, Schichtungen, Hindernisse, Punkte, die Aufmerksamkeit erregen, Irritation, Einladung. Aus der Konvention der Vergangenheit durch eine Zone von Gegenwart, nach dem Durchschreiten selbst schon wieder Vergangenheit; eben Stadt.

17   Helmut Richter & Heidulf Gerngroß, Restaurant KIANG, Wien, 1984/85
Die *Dissidenten* der *Grazer Schule* haben von Anfang an andere methodische Ansätze und inhaltliche Orientierungspunkte gesucht. Das Collageartige, die Verwendung von Vorgefundenem und Vorfabriziertem, das Abenteuer der Kombination, die Erfindung neuer Elemente, die das Industrielle einholende Handwerklichkeit, das Zur-Sprache-bringen von Serienprodukten, alles das sind Elemente einer Architektur, die mit den Prinzipien einer klassischen Baukunst nicht viel anzufangen weiß.

Das KIANG, von Richter allein verantwortet, zeigt in der Tat kein ästhetisches System, das zur Interpretation verführt, und schon gar keine semantischen Bezüge etwa zum Chinesischen oder Wienerischen. Trotzdem aber führten «Zweifel, Kontrolle und Korrektur» (der selbstauferlegten Entwurfsmethode) zu einem geschlossenen Ganzen, das sich in den direkten Material- und Formbeziehungen als Restaurant legitimiert und das schließlich ein Interieur schuf, dessen Logik zwar nicht beschreibbar ist, aber die man vor Ort als schlüssige Tatsache registrieren kann. Bei Helmut Richter gibt es einen philosophischen Ansatz, der die Unbeschreibbarkeit von Architektur postuliert, wobei man ihm nur zustimmen kann.

18   Karla Kowalski & Michael Szyszkowitz, Hauswirtschaftsschule
Großlobming, 1979–81
Mir scheint, daß diese Architektur mehr historische Bindungen hat, als sie in ihrer subjektiven Autonomie zugeben möchte. Mich erinnert sie an nationalromantische und expressionistische Traditionen, die aber eher im Atmosphärischen als im konkreten Detail zu liegen scheinen.
Ein anderes Thema liegt im Verhältnis von typologischer Festlegung und spielerischer Überformung. Man ist überrascht, daß der ruhige Baukörper

15

16

17

18

des alten Schlosses im Grundriß asymmetrischer ist wie der gestisch bewegte Anbau. Die Arbeiten von Kowalski & Szyszkowitz gehören im internationalen Beobachtungsfeld zum inneren Kern der *Grazer Schule*. Ich frage mich nur manchmal, worin diese Verwandtschaft mit den anderen Arbeiten wirklich besteht, wenn man von einer betont emotionalen, sinnlich wuchernden und vielleicht auch spielerischen Grundhaltung absieht.

Während die bisherigen Beispiele, festgelegt durch eine Selbstdarstellung der Grazer durch Falk Jäger vor rund zehn Jahren, dem Versuch gegolten haben, das Phänomen einer lokalen oder regionalen Architekturszene zu beschreiben oder zu bestimmen, ist die nächste Serie von Beispielen eher ihrer Auflösung oder Expansion gewidmet. Es kommen zum Teil die gleichen Namen vor, aber auch neue, nicht unbedingt jüngere Architekten.

Durch die immer dichter werdende Generationenfolge, also den immer schnelleren Wechsel von architektonischen Konzepten (die eben auch Zeitgeistphänomene mit einschließen), müssen wir uns immer mehr an die Koexistenz von «Weltentwürfen» gewöhnen. Es ist klar, daß diese Konzeptionen miteinander in Konflikt geraten oder, noch schlimmer, einander ignorieren. Andererseits verlangt ein architektonisches Konzept oft eine lebenslange Ausformulierung und erreicht erst nach Jahrzehnten jene Intensität, um auch eine kulturelle Botschaft zu vermitteln. So erleben wir heute oft das Paradoxon, daß das «hoffnungslos veraltete» Werk eines Architekten noch zu seinen Lebzeiten in eine Art historische Unanfechtbarkeit hinübergleitet.

Distanziertere Standpunkte

19   Helmut Richter, Wohnanlage Brunner Straße, Wien, 1986–91
Für Richter ist ein Bauwerk visualisierte Erkenntnis. Er glaubt nicht an Formen, schon gar nicht an architektonische Gesetze, eher an anthropologische Konstanten. Obwohl seine Bauten extrem ästhetisch wirken, sind sie nicht vordergründig ästhetisierend konzipiert. Sein cartesianischer Ansatz liegt geradezu polar zur formalen Sinnlichkeit der *Grazer Schule*, und seine positivistische Haltung zu den Mitteln oder der Materialität des Bauens ist von der semantisch-bildhaften Tradition Wiens ebensoweit entfernt. Trotzdem könnte man behaupten, die gigantische Lärmschutzwand aus Glas ist nicht nur Funktion, sondern auch Bild.

20   Helmut Croce, Ingo Klug, «Alte Mühle» Leoben, 1988/89
Das Betriebsgebäude zeigt geradezu eine Bilderbuchhaltung gegenüber einem ausgeprägten Ort. Das am Murufer verankerte Objekt – die Metapher Schiff ist sicher erlaubt – verweigert sowohl Schlüsse auf eine betonte Individualität der Entwerfer als auch auf eine rationale, typologische Entwurfsmethode.

19

20

21

21   Manfred Zernig, Wohnhaus in Leoben, 1988–91
Dieser Wohnbau zeigt, abgesehen von seiner betont minimalistischen Stringenz, eine intensive Auseinandersetzung mit den Raumbereichen im Vorfeld des Privaten. Großzügige Erschließungszonen, nicht festgelegte Räume, Erinnerungen an alte Laubenganghäuser zeigen Sinn für ein Milieu bescheidener Verhältnisse.

22   Bernhard Hafner, Versuchshalle Leoben, 1990–92
Hafner hat offenbar keine Berührungsangst mit einer kontextualen oder semantischen Architektur. Er führt einerseits die Fassade aus den fünfziger Jahren als abstraktes Gerüst und abgelöste Raumschicht als vermittelndes Element zum Anbau weiter, andererseits erlaubt die innere Konzeption der Halle Assoziationen an den Bergbau, ja die mit Schlackenstaub eingefärbte Fassade verweist direkt auf die Schlackenhalden der Leoben-Donawitzer Industrielandschaft. Ein Architekturverständnis, das sich schon lange von Grazer Inhalten verabschiedet hat.

23   Hubert Riess, Wohnanlage Wienerbergergründe, 1983–93
Bei Riess geht es einerseits, durch die langjährige Zusammenarbeit mit Ralph Erskine, um die Adaption und Transformation skandinavisch-angelsächsischer Wohnkultur in steirische Verhältnisse, andererseits um eine Artikulation des Wohnbaus aus seinen eigenen Bedingungen heraus. Privatheit und Öffentlichkeit zeigen hier eine entspanntere Beziehung, die Form vermittelt sich eher als ein Produkt der Verhältnisse.

24   Klaus Kada, Haus Tögl, Graz, 1988–90
Ich finde für dieses Haus den Begriff der Gelassenheit am entsprechendsten, etwas, das die *Grazer Schule*, zumindest in ihrer heroischen Phase, nicht kannte. Das auskragende Flachdach, die großen Glasflächen, die verhaltene Eleganz und Leichtigkeit signalisierenden Sperrholzpaneele, die durchlässige Struktur, die kalkulierten Ein-, Aus- und Durchblicke und die präzise gelegten «Lichtschnitte» ergeben eine ausgewogene, großzügig wirkende und selbstverständlich in sich ruhende Räumlichkeit. Kada hat man übrigens immer als den «wienerischsten» Architekten der *Grazer Schule* angesehen, ohne daß es ihm und seiner Arbeit geschadet hat.

25   Manfred Wolff-Plottegg, Wohnbebauung Seiersberg, 1987–92
Der Bau erinnert an die Tradition des steirischen Arbeiter-Laubenganghauses aus den Erz-, Eisen- und Kohleregionen. Plottegg entwickelte einen Zweispännertyp, legte die privatisierte Außenraumschicht mit den Balkonen nach Süden und ging mit der Erschließung durch sie hindurch. Dadurch wurde nicht nur die Hermetik des «Vorne» und «Hinten» zerstört, sondern es entstand auch eine Vernetzung von privater, halböffentlicher und öffentlicher Sphäre. Auf der Rückseite entwickelt der Block eine fast manifestartige

22

23

24

25

Sprachlichkeit: Die transparente Streifenfassade wird in dem Sinne maßstabslos, als sie ihre Länge und Höhe zugunsten einer Großform verunklärt; es entsteht ein Dialog mit den Dimensionen der Peripherie, es wird ein anderer Raumzusammenhang wahrgenommen als jener kleingärtnerischer Obsessionen. Trotzdem dringt die Idylle des Wohnens durch die Ritzen der Struktur, Wucherungen des Wohnglücks, wie immer ein liebenswürdiges aber auch erbarmungsloses Ornament von Alltäglichkeit und Zufall.

26   Manfred Wolff-Plottegg, Umbau Schloß Trautenfels, 1990
Plottegg würde ich schon dadurch von der *Grazer Schule* ausschließen, weil er neben einem Sinn für's Grundsätzliche auch Humor hat. Da dieser in Architektur kaum zugelassen ist, beschränkt er sich auch in seinem Werk auf eher bescheidene Eingriffe etwa im Kontext eines feudalen Wohnsitzes. Wenn man zur Kenntnis nimmt, daß das Schloßleben im Spannungsfeld von agrarischer Pragmatik und gruseliger Welterfahrung, von gesellschaftlicher Orgiastik und gepflegter Fadesse stattfand, so sind seine Interventionen in einem durchaus verständlichen Beziehungsnetz. Im Treppenturm als Raum-Klang-Plastik, im rachenartig sich öffnenden Tor-Treppenobjekt oder in der gespiegelten Einsamkeit des Stuhldrückens (mangels Gästen zur Kommunikation) werden nicht nur architektonische Beziehungen zu einem historischen Baudenkmal aufgenommen.

27   Florian Riegler, Roger Riewe, Flughafen Graz, 1989–94
Kleinere Flughäfen erlauben die Abwicklung von der Vorfahrt bis zum Einsteigen auf Sichtdistanz. Es wäre kein Entwurf von Riegler & Riewe, wenn sie sich mit der Erfindung einer Raumsequenz, adäquat dem Ritual der Funktionsfolge, zufrieden gegeben hätten. Die eigentliche Leistung liegt also nicht in der Erlebbarkeit der Raumschichtung, sondern in den unterschiedlich akzentuierten Zäsuren. So stellen sich nicht nur die Fassaden zum Vorplatz und zum Flugfeld unterschiedlich dar, sondern es werden auch die inneren Schwellenbereiche sensibel definiert, als Übergänge von einer zur nächsten Raumschicht. Man kann also erwarten, daß das auf Flughäfen übliche Einklinken in eine reine Zeichenwelt und das damit verbundene Ausklinken aus einer räumlichen Orientierung – mit dem damit verbundenen Unbehagen – nicht eintritt. Die Architektur erobert hier wieder ein Terrain sinnlicher Erfahrung zurück.

28   Volker Giencke, Kirche Aigen im Ennstal, 1985–92
Wenn man von der unorthodoxen, aber überzeugenden Besetzung eines Ortes, seiner inselartigen Ausgrenzung als Kirchplatz und seiner Aufwertung durch Distanzierung einmal absieht, wenn man erkennt, daß sich der Raum in «gebrochenen Schichten» entwickelt oder umgekehrt durch sie konzentriert, so ist das eigentliche Ereignis dieses Baus seine Luzidität. Die wiederum schichtenartige Entmaterialisierung seiner begrenzenden Flächen kon-

26

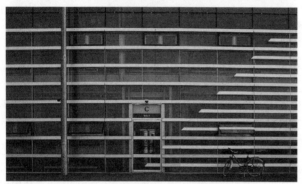

27

28

zertiert mit Farben, die nicht nur in den Glasschichtungen «arbeiten», sondern auch in lasierenden Tönen den Beton zu «entmaterialisieren» beginnen. Giencke ist hier etwas gelungen, das man eine neue Qualität der Raumbegrenzung nennen könnte, wie sie vielleicht einmal in den diaphanen Strukturen der Gotik erträumt wurde, hier aber in einer unmittelbaren, begreifbaren, durchdring- und durchschaubaren Materialität vorgeführt wird. Volumen und Haut sind nicht als statische Faktoren gesehen, sondern als etwas Bewegtes, das sich auf dem Wege zu einem anderen Aggregatzustand zu befinden scheint. Umso mehr wundert einen, daß Giencke im Zusammenhang mit Architekturkonzepten immer noch von Kraft spricht, wo er doch in seinen Arbeiten ganz andere Wirklichkeiten wahrzunehmen vermag.

Wenn man heute noch die Bezeichnung *Grazer Schule* gebraucht, so muß man sich wohl entscheiden, auf welches der beiden Wörter man die Betonung legt. Zweifellos ist es der Grazer Architektur gelungen, die Stadt zum ersten Mal in ihrer Geschichte mit einer unverwechselbaren Architekturbewegung zu identifizieren. Insoferne wäre es müßig, diesen Begriff – auch im Vergleich zu anderen historischen Schulen, wie etwa von Chicago oder Amsterdam – in Frage zu stellen. Welche Arbeiten oder Architekten auch immer unter diesem Begriff subsumiert werden, das Phänomen ist in seinen Merkmalen so charakteristisch und eigenständig, daß es in der Geschichte der Architektur der zweiten Hälfte des 20. Jahrhunderts einen unangreifbaren Platz einnimmt.

Was die «Schule» betrifft, so sollte man wohl eher von einer Szene oder gar von einem Klima sprechen. Hier spielten und spielen auch andere Faktoren als die Zeichensäle der TU eine große Rolle: vor allem die grenzüberschreitenden (im doppelten Sinne des Wortes) Aktivitäten des Forum Stadtpark, von Trigon und Steirischem Herbst. Die «Schule» ist also ein Prozeß mit wechselnden kulturellen Komponenten, einschließlich der sprichwörtlichen «Sprachlosigkeit» der Grazer Architekten (kompensiert in einer analogen Theoriefeindlichkeit), die ein eigenes Markenzeichen zu sein scheint.

Angesichts der Tatsache, daß die österreichische, also auch Wiener literarische Avantgarde als *Grazer Autorenversammlung* ein kulturpolitisches Zeichen gesetzt hat, grenzt das gepflegte «Urlallen» der Architekten an eine Art intellektuellen Hungerstreik. Von Wien aus für Graz einen architekturtheoretischen Diskurs zu urgieren wäre vermessen, da es die Wiener auf diesem Gebiet auch nur zu *begleitenden Kommentaren* gebracht haben.

Sollte jemand das Bedürfnis haben, das Phänomen der *Grazer Schule* zu definieren, so müßte er vermutlich zuerst ein neues Modell von Schule entwerfen. Rein architektursprachlich verstand man ursprünglich, also am Ende der siebziger Jahre, jene gebärdenreiche, emotionale, spitzwinkelige, expressive, dramatisch überartikulierte, von Null aus startende, antiakademische, antihistoristische und rebellische Architektur, die auch um ein wie immer interpretiertes Steirertum kreiste (ich habe einmal in der Haltung zu

Wien von einem Erzherzog-Johann-Syndrom gesprochen). Heute ist das eine abgeworfene Schale, angesichts der konzeptionellen Vielfalt, ein Relikt aus der Urzeit.

Ich neige dazu, diesen Begriff einer «Schule» selbst als historisch ad acta zu legen. Die Protagonisten dieser Schule haben selbst ihr formales, architektursprachliches Territorium erweitert oder verlassen, und die Schüler verweigern schon lange die Gefolgschaft.

Ich möchte vorschlagen, als eine Art rückwärtsgewandte Utopie, als Metapher eines uneingelösten und vielleicht auch uneinlösbaren Traums das Steinhaus von Günter Domenig zum Gral der *Grazer Schule* zu küren. Ich meine das gar nicht so ironisch, wie es klingt. Vielleicht sollte auch, im Lande Robert Musils, die Weisheit an einem Ort begraben sein, daß ein sich aussetzendes und ausschöpfendes Denken jeweils nur in einem Medium möglich ist und daß es der Übersetzung, der Verbalisierung (weil Verfälschung und Abschwächung) vielleicht wirklich nicht bedarf.

(1993)

Günther Domenig, Steinhaus in Steindorf, Kärnten, 1986–

Region, ein Konstrukt?

Regionalismus, eine Erfindung?

Bei Karl Valentin gibt es die Stelle, wo jemand behauptet, am kommenden Wochenende gehe die Welt unter. Die Reaktion ist einfach: «Das macht nichts, da fahrn wir sowieso nach Deggendorf naus.»

Die Ideologie des Kleinen ist verführerisch, die Illusion des Überschaubaren und Beherrschbaren steht der Dämonisierung ihres Gegenteils in nichts nach. Es kann aber eine weggeworfene Zigarette einen Großbrand, es können aber ein paar ins Rutschen gekommene Eiskristalle eine Lawine oder der berühmte Schmetterlingflügelschlag einen Taifun auslösen. Wir leben heute mit dem Paradoxon, daß die beiden Blöcke, die einst die «Welt» teilten und sich bis ins Unvorstellbare bewaffnet haben, in Europa einen fünfzigjährigen Frieden produzierten, während nach der Auflösung des östlichen Blocks, also der einen Unüberschaubarkeit, die Überschaubarkeit der jugoslawischen Nationalitäten, die Jahrhunderte alte Vertrautheit kleiner und gemischter Ethnien, ihre Nachbarschaft und selbstverständliche Koexistenz in ein Gemetzel hineinschlitterte, das mit den ebenso vertrauten kulturellen und zivilisatorischen Wertvorstellungen nicht zu begreifen ist.

Ich mißtraue der bedingungslosen Akzeptanz der kleinen Welten und der daraus folgenden kritiklosen Verteufelung der großen. Noch immer geschehen die meisten Morde, Vergewaltigungen und Kindesmißhandlungen im vertrauten Kreis der Familien, in überschaubaren gesellschaftlichen Milieus von Verwandten und Bekannten. Was hat das alles mit Architektur zu tun? Sehr viel. Wir müssen zumindest danach fragen, ob alles Heil im Kleinen, im Überschaubaren, im Dorf oder in der Region, in der Idylle einer scheinbar beherrschbaren Welt liegt. Offenbar ist der Mensch so strukturiert, daß er die größere Sicherheit in einem von ihm selbst beeinflußbaren Bereich glaubt. Wir steigen also doch viel lieber ins eigene Auto als in den Jumbojet, da kann die Statistik hundertmal das Gegenteil beweisen. Das Große ist leicht zu dämonisieren, im Kleinen sind wir wenigstens die Teufel selber.

Wenn heute die alpinen Regionen verbaut und versaut sind, dann liegt der Grund nicht in den zentralen Verwaltungen von Bern, München, Turin, Mailand oder Wien, sondern in den kleinen Entscheidungen in den Gemeindestuben. Brüssel kommt viel zu spät, wir haben unsere Bergtäler schon in gediegener Heimarbeit zubetoniert. Die wie Gezeiten kommenden Verkehrslawinen und Megastaus sind das Produkt der Millionen von Kleinfamilien, die mit Sack und Pack auf die Reise gehen, damit sie in Sizilien das vorfinden, was sie im Rheinland verlassen haben. Das Große ist der Wahnsinn des Kleinen.

Es gehen Gespenster um in Europa – um ein zerschlissenes Zitat aus dem vorigen Jahrhundert zu variieren –, das Gespenst des Nationalismus, des

Regionalismus, der aggressiven Heimattümelei und der dümmsten aller scheinbaren Problemlösungen, das Erfinden von Sündenböcken für die eigenen Fehler und Versager. Etwa der Sündenbock Ausländer, ob er nun als Gast weg- oder als Gastarbeiter hierbleibt.

Das Gefährliche an den Begriffen Nation, Region, Heimat – die allesamt aus dem vorigen Jahrhundert stammen und für die Katastrophen des 20. Jahrhunderts mitverantwortlich sind – ist nicht, daß sie vermeintliche Identitäten stiften, ideelle Bedürfnisse artikulieren oder Zugehörigkeiten (womöglich nach einem Reinheitsgebot) abstecken, sondern daß sie beliebig ideologisch auffüllbar und manipulierbar sind, daß sie als Konstrukt, als Hirngeburt jeder Willkür der Deutung ausgeliefert sind und daß sie ihrer Natur nach sich in Ausgrenzungen, Abwertungen, ja Diffamierungen und Diskriminierungen begründen. Das benutzte semantische Profil ist dabei ganz einfach: das Ausgegrenzte symbolisiert das Gegenteil von den eigenen Tugenden. Man selber ist fleißig, der andere ist faul, man selber ist sauber, der andere ist verdreckt, man selber ist korrekt, der andere ist schlampig, man selber hat Kultur, Wohlstand und so weiter.

Dieses Prinzip mag vielleicht in einer «Politik der Gefühle» ihren Marktwert haben, in der Kultur und Kunst, in der Architektur ist es katastrophal. Wenn wir also über eine Architektur in der Region sprechen wollen, muß man zumindest den Versuch unternehmen, die Begriffe *Region* und *Heimat* näher zu definieren.

Zum Begriff der Region

Was ist eine Region? Wo beginnt sie? Wie sehen die Grenzen von Regionen aus? Wer bestimmt, was eine Region ist? Wer unterscheidet die Regionen? Handelt es sich um einen geographischen, politischen, sprachlichen, ethnischen oder um einen kulturellen Begriff? Sind die Alpen eine Region oder das Zillertal? Ist Tirol eine Region? Oder ist Südtirol dem Friaulischen, Nordtirol dem Bayrischen und Osttirol dem Kärntnerischen verwandter? Was ist die Identität einer Region: ihre Produktion, ihre Landschaft, die Geschäftstüchtigkeit, die kulturellen Leistungen oder einige Symbolfiguren: Bruckner, Mozart, Wolkenstein? Oder ist es die Geschichte? Sind es die Blütezeiten: Silberbergwerk, Salz, Kohle. Oder sind es gar die prominenten Handelsplätze, die Niederlassungen, aber doch nicht der Fugger? Oder bestimmen die großen kulturellen Ablagerungen aus Städtebau und Architektur, die die überregionalen Bewegungen ins Land gebracht haben, die Region? Definiert sich das Regionale an dem, was die großen Kulturen der Nachbarn in die Region gebracht haben? Bestimmt sich das Regionale in der Abweichung von der überregionalen Norm, ist sein eigentliches Wesen die Sonderform, die Mischform oder gar die Wiederholung? Definiert sich das Regionale wiederum in Zentren, oder ist es überhaupt ein Netz von Orten mit verwandten Merkmalen, die sich langsam verändern, bis sie in eine andere regionale Charakteristik hinüberkippen? Vielleicht ist das Regionale ein Zustand des permanenten

Übergangs sowohl in der Zeit als im Raum, ein Phänomen der Peripherien, der Verdünnung und Verdichtung.

Worauf begründet sich also ein Regionalismus? Hat er etwas mit der Selbstdefinition, der Selbsteinschätzung einer Region zu tun? Gibt es noch ein absichtsloses regionales Bauen oder nur mehr ein regionalistisches? Brauchen wir vielleicht einen *kritischen Regionalismus*? Müßte nicht jeder Regionalismus kritisch sein? Selbstkritisch? Haben die architektonischen Klischees der Tourismusregionen etwas mit Regionalismus zu tun? Oder ist vielleicht der Regionalismus kein regionales, sondern ein internationales Phänomen? Oder geht es nur mehr um die Bestätigung von Wahrnehmungsgewohnheiten im Zusammenhang mit Marktmechanismen beim Verkauf von Landschaft? Oder ist vielleicht inzwischen jeder Regionalismusbegriff ein strategischer, verbunden mit ganz konkreten Absichten? Fungiert er nur mehr als eine Art von Mehrbereichsöl für die Wirtschaft? Oder ist er ein Rückzugsbegriff? Eine Bankrotterklärung? Oder ist er gar ein plakatives Element der Identifikation, ein aggressives der Vereinnahmung und Ausgrenzung, der Markierung oder Grenzsicherung?

Wieso werden aber dann die Regionen, wenigstens was das Bauen betrifft, immer ähnlicher?

Die *Region* tritt als eine zwar schlecht definierte, aber immerhin als überschaubare Größe auf, in der es ganz bestimmte Qualitäten – so glaubt man jedenfalls – nicht nur für ihre Bewohner zu erhalten gilt. Diese Qualitäten werden aber wieder von ganz bestimmten inneren und äußeren Interessen beeinflußt, so daß die Region selbst mit diesen in Konflikt geraten kann; denn die Fragen, um welche Interessen es sich handelt, werden weder als solche deklariert, noch können sie so leicht erkannt werden. Ich erlaube mir zuerst einen kurzen historischen Rückblick, so problematisch ein solches Unterfangen auch ist, da die Probleme von Region zu Region, von Fall zu Fall ganz anders aussehen können. Der Regionsbegriff ist praktisch ein Kind der nationalstaatlichen Zentrenbildung, er wurde also im vorigen Jahrhundert geboren. Am Anfang war der Blick für regionale Unterschiede und Qualitäten nur dem Städter eigen, es bedurfte also nicht nur systematisierter Erkenntnisse (etwa durch Siedlungs- und Hausforschung, Volks-und Völkerkunde, Dialektforschung, Handwerks-, Technik- und Wirtschaftsgeschichte), sondern vor allem der Distanz und des Überblicks. Wer in einer Region lebte und arbeitete – und sie nie verließ – hatte nur die Möglichkeit, ganz bestimmte Erfahrungen zu machen und Kenntnisse zu erwerben, wer mehrere Regionen oder gar Länder, Lebensformen und Kulturen zu vergleichen vermochte, war zu einer, wie auch immer fragwürdigen, Wertung fähig.

So war selbstverständlich jede Heimatschutzbewegung zunächst eine großstädtische und akademische Angelegenheit, eine Beunruhigung sensibler Eliten, die etwa von München aus die oberbayrischen oder von Stuttgart aus die schwäbisch-alemannischen Stammeswerte bedroht sahen.

Ich möchte zunächst zusammenfassen, was man etwa einerseits unter regionalem Bauen oder andererseits unter regionalistischer Architektur verstehen könnte, wobei das Auseinanderhalten beider Begriffe nie ganz gelingen will. Es versagt also auch hier, wie in allen kulturellen Belangen, das Reinheitsgebot, das nach meiner bescheidenen Meinung ohnehin nur mehr bei der Biererzeugung von Bedeutung ist. Vielleicht liegt der Erkenntniswert dieses Versuchs nur in der Polarisierung der Merkmale, im dualistischen Aufdröseln ein und derselben Sache.

Regionales Bauen
Das regionale Bauen ist eingebettet in die realen Bedingungen einer Region, ist unmittelbarer und weitgehend unreflektierter Ausdruck einer in sich geschlossenen Lebenswelt. Das heißt, es ergibt sich aus den tradierten Erfahrungen dieser Lebenswelt, es artikuliert sich in erprobten Haustypen im Zusammenhang mit einer oft über Jahrhunderte entwickelten Arbeits-, Produktions- und Wirtschaftsform; es ist abhängig vom Klima, von den vorhandenen Baustoffen und den damit entwickelten Fertigkeiten, von der Struktur und Topographie der Landschaft, ihren Ressourcen, der Gunst oder Ungunst ihrer Lage in einem größeren Beziehungsnetz. Vielleicht noch bedeutender und sichtbarer sind ethnisch-kulturelle Faktoren, Mythen oder religiöse Traditionen, überkommene Bilder, Symbole für Zugehörigkeit oder Herkunft. Nicht zu übersehen: politische Grenzen, feudale Besitzverhältnisse in den verschiedensten Formen oder Grenzen, die von der Natur vorgegeben wurden.

Ein wichtiges Merkmal in dieser fragwürdigen Konstruktion eines regionalen Bauens liegt darin, daß es sich noch in keinem bewußt ästhetischen, sich selbst reflektierenden Zustand befindet. Man könnte diesen Zustand auch als paradiesisch bezeichnen, das nur wie alle Paradiese den Haken hat, daß jene, die in ihm leben, es nicht wahrnehmen können. Durch diesen unreflektierten Zustand ist dieses Bauen noch besonders arglos, tolerant und offen gegenüber von außen kommenden Veränderungen, die, nach Adolf Loos, meist nur als Verbesserung der Lebensumstände registriert werden. In dieser ästhetisch unreflektierten Veränderung und Verbesserung der Lebensumstände durch Bauen, die wir ja bis heute überall verfolgen können, liegt übrigens auch der Grund, daß eine unabhängige, von außen zuschauende ästhetische Rezeption dieser Vorgänge diese stets als Zerstörung historischer Einheitlichkeit empfindet.

Es gibt vor dem 19. Jahrhundert praktisch keinen Versuch, angefangen von den Kirchen, Klöstern und Pfarrhöfen, fortgesetzt über Mühlen, Brauereien und Gewerbebauten, gar nicht zu reden von den aufs Land vordringenden Villen, Schulen, Hotels, Kultur- oder Verwaltungsbauten, von den Industriebauten und Bahnhöfen ganz zu schweigen, es gibt kaum einen Versuch, diese Objekte etwa einem bäuerlichen Bauen anzupassen. Wie sollte es auch anders sein, die bäuerlichen Bauten waren im unteren Bereich der gesellschaftlichen Hierarchie angesiedelt, und die aufs Land vordringenden Systeme hatten, abgesehen von ihrer Eigendynamik, allesamt ein wenn auch nicht definiertes, so doch ausgeprägtes Eigenverständnis. Natürlich ist dem Menschen des späten 19. Jahrhunderts diese radikale Veränderung der Landschaft aufgefallen, zunächst dem Täter, dem städtischen Bürger mit seinen liberalistisch-kapitalistischen Methoden, der nicht nur die Zurückdrängung der bäuerlichen Kultur, sondern auch deren Veränderung registrieren mußte. Wir haben es also mit zwei Faktoren eines Prozesses zu tun, mit dem stabileren, ansässigen, in sich ruhenden, und einem dynamischeren, von außen kommenden und nach außen weisenden, mit Systemcharakter wie Bahn, Industrie, Versorgung, Verteilung, Kommunikation, Verwaltung, Tourismus etc. Man muß nicht extra betonen, daß diese flächendeckenden Systeme, die sich alle auch im Bauen ausdrücken, einerseits einen Prozeß der Egalisierung weitertreiben, andererseits aber auch wieder ihre eigene Dialektik zu den Orten entwickeln. Dazu muß man noch ergänzen, daß zu den scheinbar stabilen Faktoren des Klimas, der materialen Ressourcen und der kollektiven Erfahrungen im Bauen und zu allen regional gebundenen Eigenschaften noch die Zeitkomponente dazukommt. Was wir heute als regionale, wenn auch langsam verschwindende Kulturen wahrnehmen, ist das Produkt nur weniger Jahrhunderte. Es ist zum Beispiel noch gar nicht so lange her, daß die steilen Stroh- und die flachen Legschindeldächer aus der österreichischen Landschaft verschwunden sind und durch Ziegeldächer ersetzt wurden und damit die Zimmerleute ihre festgelegten Regeln für das Abbinden der Dachstühle radikal ändern mußten. Es wäre also nicht uninteressant, längere Schnitte entlang zeitlicher Entwicklungen in Regionen zu legen, um festzustellen, wie sehr und wie oft sich Bauweisen geändert haben. Ich rede noch gar nicht von den großen Wanderbewegungen im frühen Mittelalter, von der ständigen Umformung unserer Landschaften durch mehr oder weniger schnell wechselnde Besiedlungsformen.

 Ein eigenesThema scheint mir die Problematik der Mischformen zu sein. Gibt es überhaupt sogenannte reine Formen oder Typen, die gewissermaßen aus sich selbst heraus eine langfristige Stabilität begründen können, oder ist eben jede Erscheinungsform von vornherein eine Mischform, die den Wandel als natürliches Gesetz in sich trägt? Man kann also behaupten, daß man sich in der alten, noch heilen Welt des Bauens (wie wir sie zu konstruieren versuchen) schon auf einem sehr unsicheren, einem dauernden Veränderungsprozeß unterworfenen Terrain befindet, gar nicht zu reden von den modernen Kulturlandschaften, die von immer mehr Schichten baulicher Systeme überlagert und durchdrungen werden. Wenn es aber trotzdem immer noch so ist, daß wir Landschaften, Regionen, Gegenden und Orte auch durch ihre Bauten zu unterscheiden vermögen, so zeigt das nur, daß wir es eben mit einem sehr komplexen und nicht regelbaren kulturellen Phänomen zu tun haben, das alles andere als schablonenhafte oder festlegbare Maßnahmen verlangt.

Bei genauerem Hinschauen ist also auch schon das regionale Bauen, für dessen Entstehung und Gedeihen man geradezu paradiesische Zustände erfinden muß, allen Bedingungen unterschiedlichster Beeinflussung unterworfen. Man denke etwa an die Abhängigkeit vieler Regionen von ihren alten, oft noch feudalen Besitzverhältnissen, wo das Bauen über Jahrhunderte hinweg einem ungeschriebenen Regelwerk von Vorschriften unterworfen war, etwa durch Landzuweisungen (Viertellehen, halbe oder ganze Lehen), und ich habe den Verdacht, daß die scheinbar so selbstverständliche, natürliche Ästhetik (also das ungetrübte Empfinden für einfache Verhältnisse) vielleicht auch ein Regelwerk säkularisierter Herrschaftsstrukturen ist, und seien sie nur durch handwerkliche Eliten repräsentiert.

Es wäre also sicher naiv anzunehmen, daß die Frühzeit unserer Kulturen unberührte und gleichzeitig kultivierte Regionen gekannt hätte, war doch ihr eigentliches Charakteristikum die Veränderung durch Wanderbewegungen, nicht nur durch einzelne «Kulturträger» wie Händler, Sänger, Dichter, Handwerker oder Söldner, sondern eben auch durch ganze Stämme und Völkerschaften. Wer nur einen Blick in die frühe Geschichte des europäischen Mittelalters macht, muß zur Einsicht gelangen, daß alle ethnischen Begrenzungsversuche reine Konstrukte, rückwärtsgewandte Utopien sind. So sind auch die Regionen zwangsläufige Erfindungen und Produkte aus der Konstruktion der europäischen Nationalstaaten, also ein spätes politisches Produkt aus dem 19. Jahrhundert.

Regionalistische Architektur
Es war charakteristisch für die bürgerliche Kultur und Vorstellungswelt, daß sie auf die Veränderungen der Landschaft durch Industrie und Verstädterung, die auch als Zerstörung alter Werte empfunden wurde, nicht mit einer Bekämpfung der Ursachen, sondern mit einer Kosmetik der Symptome reagierte. Natürlich stellte man nicht die ökonomische Veränderung des Landes, die Verstädterung der agrarischen Kulturlandschaft in Frage oder den Wandel der Wirtschaftsformen, sondern deren ästhetische, baukulturelle Auswirkung. Und man reagierte – ausgehend von den Architekturschulen – mit künstlerischen Programmen.

Die Frage war also nicht, ob und wo eine Fabrik gebaut werden sollte, sondern wie sie auszusehen hätte. Man begann mit der Erforschung ländlicher Bauformen, bodenständiger Typologien und versuchte sie in die neuen Bauaufgaben zu transformieren. Dieser Vorgang ist ein künstlerisch höchst anspruchsvoller, und man muß es nicht extra betonen, daß die Versuche in der Mehrzahl scheiterten, das heißt, sie blieben im Bereich der Einkleidung stecken. Die selbstverständliche Koppelung von *Inhalt* und *Form*, die Ausgewogenheit von Bedürfnis und Ausdruck, die Verhältnismäßigkeit tradierter Mittel zu ihren neuen Leistungen geriet aus den Fugen, und in den Vordergrund traten formale Verweise, Einkleidungen, Mitteilungen über das bewußte Verhalten in einem kulturellen Kontext. Es ging um die Interpretation und Adaptierbarkeit alter Formen: Die schulmeisterliche Erklärbarkeit von kulturellem Gut, ja der erhobene Zeigefinger einer immer hemmungsloser sich gebärdenden Bildungswelt machte sich über ein aus den Fugen geratenes Bauen her, um es mit einem formalen, sittlich-ländlichen Überguß wieder zusammenzukitten.

Es ist klar, daß ein so missionarisches Großprojekt, wie es zum Beispiel die Heimatschutzbewegung war, zunächst wenig mit den Betroffenen zu tun haben konnte. Diese sahen kaum die Probleme, in die sie hineingeraten waren oder die um sie herum als Kulturkampf entwickelt wurden. Auf dem Lande bedeutete die Verstädterung zunächst wirtschaftliche Verbesserung, Schritte in Richtung Arbeit und Wohlstand. Das ästhetische oder architektonische Problem wurde ausschließlich von den Fremden, den Gästen, also den Städtern wahrgenommen. Für diese passierte nämlich etwas sehr Paradoxes: Die Stadt hatte langsam das Land – ab dem Biedermeier, also mit der Entwicklung der Industriegesellschaft – als Erholungsraum entdeckt. Die ländliche Armut eignete sich schon damals besonders gut zur Entspannung der Städter. Und diese erlebten das von Hans Magnus Enzensberger wahrscheinlich erstmals formulierte Grundgesetz des Tourismus als Schock, daß nämlich der Tourist die Welt, die er entdeckt, in die er eindringt und die er auch liebt, gleichzeitig zerstört.[1] Er hat zwar jeweils die Illusion, der Letzte zu sein, der noch die echten Reste einer verschwindenden Kultur zu registrieren vermochte, aber er entdeckt schon beim zweiten Besuch den fortschreitenden «Verfall», den sein zurückgelassenes Geld bereits anrichtet. Dieser Teufelskreis, der ja nicht einer gewissen Ironie entbehrt, bildet natürlich auch die Fähigkeit aus, überall den Verfall und die Zerstörung von Kulturen zu entdecken.

Zurück zum Regionalismus. Der regionalistische Blick setzt zuerst eine Distanz voraus, er abstrahiert die Formen von den tatsächlichen Problemen. Er macht die echten oder vermeintlichen Merkmale einer Region zu einem architektonischen Thema. Der gleichzeitige Versuch, die Verwendung traditioneller Formen oder ihre Adaption in verbindlichen Formeln festzulegen, entwertet, ja verfremdet diese Formen zumindest aus der Perspektive der Originale. Der Regionalismus ist also ein Phänomen des Historismus, der Verfügbarkeit über eine begrenzte Formenwelt signalisiert. Ein Historismus, wobei nicht ein Stil als Rezeptions- und Transformationsmaterial benutzt wird, sondern eben das Erscheinungsbild markanter Bauformen in einer Region. Damit drückt sich auch eine ganz bestimmte Haltung, eine Art von Kulturkolonialismus aus, die Anbiederung und Herrschaft in einem zeigt. Der Loossche Notar in der Lederhose, der mit dem Bauern im Steinklopferhans-Dialekt spricht – ein höchst artifizieller Vorgang – steht der heutige Zweitwohnungsbesitzer in nichts nach.

---

[1] Vgl. Hans Magnus Enzensberger: Eine Theorie des Tourismus, in: «Einzelheiten I; Bewußtseins-Industrie», Frankfurt am Main 1962.

Gehen wir aber noch einmal an die Wurzeln zurück, zu einem allseits bekannten historischen Beispiel. Das Paradebeispiel für Regionalismus scheint mir in der zweiten Hälfte des vorigen Jahrhunderts Bayern geliefert zu haben, wo im Glanz und Schatten der Wittelsbacher, kräftig unterstützt von der aufblühenden süddeutschen Heimatschutzbewegung, ein *bairischer Regionalstil* entwickelt wurde, der ebenso bäuerlich-alpine wie bürgerlich-barocke Elemente verwendete. Welche Rolle diese Entwicklung in der Konkurrenz der deutschen Stämme und Staaten im Reich Bismarcks spielte, vermag ich nicht zu beurteilen, daß aber ein Zusammenhang besteht, scheint mir offensichtlich zu sein. Jedenfalls schuf die Kunststadt München ein bewußt regionalistisches Klima, das sich über das Oberland ausdehnte und auch nach Tirol überschwappte. Hier führte sozusagen aus den Niederungen von Boden und Malz ein Weg zum Obersalzberg, der in der Entwicklung eines für den Tourismus verwertbaren *alpinen Stils* auch ideologische Hilfsdienste leistete.[2]

Ich möchte den Übergang von ideologischer Selbstüberhöhung zur alpinen Marktwirtschaft nicht näher beschreiben. Hier geht es schon lange nicht mehr um die fremdbestimmte Selbstinterpretation einer alpinen Region, sondern eher um visuelle Marktmechanismen in Sinne einer Corporate Identity. Regionalismus ist eben heute ein internationales Phänomen im Umschlag von angebotenen Leistungen im Rahmen bestimmter Erwartungsmuster, das sich schon lange von den Regionen abgekoppelt hat, wie etwa die amerikanischen oder japanischen Skigebiete zeigen. Ich möchte damit nicht sagen, daß man diese alltagskulturellen Phänomene einer Disney-Philosophie nicht ernst nehmen soll, sie sind aber sicher nicht im Themenbereich von *Regionalismus* zu diskutieren.

Zur Sache
Wenn ich daran erinnere, was heute im lokalen und regionalen Kontext im Bereich des Bauens und der Architektur vor sich geht, so ist eigentlich die klassische Regionalismusdebatte, in die ich versucht habe einzusteigen, am allerwenigsten geeignet, an die Probleme wirklich heranzukommen.

Zunächst ist eines sicher, daß gegenüber der politischen und wirtschaftlichen Vereinigung immer größerer Einheiten (etwa in Europa), mit den wachsenden und auch autonomer agierenden Zentren, mit der Konzernisierung flächendeckender Versorgungs- und Informationssysteme, die Entdeckung und Aufwertung regionaler und lokaler Strukturen eine Art zwangsläufiger Reflexhandlung darstellt. Die Vereinheitlichung, wo auch immer, und sei's nur beim Wein, Obst oder Käse, ruft die Differenzierung auf den Plan. So ist

---

[2] Es bedurfte einer Heimatschutzbewegung und einer daran anschließenden «Blut-und-Boden-Ideologie», daß das Bauernhaus im Zuge eines politisch geadelten Bauerntums (die entschuldeten und «geadelten» Bauern waren wenigstens für kurze Zeit eine für Hitler kalkulierbare Kraft), so daß also das Bauernhaus zum morphologischen Vorbild für einen «Stil» werden konnte.

zumindest auch die Frage nach regionalen Baukulturen legitim, wenn sie mit Sicherheit auch falsch gestellt wird.

Wir wissen, daß die einschlägigen Gesetze, Satzungen, Regelwerke oder Vorschriften ausschließlich an den Ergebnissen von historischen Prozessen, also von ihren Erscheinungsformen abgeleitet werden. Die verbindlichen Bezugsobjekte sind meist eine verschwindende Minderheit aus oft nicht mehr existierenden Funktions- und Nutzungszusammenhängen. Zu diesem Desaster trägt auch die Regionalismusdebatte bei, weil man noch immer den Begriff der Region als gegeben voraussetzt und nicht wahrhaben will, daß er nur in unseren Köpfen und mit sehr unterschiedlichen Vorstellungen existiert.

Ich möchte hier noch einmal einen bescheidenen Ansatz versuchen. Ein Zyniker hat einmal gesagt, die Zukunft hätte immer noch für sich selbst gesorgt. Vielleicht ist es ähnlich mit der Region und dem Regionalismus. Region definiert sich, wenn überhaupt, erst im nachhinein. Außerdem könnte man einmal, in der heutigen Informationsgesellschaft, darüber nachdenken, ob es nicht schon lange geographieunabhängige geistige Regionen gibt, wie etwa der Postmodernismus, ja jede Mode eine geistige Provinz auf Zeit war, die von einigen Wanderpredigern abgesteckt wurde, um dann ebenso schnell wieder aus den Architekturpublikationen zu verschwinden. Ich meine also Region als begrenztes Wahrnehmungsfeld, ein formal erkenn- und unterscheidbares Territorium, in dem man Besitzrechte erwerben und von dem man auch ausgeschlossen werden kann.

Ich glaube, um es kurz zu sagen, man sollte einfach darüber nachdenken, wie heute Bauten entstehen und was sie kulturell zu leisten vermögen. Ich sehe hier polare Ansatzpunkte: Einmal die Tatsache, daß Bauen und Architektur durch ihre Gebundenheit an einen Ort, durch ihr starres Verharren in einem vielfältigen Beziehungsnetz wahrnehmbarer Qualitäten, nicht durch andere Medien, also auch nicht durch Film, Bildschirm und ähnliches ersetz- und vermittelbar sind. Architektur ist ein hoffnungslos (oder hoffnungsvoll) konservatives Medium, daß sich über alle Sinnesorgane mitteilt. Diese physische und kulturelle Existenz ist in einem nicht austauschbaren Ort verankert, der eine nicht beschreibbare, aber jederzeit unterscheidbare Konsistenz besitzt. Orte sind also nicht transportierbar. Gleichzeitig aber existiert eine schon lange nicht mehr überschaubare und in ihrer Totalität unbenutzbare Information über diese Orte, die zumindest theoretisch an jedem Punkt der Erde erreichbar ist. Der totalen Begrenztheit steht eine mediale Unbegrenztheit gegenüber, der beliebigen Verfügbarkeit in der Rezeption die Widerspenstigkeit des Medium Bauens in der Konzeption. In der Verfügbarkeit liegt die Tendenz zum Allgemeinen, in der Widerspenstigkeit die zum Besonderen.

Daraus ergibt sich, daß trotz der zeitgleichen Informationsverteilung und der Klasse der jetsettenden Wanderprediger Architektur und Bauen an Orte gebunden bleiben. So ist vielleicht auch zu erklären, daß sich Architektur in lokalen Konstellationen entwickeln (ob Graz, Wien, Barcelona, Paris oder

Basel, um nur einige zu nennen) oder in regionalen Konspirationen verwirklichen kann, und daß es immer nur die Bedingungen sind, die ein Ort oder eine Region zur Verfügung stellt und auf die dann einzelne Architekten oder ganze Gruppen zu reagieren haben.

Wenn wir heute mit Cortina d'Ampezzo, mit Corte di Cadore und den venetianischen Alpen den Namen Edoardo Gellner identifizieren, so liegt das nicht nur an seinen jahrzehntelangen Forschungen in dieser Region, sondern vor allem daran, daß er, weit entfernt von einer formal-regionalistischen Doktrin, in seinen Bauten eine Antwort auf die heutigen Probleme dieser Region gefunden hat. Wenn heute das Tessin, die Steiermark oder Vorarlberg mit ganz neuen Inhalten als Region wahrgenommen werden, dann vor allem deshalb, weil sich in ihnen ein Bauen oder eine Architektur artikuliert haben, die, teilweise im Konflikt mit den echten und falschen Traditionen oder den verbrauchten Bildern dieser Landschaften, neue Antworten auf die Probleme dieser Regionen formuliert haben, die weder der Zeit noch ihren Aufgaben und schon gar nicht den zur Verfügung stehenden Mitteln etwas streitig machen.

Von Interesse (für den Regionalismusforscher) wären also die *Mechanismen*, die zu solchen Entwicklungen geführt haben, die Impulse von außen, die personalen Ressourcen und die gruppendynamischen Prozesse. Beruhigend ist vor allem, daß es sich um ganz verschiedene, unwiederholbare, nicht austauschbare und nicht transplantierbare Prozesse handelt. Die Hoffnung in der Architektur, in dem bockigen Medium des Ortes oder der Region, wie immer man das alles bezeichnen mag, liegt also in der Verarbeitung der wo immer herumdriftenden Information vor Ort, in ihrer selektiven Konzentration am realen Bau. Daß Orte und Regionen ihren eigenen Informationspool oder Pegel besitzen, steht ja ohnehin außer Frage, sonst wären sie ja auch nicht so leicht und so wohltuend unterscheidbare Phänomene.

Die Falle der formalen Interpretation

Bauen und Architektur entsteht heute mehr denn je im Schnittpunkt der materiellen und geistigen (kulturellen) Ressourcen eines Ortes und dem allgemein verfügbaren Wissensstand der Zeit. In diesem Spannungsfeld liegen die Tendenzen zur Verallgemeinerung, Systematisierung, Normierung und zur Differenzierung, Unverwechselbarkeit und Nichtaustauschbarkeit. Aus diesem Kräfteverhältnis und aus den darin eingeschlossenen architektonischen Anstrengungen ergeben sich laufend lokalisierbare Merkmale einer Baukultur, die es weder notwendig haben, als formales Programm, noch als eine Art systematisierter Ästhetik entwickelt zu werden. Im Gegenteil: Jeder Versuch, regionalistisch zu handeln, geht in die Falle der formalen Interpretation, die kulturell meist stagnierend oder verflachend wirkt.

Ich möchte mit einem oberösterreichischen Beispiel abschließen: Das Salzkammergut, als ausgewiesene alte Kulturlandschaft, hat nicht nur einige Dutzend bäuerliche Haustypen, Fischer- und Bootshäuser an den Seeufern, sondern auch alte Gasthöfe und Sommerfrischen, Villen des Adels, des Wiener Großbürgertums, des Linzer Bürgertums, Bahnhöfe und Schiffsanlegestellen, Salettel und Kegelbahnen, Kurhäuser, Hotels, Fabriken und Tankstellen, Objekte des Salzbergbaus, Brücken, Arbeitersiedlungen und was alles das Leben der letzten zwei Jahrhunderte in die Landschaft gestellt hat. Wir kennen neben der sogenannten ruralen, anonymen Architektur den «Ischler-Stil» (den man genauso am Semmering wie in St. Moritz antrifft), das legendäre *Haus am Attersee* eines Ernst Anton Plischke (eine Liebeserklärung an die Salzkammergutlandschaft, die heute keine Baubehörde mehr genehmigen würde), wir kennen aber auch das Durcheinander der gewerblichen und touristischen Landnahme der letzten Jahrzehnte. Wer sollte es da noch wagen, für diese Landschaft heute eine verbindliche Bauform oder gar ein Regelwerk vorzuschreiben? Wie lächerlich nehmen sich die Versuche des Landschafts- und Naturschutzes aus, mit Dachneigungen, Balkon- oder Materialvorschriften in diese Vielfalt und in dieses Durcheinander hineinzuwirken. Wir können nur eines machen, einmal die Landschaft in ihrer ganzen kulturellen Komplexität verstehen zu lernen und an die in ihr Bauenden die höchsten Anforderungen an die Redlichkeit der Mittel und an den Umgang mit diesen Qualitäten zu stellen.

Die Region ist nicht das Bild, das sie mehr oder weniger verständnislosen Augen abliefert, sie ist ein wandelbares Produkt der Fähigkeiten der Menschen, die in ihr leben. Sie befindet sich dauernd in einem Entwurfszustand, sie ist Konstrukt und Realität in einem. Vergessen wir den Regionalismus, er ist eine Facette des historistischen Denkens des vorigen Jahrhunderts, vielleicht amüsant, sicher verwertbar in der Werbung, also in einer auf das Bild reduzierten Wirklichkeit.

Regionales und Regionalistisches ist die Erfahrung von Distanz oder distanzierter Wahrnehmung. Regionales kann sich überhaupt erst entdecken durch das Fremde, das Andere, das Neue oder das Unbekannte. Es gibt also keine paradiesische Region, es gibt nicht den unberührten Zustand einer Kulturlandschaft. Regionale Eigenheit, regionaler Charakter ist a priori ein Ergebnis von Gestörtsein, von existentieller Bedrohung oder interpretierter Vergangenheit. Regionalismus ist eine durch den Schock der Selbsterfahrung ausgelöste Aktivität. Er ist auch ein Rettungsversuch in eine verklärte Vergangenheit. Regionalismus unterliegt also von vornherein dem Verdacht der Restauration, des Surrogats und des distanziert Artifiziellen. Regionalismus ist permanente, interessengesteuerte Interpretation, vielleicht die einzige uns verbliebene Form, mit dem Regionalen umzugehen. Regionalismus ist also ein Thema der Architekturrezeption und nicht ihrer Produktion.

(1994)

Tourismusarchitektur ohne Architekturtourismus?

In dem vielleicht etwas ironisch wirkenden Titel steckt nicht nur die Frage nach der wirtschaftlichen Rolle der Kultur – die ja im Tourismus wohl unbestritten ist – sondern auch die Frage nach der kulturellen Rolle der Wirtschaft, konkret der sogenannten Tourismusbranche. Der Tourismus ist, neben der industriellen Produktion, ein sehr junger Erwerbszweig der Menschheit, obwohl es natürlich immer schon marginale Formen von Tourismus – auch in der Antike – gegeben hat. Die vitalen Interessen besetzt aber der sogenannte Massentourismus in all seinen Formen, und dieser lebt selbstverständlich von den natürlichen und kulturellen Ressourcen der Länder. Dabei wird der kulturelle Faktor eher unterschätzt, denn schon die sogenannten Landschaften sind künstliche Produkte, die in jahrhundertelangen Arbeitsprozessen der Natur abgerungen wurden. Kultivieren heißt ja in erster Linie bebauen – also Domestizierung von Natur.

Das ist kein Vortrag über den Landschaftsbegriff und schon gar nicht der Nachweis, daß Baukultur ein wesentlicher Faktor des Tourismus ist. Man muß auch nicht die Entstehung jener alten Kulturgüter beschreiben, die der Tourismus zwar nicht geschaffen hat, mit denen er aber ständig wirbt. Es lohnt sich aber, etwas darüber nachzudenken, ob es gar so selbstverständlich ist, daß ein die Existenz eines Landes mittragender Wirtschaftszweig nur von den in anderen Zusammenhängen entstandenen Ressourcen lebt, ohne selbst diese zu vermehren. Der Prozeß ist ja geradezu umgekehrt: Der Tourismus verbraucht, ja zerstört jene Ressourcen, von denen er langfristig lebt, er schneidet (zumindest baugeschichtlich betrachtet) mit Hartnäckigkeit an jenem Ast, auf dem er sitzt. Es gibt natürlich auch, in allen Phasen der jüngeren Architekturgeschichte, Gegenbeispiele. Die Ironie der Geschichte ist nur die, daß sie bisher oft nicht einmal wahrgenommen, geschweige denn als Kulturgut akzeptiert werden.

Ich möchte den Versuch machen, ein wenig in diese Problematik einzuführen und erlaube mir einen unverantwortbar kurzen Exkurs über ein Jahrhundert Tourismusarchitektur in Österreich.

Das Grandhotel

Ich verwende den Begriff hier nur als Synonym für eine architektonische Haltung, die sich im 19. Jahrhundert – in der großstädtischen Eroberung der Erholungslandschaft – als Alternative zu den bescheideneren Sommerfrischen entwickelt hat. Ausdrücke wie «Hotelkästen» zeigen später ein ambivalentes, wenn nicht kritisches Verhältnis zu diesem Hoteltyp, der sich an der Burg wie am Schloß, jedenfalls an feudalen Bauformen orientiert hat, um sich gleichzeitig anbiedernd ländlich einzukleiden. Dieser «Ischler-» oder «Laubsägestil» war vom Semmering über Bad Gastein bis St. Moritz anzutreffen, und er stiftet noch heute begriffliche Unklarheit, denn die Heimatschutzbewegung hat sich gegen diese Art von «Heimatstil» gewendet. Diese Architektur hatte aber nicht nur zum Teil bemerkenswerte Architekten, sondern sie war insgesamt in die Wertskala des Historismus eingebettet, so daß wir sie heute zumindest als eindeutige Aussagen einer großstädtischen Kultur registrieren können.

Diese Architektur erlebt heute, durch die fortgeschrittene Aufarbeitung des Historismus und die Vermarktung von Jugendstil, eine Wiederentdeckung und Neubewertung, obwohl der Umgang mit solchen überkommenen Bauformen etwas schwieriger geworden ist, das heißt dieser neu gelernt werden muß, da sich die sogenannten Bedürfnisse auch geändert haben. Die ästhetische Akzeptanz ist nur ein Aspekt in diesem Problemkreis.

Zwanziger und dreißiger Jahre

Es waren nicht nur die radikalen gesellschaftlichen Veränderungen, die nach dem Ersten Weltkrieg eine neue Form von «Massentourismus» brachten, sondern es waren auch kulturelle Aspekte, die etwa im Rahmen der Jugendkultur, der Wanderbewegungen und des Sports ein neues Verhältnis zu Natur und Landschaft herstellten. Darüber hinaus war das geschrumpfte Österreich auf der Suche nach einer neuen Identität (die selbstverständlich auch die Bundesländer beschäftigte) und die sich nicht zuletzt auch im Bauen ausdrückte. In der Ersten Republik und vor allem im Ständestaat konnte nur im kulturellen Bereich der Verlust an politischer und ökonomischer Bedeutung kompensiert werden, und Österreich versuchte seine Rolle als kulturelle Großmacht zu urgieren. Es war also nach der Natur die Kultur, die man als Grundlage und Voraussetzung für einen sich entwickelnden Tourismus erkannte und womit man auch, vor allem im westlichen Europa, durch Ausstellungen zu werben begann.

In unserem Zusammenhang ist auch von Bedeutung, daß diese erste tourismuspolitische Phase sich in einem sehr produktiven Spannungsfeld von Tradition und Moderne, der Wiederentdeckung von Traditionen und der Entwicklung von optimistischen Zukunftsperspektiven abspielte. Wie weit hier Wünsche die Väter von Gedanken waren, und wie weit die Vergangenheit genauso wie die Zukunft entworfen wurde, sei dahingestellt. Ich kann nur versuchen, diese sehr komplexe und kulturpolitisch nicht problemlose Gratwanderung mit einigen Beispielen darzustellen.

1 Lois Welzenbacher, Turmhotel Seeber, Hall in Tirol, 1930/31

Die ersten Beispiele stammen von den beiden Antipoden in diesem Spannungsfeld, Lois Welzenbacher und Clemens Holzmeister. Das Turmhotel Seeber signalisierte mit einer dynamischen Drehbewegung der Balkone eine in den Stadtraum und in die Bergkulisse ausgreifende, eine der Sonne und Aussicht (also eine der Gesundheit und dem Lebensgenuß) zugewandte Haltung des Bauens. Die Architektur vermittelt eine durch den Tourismus bereicherte Lebensform, und sie bedient sich dabei der neuesten, den Fortschritt

1

symbolisierenden Formen. Später wurde dieses Hotel schrittweise durch Verständnislosigkeit und Aggression verändert, umgebaut und schließlich durch einen Anbau in seiner architektonischen Substanz zerstört.

2   Clemens Holzmeister, Hotel Drei Zinnen, Sexten, 1932–34
Holzmeister arbeitete vor und mit einem anderen kulturellen Hintergrund: Seine Bauten suchten den Konsens mit der regionalen Tradition, es handelt sich teilweise um die Transformation und Weiterführung bäuerlicher Bauformen. Während Welzenbacher durch eine neue, auch städtische Sicht von Natur, Landschaft und Topographie an den Fundamenten des Regionalismus rüttelte, bestätigte Holzmeister durch seine Art von Neubelebung diese alten Formen. Kein Wunder, daß von seinen rund 400 Bauten fast alle erhalten sind, während Welzenbachers alle Konventionen in Frage stellenden Bauten praktisch ausgerottet wurden. Holzmeisters Hotel in Sexten ist heute noch ein florierender, gut gepflegter, von einem großen Stock von Stammgästen lebender Familienbetrieb, in dem Holzmeister sozusagen eine Art von Bleiberecht genießt.

3   Siegfried Mazagg, Hotel Berghof in Seefeld, Tirol 1929/30
Hierzu ein längeres Zitat aus meinem Architekturführer, ich benutze es deshalb, weil der Text inzwischen fünfzehn Jahre alt ist:[1]
«*Der «Berghof» ist das Hauptwerk des mit dreißig Jahren verunglückten Architekten Mazagg, der zu den größten Begabungen der Tiroler Architektur der zwanziger Jahre gehörte. Der dreigeschossige, langgestreckte und konvex zur Sonne und Aussicht gekrümmte Baukörper wird durch das verschalte Obergeschoß in seiner Erscheinung gedrückt, lediglich ein turmartiger Eckbau stellt den vertikalen Abschluß der starken Horizontalbewegung her. In der Fassade sind Elemente alpiner Baukultur (wie Balkon, Erker) in verwandelter Form als Gestaltungselemente verwendet. Besonders schön ist die räumliche Lösung des Erdgeschosses mit Halle, Speisezimmer, Rezeption und Aufgang. Hier erweist sich Mazagg als großer Raumkünstler, der durch die einfachsten Mittel Großzügigkeit mit Intimität verbindet. Die damals so modernen Pitchpine-Verkleidungen sind in souveräner Art als raumbegrenzende und strukturierende Flächen verwendet, wie Mazaggs Räume überhaupt stark von Oberflächen und Volumen bestimmt werden. Das Haus ist in vorbildlicher Art erhalten und beweist, daß touristische Gastlichkeit nicht unbedingt mit geschmacklicher Selbstverleugnung zu tun haben muß, sondern daß mit entsprechendem architektonischem Niveau durchaus die Bedürfnisse des Gastes befriedigt werden können. Es gehört zur Tragik der Bauentwicklung, daß Impulse, wie sie Ende der zwanziger Jahre vom «Berghof» ausgingen, so geringe Wirkung hatten. Es würde sonst heute um manche Ferienlandschaft besser bestellt sein.*»

---

[1]   «Österreichische Architektur im 20. Jahrhundert», Band I, Salzburg 1980, S. 338.

2

3

4   Franz Baumann, Nordkettenbahn Innsbruck, Bergstation 1927/28
Auch Franz Baumann entwarf seine Stationsbauten im Spannungsfeld von extremer Natur und Baukultur. Man könnte behaupten, im unteren Bereich, vor allem auf der Hungerburg, verhielt er sich noch holzmeisterisch, er verwendete Holz, Ziegelmauerwerk und bäuerliche Formen. Die Mittelstation ist schon mehr an Topographie und Aussicht, an der landschaftlichen Situation orientiert, während dann die Bergstation vollends aus der Funktion der im steilen Winkel einfahrenden Kabinen, am «Ausspucken» der Fahrgäste und vor allem an der extremen Topographie entwickelt wurde. Die Bergstation Hafelekar gehört immer noch zu den Spitzenbeispielen einer alpinen Architektur, die nicht nur aus ihrer Leistung heraus entworfen wurde, sondern die, architektonisch überhöht, auch diese Leistung darstellt.

5   Franz Wallack, Großglockner Hochalpenstraße, 1930–35
Schon bevor die Großglockner Hochalpenstraße durch die Einbeziehung in das Arbeitsbeschaffungsprogramm endgültig realisiert werden konnte, war sie Bestandteil der Österreich-Werbung und ein Schlüsselbau zur Darstellung eines neuen Selbstbewußtseins. Bekanntlich ist die geniale Trassenführung nach der optimalen visuellen Erschließung einer Hochgebirgslandschaft durch kontinuierliche Bewegung (des Automobils), also praktisch nach filmischen Gesetzen erfolgt. Natur stellt sich somit nach künstlerischen, fast dramaturgischen Regeln dar und wurde erstmals durch ein technisches Mittel in eine Art von Kunstgenuß verwandelt. Holzmeister hat mit einer traumwandlerischen Sicherheit in diese Inszenierung von Landschaft seine architektonische Duftmarke gesetzt, das Erinnerungsmal an die Erbauer der Straße geriet zum Heldendenkmal, ganz im Sinne der Kulisse einer heroischen Landschaft.

6   Clemens Holzmeister, Festspielhaus Salzburg, 1936/37 (zweiter Umbau)
Es würde hier viel zu weit führen, die Rolle der Salzburger Festspiele in der Entwicklung einer neuen kulturellen Identität Österreichs zu analysieren. Tatsache ist, daß neben der Erschließung der Bergwelt auch die Erschließung der nationalen, vor allem barocken Vergangenheit – die Selbstdarstellung Österreichs als barocke Alpenrepublik – eine bedeutende Rolle spielte. Hier muß man auch auf die merkwürdige Synthese von Tradition und Moderne verweisen, die heute von vielen Historikern als ein kulturpolitischer Balanceakt zwischen dem nationalsozialistischen Deutschland und dem faschistischen Italien erklärt wird. Die österreichische Moderne zeigte einerseits eine bewußte Distanz zur reaktionären Kunstpolitik Deutschlands und gleichzeitig Sympathien für einen offeneren, auch zukunftsorientierteren Kunstbegriff Mussolinis. Das Beharren auf kulturelle Selbständigkeit konnte offenbar nur durch die Identifikation mit dem alpinen Barock signalisiert werden. Jedenfalls ist der zweite Umbau des Festspielhauses (unter dem Patronat des Landeshauptmanns Rehrl) heute noch ein mutiges und nachah-

4

5

6

menswertes Beispiel für ein «Neues Bauen in historischer Umgebung», bekanntlich wurde dabei sogar das alte Geburtshaus des Landeshauptmanns abgebrochen. Wie immer man zur politischen und kulturpolitischen Situation der ersten Republik und des Ständestaates stehen mag, eines ist sicher, es wurden für den Tourismus, ja für die ganze Philosophie dieses Wirtschaftszweigs die Fundamente gelegt.

Die andere Seite
Während es sich bei den wenigen Beispielen aus der Zwischenkriegszeit – durch den Mangel an Beschäftigung konnten auch die Architekten viel Planungsintensität auf sie verwenden – fast durchwegs um essentielle Auseinandersetzungen mit dem Thema handelt, die heute in der Masse des Gebauten kaum mehr wahrgenommen werden, steht die Entwicklung der fünfziger und der sechziger Jahre in einem ganz anderen Spannungsfeld. Ich möchte hier eine These wagen, die noch der exakten Begründung bedarf, ich glaube aber, es lohnt sich auf alle Fälle, im Zusammenhang mit der Tourismusarchitektur darüber nachzudenken. Wir wissen inzwischen, daß mit der strategischen Besetzung von Kunst als politischer Propaganda, ihrer Einvernahme für politische Ziele und Inhalte, vor allem in den totalitären Staaten, die Kunst sich am sogenannten «gesunden Volksempfinden», an einer scheinbaren Naturnähe, am handwerklichen «Kunst kommt von Können» orientiert, das heißt, es wird der breiteste Konsens von Kunst (der politische, religiöse, erotische und naturschwärmerische Kitsch mit eingeschlossen) zum verbindlichen Maßstab erklärt. Im Bauen bedeutet dies, in der hinlänglich bekannten «Blut-und Boden-Architektur», die idyllische Neubewertung regionalen, bodenständigen Bauens, die Verklärung der bäuerlichen, handwerklichen und (notgedrungen, aus rüstungstechnischen Überlegungen) auch der industriellen Arbeit und der damit verbundenen Inszenarien.

Es wurde nirgends so fröhlich gemäht und gedroschen, gehämmert und gesägt als in den zahllosen Heimatfilmen, so lang und verlogen, bis die Bauern selbst ihre Welt durch die Brille der Reichsfilmkammer zu sehen begannen. Aus den Komponenten einer ideologisch verklärten Arbeitswelt, im Spannungsfeld von ländlicher Sitte und verruchter Großstadt, entstanden die aus wenigen Elementen kombinierbaren Klischees, die vom einfachen Siedlerhaus bis zum Großhotel angewendet werden konnten. Wer die Vielfalt der Tiroler, Vorarlberger, Salzburger und Kärntner Hauslandschaft kennt, der weiß, daß es schon einer Art überzogener Distanz bedurfte, um so ein komplettes Modell, wie es der «Führer» auf den Obersalzberg gestellt hat, zu erfinden. Natürlich hat diese Genealogie einer Kostümierung nicht nur ein breites Entwicklungsfeld, sondern auch ihre eigene historische Tiefe, die, neben einigen höfischen Vorläufern, zumindest von der bayrischen Heimatschutzbewegung bis zum Maler und Architekten Alfons Walde reicht. Der in den fünfziger Jahren aufblühende Tourismus hat sich also auf diese bereits gelegte baukulturelle Schiene gesetzt und unreflektiert, ja naiv und mit gutem Gewissen diesen leicht handhabbaren Prototypus abgewandelt und multipliziert.

Wie so oft mußte man in diesem Prozeß nur die Begriffe und Vokabeln austauschen: War einst das Verbindliche für die Kunst der Geschmack des sogenannten Volkes (das selbstverständlich nie gefragt wurde), so wurde jetzt in dieses marktwirtschaftliche Spiel der «Gast» eingeführt. Es war der Gast aus Holland oder von wo immer er den Schnee suchte, der all diese landschaftsvernichtenden Karikaturen eines bäuerlichen Bauens scheinbar wollte, ja forderte. Das heißt, die bauliche Selbstdarstellung einer Region war eigentlich eine Fremdbestimmung, eine Art von vorauseilendem Gehorsam in Richtung Maastricht.

Die fünfziger und sechziger Jahre
Es war mit ein Verdienst der fünfziger und sechziger Jahre zu entdecken, daß die Probleme und Fragen der Architektur nicht allein im Einzelobjekt liegen, denn der Bebauungsschub dieser wirtschaftswunderlichen Jahrzehnte führte drastisch vor Augen, daß die Probleme auf kommunaler und regionaler Ebene ebenso, wenn nicht einer noch viel vorausschauenderen Planung bedürfen. Man mußte aber auch die Erfahrung machen – und daran hat sich bis heute nichts geändert –, daß mit der Komplexität der Probleme die Wirksamkeit der Instrumente, sie zu behandeln, abnahm.

Ich werde jetzt nicht den Fehler machen, Fragen der Architektur und des Städtebaus in die Orts-, Regional- oder gar Landesplanung hinüberzuschieben. Die gegenseitige Abhängigkeit von Architektur und Planung ist hinlänglich bekannt. Ich möchte aber an zwei Versuche von Seiten der Architektur erinnern, von denen einer allgemein anerkannt, also geglückt ist, und der andere bis heute umstritten blieb, obwohl die grundsätzlichen Überlegungen mich immer noch beeindrucken. Ich beginne mit einem Beispiel der fünfziger Jahre, mit Cortina d'Ampezzo, wo der Triestiner Architekt Edoardo Gellner, neben einer beispielhaften modernen alpinen Architektur für den Tourismus, mit einem einzigen, sich über Jahre entwickelnden Projekt einer Feriensiedlung eine ganze Landschaft verändert oder besser, regeneriert hat. Die Rede ist von

7   Edoardo Gellner, Corte di Cadore, Villaggio E.N.I., ab 1955
Schon in den späten vierziger Jahren begann sich Edoardo Gellner bewußt und mit fast strategischer Zielstrebigkeit mit der vitalen Bauentwicklung seiner Region zu beschäftigen. Parallel zu dieser Auseinandersetzung mit den Fragen des aktuellen Bauens begann er eine breit angelegte und gründliche Erforschung der alten Baukultur in den Dolomiten, der Haustypologien und Siedlungsstrukturen, der handwerklichen Baumethoden und des Zusammenhangs von Lebens- und Bauformen. Gellner ging es also von Anfang an nicht um die Transformation modischer Entwicklungen in regionale Verhältnisse,

sondern um die an gegenwärtigen Bauaufgaben und technischen Möglichkeiten orientierte Erneuerung der Architektur.

Gellner erhielt von dem legendären Chef des Ölkonzerns E.N.I. (Enrico Mattei) den Auftrag für ein Feriendorf mit rund 500 Einfamilienhäusern, zentralen Einrichtungen wie Kirche, Hotel, Verwaltung und einer großen Anlage für Kinder und Jugendliche. Das «Dorf» wurde praktisch auf einer vegetationslosen Geröllhalde errichtet, heute liegt es in einem dichten Wald, weil die Situierung der einzelnen Objekte, die Erschließung und die Behandlung des Geländes so überlegt gestaltet wurden, daß sich der Hang von selbst regenerieren konnte. Die Architektur ist weitgehend typisiert, die Häuser sind, von schrittweisen Verbesserungen abgesehen, praktisch alle gleich, die gestalterischen Vorgaben stammen vom lokalen Klima und den topographischen Gegebenheiten. Es gibt nirgends den Versuch einer baukulturellen Interpretation der alten Hausformen oder gar die dekorative Übernahme formaler Details. So konnte Gellner eine Tourismusarchitektur entwickeln, die heute selbst Gegenstand eines Architekturtourismus ist.

8   Gerhard Garstenauer, Felsenbad Badgastein, 1967/68

Ich weiß, daß das Modell von Badgastein eine eigene Untersuchung verdienen würde und daß es unmöglich ist, so im Vorbeigehen auf dieses Thema hinzuweisen. Wenn man davon absieht, daß das Projekt architektursprachlich den technoiden Radikalismus der sechziger Jahre hatte (so gesehen vielleicht ein Jahrzehnt zu früh entwickelt wurde) und daß durch den frühen Tod des Bürgermeisters Kerschbaumer die treibende Kraft in einer entscheidenden Phase ausfiel, so hat der stufenweise Planungs- und Bauprozeß immer noch Modellcharakter. Das Ziel war ja, einen einst sehr renommierten, jedoch darniederliegenden Kurort wieder flott zu machen, indem man durch «strategische» Baumaßnahmen versuchte, einerseits die Infrastruktur zu verbessern, andererseits eine neue, jüngere Klientel anzusprechen. Der erste Schritt war das Felsenbad, das tatsächlich neue Gäste anlockte, in der zweiten Phase wurde ein zentraler (auch besonnter) Platz mit allgemeinen Einrichtungen wie Veranstaltungs- und Kongreßsaal, Casino, Restaurant, Geschäfts- und Flaniereinrichtungen etc. geschaffen, und schließlich als dritte, auf das Umland und die Zukunft gerichtete, die Erschließung eines Hochtals mit der Gründung des neuen Skiortes Sportgastein. Trotz aller Schwierigkeiten und Pannen, Fehler in der Logistik oder Dosierung der Maßnahmen (die ich nicht beurteilen kann), scheint mir die Sicht der Probleme, die entwickelte Planungsstrategie und die Komplexität der Überlegungen noch immer einen bedenkens- und beachtenswerten Modellcharakter zu haben.

Neuere Architekturbeispiele im Hotelbau

Ich möchte wieder zum Objekt Nummer 1 der Tourismusarchitektur zurückkehren, zum Hotel, und drei in die Gegenwart heraufführende Beispiele nen-

nen, die beweisen mögen, welche gestalterische Bandbreite – trotz aller klischeehaften Überkrustungen – in diesem Thema steckt. Vor allem geht es mir darum zu zeigen, daß die räumlichen Qualitäten, die Verbindung von Besonderem und Angenehmem, von Lokalem und Weltoffenem, die ja der Gast erwarten kann, nur mit den Mitteln einer zeitgenössischen, anspruchsvollen, ja kulturell wachen Architektur erreicht werden können und man auf jede Form von uniformierten, regionalistischen Kitsch verzichten kann.

9   Othmar Barth, Hotel Ampach, Kalterer See, 1970–73
Das Familien- und Erholungshotel in einer überaus bevorzugten Lage am Kalterer See ist nicht nur sehr vorsichtig in die Landschaft gesetzt, zeigt von Innen eine besondere Bedachtnahme auf Umraum und Aussicht, sondern bietet auch innen eine räumliche Faszination, ein Ambiente, das auch regnerische Tage vergessen macht. Ich glaube, ein Urlaubshotel soll auch eine gewisse Abgehobenheit vom baulichen Alltag anbieten, ja kann sich eine Inszenierung eines besonderen Ortes erlauben.

10   Johannes Spalt, Dorint-Hotel, Salzburg, 1986–89
Das städtische Hotel, noch dazu in einem sich entwickelnden, stark frequentierten Straßenraum, hat andere Probleme der Einbindung und Abschirmung. Es nimmt den Außenraum eher selektiv wahr und konzentriert sich auf eine gepflegte und komfortable Innerlichkeit. Spalt hat hier versucht, einen alten, städtischen Hoteltyp mit glasgedeckter Halle, großzügiger Lobby und eine an diesem Innenhof orientierte Erschließung der Zimmer wiederzubeleben. Die Zimmer im Obergeschoß, mit besserer Aussicht, akzentuieren durch eine nischenartige Raumschicht den Außenraumbezug. Auch die Gesellschaftsräume verweisen auf Salzburger Tradition, wenn man so will, sogar auf den Flirt der Festspielkultur mit dem Folkloristischen.

11   Michael Schluder und Hanns Kastner, Gartenhotel Altmannsdorf, Wien 1993/94
Auch dieses Hotel hat seinen eigenen Topos (einen kleinen Park mit Teich), der nicht nur die Lage des Traktes, sondern auch das innere Konzept bestimmt. Das gilt in erster Linie für die Raumsequenz Lobby-Halle-Restaurant-Garten, aber auch für die Gestaltung der Zimmer, die zeigen, daß es sogar in einem gestalterisch so durchgekneteten Bereich noch einen kleinen Spielraum für Neues gibt. Jedenfalls haben die parkseitigen Zimmer außenliegende, direkt belichtete Bäder mit Aussicht, und die bis zum Boden verglaste Sitznische mit verstellbaren Läden betont die Geborgenheit der Schlafzone. Ein Angebot, das zumindest bekundet, daß der Gast den Architekten einige grundsätzliche Überlegungen Wert sein kann.

Wenn man die Tatsache akzeptiert, daß Natur und Kultur die Komponenten sind, von denen der Tourismus lebt, dann muß natürlich darauf die Frage folgen, was der Tourismus dafür tut, daß diese Ressourcen zumindest erhalten, wenn nicht vermehrt werden. Darin liegt kein moralischer oder gar moralisierender Appell, sondern höchstens die Urgenz einer Vernunft der Selbsterhaltung. Wenn sich Kultur ausschließlich im Konservieren von Hergebrachtem oder gar in der Aufbereitung für den touristischen Konsum versteht, dann führt das nicht nur in eine Stagnation, sondern in eine Art von Freitod. Geschichte (und damit Kultur) ist nur erhaltbar in einer lebendigen Fortentwicklung. Wer die Geschichte imitiert, vernichtet Geschichte durch historisierende Mittel. Eine Tourismusarchitektur, die die gegenwärtige Architektur eines Landes ignoriert, wird nach ein, zwei Generationen als Wegwerf- oder Abräumgut übrigbleiben. Man sehe sich heute die prominenten Tourismusorte in der sogenannten «saisonlosen Zeit» an, dieses teilweise trostlose Verpackungsmaterial einer extremen Dienstleistungsmaschinerie, dann bekommt man vielleicht eine Ahnung von dem, was uns noch alles bevorstehen kann.

Natürlich stoßen wir damit auch an die Grenzen der Architektur, sozusagen an die Grenzen dessen, was die visuelle, ästhetische Kultur in einem solchen Zusammenhang zu leisten vermag. Vielleicht sollte man Hochleistungszonen und -orte des Tourismus in Zukunft danach beurteilen, was in der gastlosen Zeit noch für den Bewohner an lebenswertem Ambiente übrig bleibt. Das heißt, es geht um ganz andere, gesellschaftliche Verhältnismäßigkeiten, in denen das Bauen nur eine untergeordnete, aber natürlich auch wichtige, weil sichtbare Rolle spielt.

Wenn das Bauen für den Tourismus auf die Dauer lebenswerten Lebensraum produziert, dann ist auch die Architektur auf dem richtigen Platz. Vernichten wir den kulturellen Lebensraum, um die Natur besser ausbeuten zu können, schaffen wir also temporär benutzbares, bauliches Verpackungsmaterial, das am Tag X mit Schubraupen weggeschoben werden muß, wird uns für diese Probleme auch die beste Architektur keine Antwort finden. Wenn also Tourismusarchitektur auch einen Architekturtourismus auslösen sollte, heißt das nicht nur, daß auch in diesem Bereich des Bauens eine kulturelle Kraft liegt, sondern daß auch für die Bewohner eine lebens- und liebenswerte Welt geschaffen wurde, eine Welt, die man aufsuchen kann, um sich auch als Gast wohlzufühlen.

Will der Tourismus überleben, muß er sich auf lange Sicht auch als kulturell produktiver Faktor der Gesellschaft verstehen und alle Entwicklungen, Risiken und Konflikte mittragen, die eine lebendige Kultur des Landes garantieren. Kultur ist das größte nationalökonomische Paradoxon: sie ist nicht bilanzfähig und trägt langfristig Zinsen.

(1994)

Der «Aufbau» und die «Aufbrüche»

Österreichische Architektur 1945–1975

Vermutlich ist heute der schlechteste Moment, um über diesen Zeitraum zu schreiben: Einerseits sind diese Jahrzehnte mit ihren architektonischen Fragen aus unserem Gesichtsfeld verschwunden, andererseits sind sie durch eine historische Aufarbeitung noch nicht neu in unser Bewußtsein getreten. Der Verfasser dieses Aufsatzes kommt in die paradoxe Rolle, selbst Subjekt und Objekt dieser «Geschichte» zu sein, Interpret und «Zeitzeuge» in einem.

Natürlich haben die fünfziger und sechziger Jahre heute eine Zeitdistanz, die selbst traditionellen Architekturforschern als genügend erscheint, um objektivierte Aussagen machen zu können, was natürlich einen älteren Referenten nicht von dem Versuch befreit, zunächst die eigenen Urteile und Vorurteile zu korrigieren.

Drei Dezennien

Man geht kein großes Risiko ein, wenn man behauptet, daß der Zeitraum von drei Dezennien als Beobachtungsfeld sehr willkürlich erscheint. Das erste Jahrzehnt kann zwar eine gewisse Logik beanspruchen – schließlich erhielt Österreich 1955 den Staatsvertrag und damit seine Unabhängigkeit – aber auch mit diesem Datum ist es nicht viel anders als mit der «Stunde Null» von 1945, die es nie gab, weil allein die personalen Kontinuitäten so stark waren, daß man architektonisch nur von einem gleitenden Übergang von einem Zustand in einen anderen sprechen kann.

Eine viel stärkere Zäsur, eine Art architektonischen Klimawechsel zeigte da schon viel eher das Jahr 1958, was noch zu belegen sein wird. Eine andere «Schwelle» waren sicher die Jahre l962/63, einerseits durch die Entwicklung im Kirchenbau, andererseits durch das Signal der Hollein-Pichler-Ausstellung in der «Galerie nächst St. Stephan» und der damit endgültig eröffneten Funktionalismuskritik. Es hat keinen Zweck, noch weitere Schwellen zu suchen, sie liegen je nach Bereich, ob Kirchen- oder Schulbau, ob sozialer Wohn- oder Industriebau, anders. Eine wirkliche Zäsur bildete sicher noch das Jahr 1973 mit der sogenannten Ölkrise: Zusammen mit den Auswirkungen der Studentenrevolte kann man allgemein von einem größeren Bewußtseinswandel sprechen, der sich auch auf die Architektur, auf den Städtebau, sowie auf die Architektur- und Stadtforschung stark ausgewirkt hat.

Aber da wir es einmal gewohnt sind, in Dezennien zu denken und die Jahre nach ihnen bezeichnen, halte ich mich an dieses Schema, auch mit diesem aussichtslosen Versuch einer Beschreibung.

Die späten vierziger Jahre oder eine Architektur der Symbole
Die frühen baulichen Entwicklungen der Ersten Republik sind am Beispiel von Wien am besten zu beschreiben. Wien hatte durch die Bombenschäden und die totale Vernachlässigung des Wohnbaus während des «Dritten Reiches» einen quantitaviv hohen Bedarf an Wohnungen. Der Wiederaufbau konnte aber nur an den sichtbaren Symbolen der neuen (alten) österreichischen Identität demonstrativ vorgeführt werden, also an der Rekonstruktion der zerstörten politischen und kulturellen Objekte, allen voran Parlament, Burgtheater und Oper. Dabei ist ein kleiner psychologischer Nebeneffekt nicht uninteressant: Das zerstörte Abgeordnetenhaus wurde im Geiste einer zeitgemäßen, wenn nicht fortschrittlichen Architektur (Max Fellerer/Eugen Wörle) aufgebaut, während man die kulturellen Ikonen «Burg» und «Oper» (von uns Studenten heftigst kritisiert) in einem moderaten bis selbstverleugnerischen Eklektizismus rekonstruierte, obwohl die damit verbundenen Umbaumaßnahmen (etwa im Zusammenhang mit der Bühnentechnik) hier viel fortschrittlichere Lösungen erlaubt, ja verlangt hätten.

Neben den Staats- und Kulturbauten gab es natürlich innerhalb der Kommunen auch andere Anlässe, Symbole eines neuen, zukunftsorientierten Lebens zu schaffen, wie etwa in Wien das Freibad Gänsehäufel (Fellerer/Wörle) auf einer Insel der Alten Donau oder die Wiener Stadthalle von Roland Rainer. Was bei diesen Bauten die punktuelle Qualität ausmachte, das mußte im Wohnbau die Quantität sein. Das Wiener «Schnellbauprogramm», eine von Franz Schuster entwickelte, leicht kombinierbare Typologie von später zusammenlegbaren Wohnungen, abgehandelt in einem ebenso adaptierbaren wie variablen städtebaulichen System, schuf, neben dem tatsächlichen Wiederaufbau der Baulückenfüllung, die Möglichkeit rascher Wohnungsbeschaffung.

Zur architektonischen Situation
Die unmittelbar nach dem Zweiten Weltkrieg studierende Generation hat es nicht verstanden, daß die Väter- und Lehrergeneration nach der Befreiung Österreichs nicht sofort wieder jene «Entwicklunglinien der Moderne» aufgenommen hat, die sie scheinbar durch Hitler verlassen mußte. Im Gegenteil, auch jene Architekten, wie etwa Lois Welzenbacher oder, weniger bekannt, Hans Steineder, aber auch die im Lande verbliebenen Vertreter der «Wiener Schule» (Max Fellerer, Eugen Wörle, Oswald Haerdtl, Franz Schuster u. v. a.) haben nicht nur die Fäden nicht wieder oder nur zaghaft aufgenommen, sondern in einer für uns unverständlichen Art über die Entwicklungen in den dreißiger und vierziger Jahren geschwiegen. Noch mehr: Ihre Architektur blieb jener moderaten Moderne verpflichtet, für die inzwischen die Schweiz und Schweden vorbildlich geworden sind. Heute weiß man natürlich, daß dieser geistige Anschluß an eine internationale Moderne gar nicht das Thema dieser Generation sein konnte, da sie ja schon selbst auf den unterschiedlichsten Ebenen die Demontage der Moderne eingeleitet hatte, dabei aber

von zwei «Avantgarden» (von Hitler und Stalin) politisch überrollt wurde. In Österreich wurde diese Entwicklung bereits durch den Ständestaat beschleunigt, der, kulturpolitisch extrem österreichbezogen, zwischen Moderne und faschistischer Selbstdarstellung lavierte. Da die Architektur des Nationalsozialismus auf verschiedenen Ebenen die Erfahrungen der Heimatschutzbewegungen verwertete, konnte sie auch nach dem Zweiten Weltkrieg (gerade im Wohn- und Siedlungsbau), nur gering modifiziert, fortgeführt werden.

Außerdem hatte die Regierung des neuen Österreich ein sehr ambivalentes Verhältnis zu den Emigranten und Vertriebenen, das heißt, statt sich die unbequemen Kritiker der jüngsten Vergangenheit ins Land zurückzuholen, zog man es vor, sich mit den «Belasteten» (den ehemaligen Nationalsozialisten) zu arrangieren und den Wiederaufbau in einer konfliktfreien Melange von ambivalenten architektonischen Haltungen zu beginnen. Natürlich muß man auch zugestehen, daß die verarmte, zerbombte, hungernde und frierende Nachkriegsgesellschaft zunächst andere Sorgen hatte, als architektonische Glaubenskriege zu führen und für künstlerische Ambitionen wenig Verständnis herrschte. Das heißt mit anderen Worten, die Hauptkriterien für das Bauen waren Wirtschaftlichkeit und Schnelligkeit und zum Zuge kamen jene Architekten, die diese Qualitäten anzubieten vermochten.

Umso höher ist das Engagement jener Architekten anzusetzen, die vom ersten Tag an versuchten, den Wiederaufbau in eine Entwicklungsperspektive zu stellen, wie etwa der fünfunddreißigjährige Roland Rainer, der mit seinen Büchern «Städtebauliche Prosa» und «Ebenerdiges Wohnen» (oder mit der Fertighaussiedlung Veitingergasse) der Wohn- und Städtebaudiskussion erste Impulse gab. Hier wäre auch die Rolle der vom Wiener Stadtbauamt herausgegebenen Zeitschrift «Der Aufbau» neu zu bewerten, es würde sich dabei zeigen, daß nämlich von Anfang an (unter dem Chefredakteur Rudolf J. Böck) verschiedene Fragen des Wiederaufbaus und der Stadtplanung auf einem hohen Niveau diskutiert wurden, aber den Planern und Architekten die Realität des schnellen Wiederaufbaus buchstäblich davonlief.

Architekturschulen
Die Technische Hochschule galt in den fünfziger Jahren mit den Lehrern Erich Boltenstern, Friedrich Engelhart, Karl Kupsky, Hans Pfann oder Siegfried Theiss als ein konservatives Institut, die Akademie am Stubenring (frühere «Reichshochschule») war zwar mit renommierten Lehrern wie Max Fellerer, Oswald Haerdtl, Otto Niedermoser oder Franz Schuster besetzt, hatte aber merkwürdigerweise keinen «namhaften» Ausstoß von Schülern. Lediglich am Schillerplatz (Akademie der bildenden Künste) entstand in der Polarität der Meisterschulen von Clemens Holzmeister und Lois Welzenbacher so etwas wie eine Talentschmiede, deren Absolventen das Baugeschehen von den sechziger Jahren bis heute entscheidend beeinflussen sollten. Allein die «Arbeitsgruppe 4» (Wilhelm Holzbauer, Friedrich Kurrent, Johannes Spalt) und die weiteren Holzmeister-Schüler Johann Georg Gsteu, Josef

Lackner, Gustav Peichl, Hans Hollein und Anton Schweighofer, um nur die bekanntesten zu nennen, und der Welzenbacherschüler Ottokar Uhl, gehören zu den Schrittmachern der in den fünfziger Jahren sich entwickelnden neuen österreichischen Architektur. Es war vielleicht kein Zufall, daß ausgerechnet an der Technischen Hochschule unter den Fittichen Karl Schwanzers – der auch durch seine spätere Besetzungspolitik eine radikale Erneuerung des «Lehrkörpers» einleitete – Günther Feuerstein sein «Clubseminar» entwickeln konnte, das zum Sammelbecken und Treibhaus der meisten revolutionären Tendenzen der Studenten der sechziger Jahre wurde. Eine ähnliche Entwicklung kam in den Zeichensälen der Technischen Hochschule in Graz in Gang, natürlich unter anderen Bedingungen, vor allem mit einem anderen kulturellen Umfeld.

Schwerpunkte der frühen Entwicklungen
Es ist ganz interessant, sich der Schwerpunkte zu erinnern in denen impulsartig die Entwicklungen stattgefunden haben. Obwohl im kommunalen Wohnungsbau der Stadt Wien zweifellos (gerade durch das Schnellbauprogramm des Franz Schuster und seinem an der Gartenstadtbewegung geschulten Städtebau) Eindrucksvolles geleistet wurde, konnte es zu dieser Zeit nicht als architektonischer Fortschritt registriert werden. Diese Wohnanlagen – wie etwa in der Siemensstraße – werden erst heute, natürlich auch mit ihrer inzwischen entwickelten Vegetation, als Gesamtleistung positiv beurteilt.

Die eigentliche architektonische Diskussion fand merkwürdigerweise zunächst im Kirchenbau statt, ausgelöst durch eine sehr kleine Gruppe reformfreudiger «Neuländer» wie Monsignore Otto Mauer oder Josef Ernst Mayer oder den damaligen Jesuitenpater Herbert Muck und dem Herausgeber der «Christlichen Kunstblätter» Günther Rombold. Besonders motiviert durch Clemens Holzmeister wurde diese Diskussion vor allem im Umfeld der «Arbeitsgruppe 4» (neben dem «Einzelgänger» Ottokar Uhl) geführt, die auch durch ihren Lehrer zum Bauauftrag der Kirche in Parsch/Salzburg kam. Die Aktivitäten hatten in der «Galerie nächst St. Stephan» ihr geistiges Zentrum, wobei es Otto Mauer vor allem um ein neues Verhältnis der Kirche zur modernen Kunst ging. Dieses punktuelle kirchliche Interesse an der Kunst zeichnete eine so große Liberalität aus, daß es in der Folge (bis zum Beginn der siebziger Jahre) kaum eine architektonische Tendenz gab, die nicht in der Kirche baulich verwirklicht worden wäre. Das ästhetische Spannungsfeld reichte von Rudolf Schwarz bis zur «Arbeitsgruppe 4», von Josef Lackner bis zu Johann Georg Gsteu und Ottokar Uhl, von Ferdinand Schuster bis zu Günther Domenig und Eilfried Huth. Beherrscht wurde der Kirchenbau trotzdem von den traditionalistischen Tendenzen, in denen Clemens Holzmeister oder Robert Kramreiter zur «Avantgarde» zählten.

1958

Das Jahr 1958 vereint tatsächlich eine Summe von Ereignissen, die in verschiedenen Bereichen des Bauens einen Umschwung ankündigten. Neben der Fertigtellung der Wiener Stadthalle, dem Bau des Böhler-Hauses und der Berufung Roland Rainers zum Wiener Stadtplaner (und zwei Jahre vorher als Nachfolger Lois Welzenbachers an der Akademie am Schillerplatz), entsteht in Brüssel der Österreich-Pavillon von Karl Schwanzer (später Museum des 20. Jahrhunderts), das WIFI in Linz (Hiesmayr/Aigner), und neben der schon erwähnten kirchlichen Szene beginnt sich auch schon von seiten der Künstler (Hundertwasser: Verschimmelungsmanifest) das erste «Unbehagen am Bauwirtschafts-Funktionalismus» zu artikulieren. Auch Günther Feuersteins «Thesen zu einer inzidenten Architektur» eröffnen den Reigen der Manifeste.

So gesehen, beginnen die sechziger Jahre tatsächlich mit einer Reihe von «Versprechungen», die auch später in unterschiedlichen Formen eingelöst wurden. Von größerer Bedeutung ist zudem, daß 1958 die Salzburger Seminare Konrad Wachsmanns an der Sommerakademie ihren Höhepunkt erreichen. Ihre Wirkung ist wiederum gerade auf die Holzmeisterschüler besonders groß, für die durch den rationalen, konstruktivistischen Ansatz der Wachsmannschen Thesen eine besondere Dialektik der Auseinandersetzung mit dem Holzmeisterschen Erbe eingeleitet wurde. Vielleicht war es gerade das Spannungsfeld, das sich zwischen dem barocken Über-Ich Holzmeister und dem strukturalistischen Träumer Wachsmann aufbaute, daß diese erste Nachkriegsgeneration noch in der unmittelbaren Veränderung der baulichen Welt genug utopisches Potential vorfand, also es nicht notwendig hatte – wie die darauffolgende Generation – noch radikalere Ansätze zu suchen. Außerdem hatte (übrigens auch ermuntert durch Wachsmann) die Aufarbeitung der Geschichte der eigenen Moderne begonnen, der es an «rückwärtsgewandten Utopien» ohnehin nicht fehlte.

Der Aufbruch der sechziger Jahre

Stark vereinfacht ausgedrückt, hat sich der Aufbruch in den frühen sechziger Jahren auf drei Entwicklungsschienen oder in drei kulturellen Grundhaltungen abgespielt. Die erste Position war die der sogenannten «klassischen Moderne», also eine konstruktiv und funktional dominierte, positivistische und puristische Grundhaltung, die einen Dialog mit der Geschichte prinzipiell ausschloß und die vordergründig problemorientiert argumentierte. Zu dieser Gruppe von Architekten könnte man heute Roland Rainer, Karl Schwanzer, Ernst Hiesmayr, Wolfgang und Traude Windbrechtinger oder in Graz Ferdinand Schuster zählen. Historische Berührungen gestattete sich hierbei natürlich vor allem Rainer, aber, wenn man so will, ausschließlich auf einer typologischen Ebene der anonymen Architektur, also für eine Durchsetzungs- oder Legitimationsstrategie des verdichteten Flachbaus.

Die zweite Position war die eines erweiterten, ganzheitlichen Architekturbegriffs, der einerseits die Geschichte der Moderne (Auseinandersetzung mit Otto Wagner, Josef Hoffmann, Adolf Loos, Josef Plečnik und Josef Frank etc.) aufzuarbeiten versuchte, und andererseits Kontakte zu Rudolf Schwarz, Egon Eiermann, Konrad Wachsmann etc., aber auch eine kritische Auseinandersetzung mit den dominierenden Architekturschulen (etwa jener Mies van der Rohes) suchte. Die Bauten der «Arbeitsgruppe 4», wie die Seelsorgeanlage von Steyr/Ennsleiten (mit Gsteu) oder das Kolleg St. Josef in Salzburg, sind gute Beispiele für diesen real erweiterten Architekturbegriff.

Die dritte Position wurde, wie schon erwähnt, von Hans Hollein und Walter Pichler bezogen – hier gibt es auch die ersten Beziehungen zu Graz (Raimund Abraham, Friedrich St. Florian) – sie urgierte einen totalen Architekturbegriff, der vor allem alte positivistische Feindbilder wie das Symbol, das Ritual und den Mythos wieder «inthronisierte». Hermann Czech eröffnete bereits 1961 mit dem Restaurant Ballhausplatz (mit Wolfgang Mistelbauer, Reinald Nohal) die «Manierismusdiskussion», in dem er die Replik als Zitat – in Form von Hoffmann-Möbeln und -Tapeten – als bewußtes Gestaltungselement einführte. Natürlich sind die kommenden, vor allem studentischen Aufbrüche nicht unter dieser Positionierung zu subsumieren, obwohl sie alle die Kritik an den bestehenden Verhältnissen (auch an den sich selbst kritisch verstehenden Gruppen) teilen und einen bewußt unkontrolliert ausgreifenden, ja sich auflösenden Architekturbegriff anstreben. Wer Günther Feuersteins Aufzählung «Was uns bewegte» heute liest, findet ein komplettes Kompendium jener Fortschritt signalisierenden Elemente, die es im Bereich der Kunst, der Alltagskultur, der Politik, der Wissenschaft und Technik, der Psychologie und Soziologie gab. Angedockt an das psychologisierende Moment des Wiener Aktionismus wurde hier ein unbegrenztes Gebiet der Wirkungs- und Wahrnehmungsforschung eröffnet, dessen Ergebnisse in den Bauten der achtziger und neunziger Jahre zu finden sind.

Auch in Graz ist, wenn man so will, eine realistische und eine utopische (fundamentalistische) Polarisierung zu sehen, die sich beide gegen einen Rettungsversuch der «Tradition der Moderne» durch Ferdinand Schuster wandten. Schuster versuchte redlich, durch ein Verarbeiten der neueren Architekturtheorie (vor allem aus den Bereichen der Semiotik, Soziologie und Politikwissenschaft) eine aktuelle Architekturlehre zu entwickeln, wurde aber vom vitalen Schub der frühen «Grazer Schule» überrollt. Da diese Entwicklungen ohnehin in anderen Zusammenhängen dargestellt werden, sei hier nur darauf hingewiesen, daß sich die Realos zunächst heftig aus der Schweiz (Walter Förderer, Peter Steiger, Christian Hunziker etc.) beeinflussen ließen. Das erste bauliche Ergebnis dieses Kontaktes war die Pädagogische Akademie von Graz-Eggenberg (Günther Domenig und Eilfried Huth), aber vermutlich kamen auch für die spätere Beschäftigung von Eilfried Huth und anderen mit den Problemen der Partizipation vor allem von Hunziker Impulse.

Ein anderes Thema der sechziger Jahre ist die Entwicklung des neuen Bauens in Vorarlberg, wo die Doktrin der Rainer-Schule jene Bedingungen vorfand, die zu einer eindrucksvollen Entwicklung führten. Aus der Gegenkultur der «Randspiele», in der sich in den «Wälder-Tagen» die aufmuckenden Dichter, Literaten, Musiker, Künstler, Lehrer und Architekten versammelten, rekrutierte sich jene Klientel, die für ein neues, offenes und billiges Bauen zu haben war und dann schließlich zu jenem Multiplikationsfaktor wurde, der die ganze Baukultur des Landes veränderte.

Nach den Kirchen – Banken, Geschäfte und Wirtshäuser

Zumindest seit der Jahrhundertwende gehört in Wien der Umbau und die Einrichtung von Geschäften und Lokalen zur Spielwiese und zum Experimentierfeld junger Talente, und es gibt kaum eine Architektenkarriere, die an dieser architektonischen Kleinkunst vorbeiführte. Für die sechziger und siebziger Jahre sind Namen wie Retti oder Schullin Symbole dieser Szene. Trotzdem war es für die Wiener Architektur ein besonderer Augenblick, als sich die «Z» (ehemalige Zentralsparkasse der Gemeinde Wien) mit dem Engagement ihres Generaldirektors Karl Vak insofern der neuen Architektur zuwandte, als sie systematisch begann, mit den Spitzenleuten der jüngeren Avantgarde ihre Zweigstellen einzurichten. Zwar kam der erste Versuch mit Hans Hollein nicht zur Ausführung, aber es folgte dann doch die Reihe mit Friedrich Kurrent und Johannes Spalt, Johann Georg Gsteu, Wilhelm Holzbauer, Hans Puchhammer und Gunther Wawrik, Günther Domenig und vielen anderen.

Wesentlich war, daß dabei keine Corporate Identity angestrebt wurde, sondern eben die unabhängige Qualität der Architektur als Werbeträger. Auch die private Szene boomte, da einerseits die Wiener Innenstadt in eine radikale Umbauphase eintrat, andererseits auch trägere Institutionen (wie etwa das Österreichische Verkehrsbüro) plötzlich bei Hans Hollein architektonischen Bedarf anmeldeten. Daraus entstand jene architektonische Kleinkunstszene, die in ihrer dynamischen Entwicklung gar nicht hoch genug eingeschätzt werden kann. Es wäre ohne Schwierigkeiten möglich, die Wiener Architekturgeschichte der letzten vierzig Jahre allein an Hand dieser Bautätigkeit zu schreiben. Gerade die Dichte der historisch angereicherten Wiener Baukultur provozierte immer neue Ansätze oder anders gesagt, die ästhetische Zeitmaschine erforderte immer größere Anstrengungen, um sie in Gang zu halten.

Wohnbau

Zumindest machen die sechziger Jahre den Eindruck, als wäre das Thema Wohnbau in Wien komplett ausgetrocknet. Die noch von Franz Schuster angestrebten fast biedermeierlichen Idyllen waren von stringenteren, sicher großzügigeren, aber auch schematischeren Überbauungen verdrängt worden. Die Rainerschen Konzepte, die noch um Maßstäblichkeit bemüht waren, wurden unsensibel, aber ökonomisch erfolgreich aufgestockt. Die Anwendung der Plattenbauweise (Camus-System) mit eigens entwickelten Grundrißtypen trug das ihre zum architektonischen Schematismus bei. Fehler – die jedoch außerhalb der Finanzierung des Wohnbaus lagen – wie etwa der Mangel an Folgeeinrichtungen (Jugend, Kultur, Verkehr etc.) hatten zur Folge, daß sich diese Quartiere schnell zu sozialen Problemzonen entwickelten. Heute ist eine Beruhigung eingetreten und es wird auch zu einer Neubewertung dieses Wohn- und Städtebaus kommen.

Vor diesem Hintergrund, inklusive der Kritik daran, wurde im Sinne des Fortschrittsdenkens der sechziger Jahre von Großbüros (etwa von Harry Glück) eine erfolgreiche konsum- und lifestyleorientierte Wohntypologie entwickelt, die in der Stringenz der Erfüllung «elementarer Wohnbedürfnisse» und genormter Zufriedenheit – was immer das sei – zu ebenso plakativen wie angezweifelten Lösungsangeboten führte.

So avancierte der Wohnbau in den späten sechziger Jahren zum Thema Nr. 1, und somit war es auch kein Zufall, daß die Österreichische Gesellschaft für Architektur (bald nach ihrer Gründung) mit der Ausstellung «Neue städtische Wohnformen» eine schon lange anstehende Diskussion eröffnete. Die Reaktion kam zunächst nicht von der Stadt Wien, was zu erwarten gewesen wäre, sondern vom «Bund»: Das damals noch existierende Bautenministerium schrieb im Rahmen der Wohnbauforschung die Wettbewerbsserie «Wohnen morgen» aus, die zumindest in Wien und in Niederösterreich (Wilhelm Holzbauer und Ottokar Uhl) zu einem essentiellen Qualitätssprung führte. Die Wiener Diskussion um neue Wohnmodelle war teilweise an die beginnende Diskussion um die «alten Wohnmodelle» des Wiener Gemeindebaus gekoppelt (Otto Kapfinger/Adolf Krischanitz: Wiener Typen), wurde also in den neuen Aufbruch der siebziger Jahre hineingetragen.

Der zweite Aufbruch
Vermutlich war es kein Zufall, daß nach der Mitte der sechziger Jahre eine Art zweiter Aufbruch begann, signalisiert durch die ersten Auslandserfolge (Hollein: Reynolds-Preis, Holzbauer: Wettbewerb Rathaus Amsterdam, Schwanzer: BMW-München etc.), charakterisiert aber auch durch einige exemplarische Entwürfe und Bauten, wie etwa das Juridicum von Ernst Hiesmayr, das Tagungsheim St. Virgil von Wilhelm Holzbauer, die ORF-Landesstudios von Gustav Peichl, die Stadt des Kindes von Anton Schweighofer oder das Sanierungsprojekt von Badgastein von Gerhard Garstenauer. Allen diesen und noch einigen anderen Projekten gemeinsam war ein gewisses Vertrauen auf die Mittel eines konstruktiven Funktionalismus, auf die soziale oder technische Innovation, mit eingeschlossen eine plakative Zeichenhaftigkeit, die gewissermaßen die Inhalte von Fortschritt auch ausstellte. Natürlich lagen zwischen dem «Manierismus» eines Holzbauer oder der funktionalistischen und konstruktivistischen Semantik eines Peichl oder Garstenauer schon «Welten», wenn auch die Blickrichtung vielleicht die gleiche war.

Ein eigenes Thema dieses Jahrzehnts wäre noch die beginnende Aufarbeitung der Architekturgeschichte der Moderne, das langsame Eindringen dieser Themen in heimische Verlage (Monographien über Otto Wagner, Lois Welzenbacher etwa beim Residenz Verlag), das Erscheinen der ersten Architekturführer von Wien (von Ottokar Uhl, Günther Feuerstein) und vor allem auch die Ausstellungstätigkeit von Friedrich Kurrent und Johannes Spalt (Kirchen, Theater, Wien um 1900 etc.) sowie die zunehmende Diskussion um Architekturfragen in der Fach- und Tagespresse.

Mit der sogenannten Ölkrise von 1973 wurde dieser Höhenflug ziemlich radikal unterbrochen, nicht nur die über ein Jahrzehnt alte Kritik des Funktionalismus zeigte Wirkung, auch die Studentenrevolte und die aufkeimende Diskussion um die Postmoderne. Es war an der Zeit, daß der Architekturbegriff erneut unter die Lupe genommen wurde, was ja schließlich, vor allem in Wien, Graz, Salzburg und Vorarlberg, mit sehr verschiedenen Ansätzen und relativ fruchtbringend geschah.

(1995)

Architekturtheorie in Wien

Zwischen Lebenspraxis und rückwärtsgewandter Utopie

In Wien stellt sich die Frage, was Architekturtheorie sei, in einer besonderen Weise. Einmal ist Wien nicht der Ort, an dem jemals eine Architekturtheorie im Sinne eines geschlossenen, umfassenden Entwurfs entstanden ist. Ja, gerade die Wiener Schule der Kunstgeschichte zeichnet sich durch eine an Fakten orientierte, positivistische, am belegbaren Detail interessierte, in einem gewissen Sinne sogar systemfeindliche Tradition aus, die zumindest gegenüber ganzheitlichen Projekten oder Weltentwurfsmodellen eine reichhaltige Skepsis entwickelte. Johann Bernhard Fischer von Erlachs «Entwurff einer historischen Architektur» ist ein früher, für die spätere Entwicklung untypischer (an der Leibnizschen Philosophie orientierter) Versuch, an Hand einer von Beispielen aus der Weltarchitektur angereicherten Sammlung von prototypischen Lösungen (gut versetzt mit eigenen Entwürfen) so etwas wie eine Bilanz über den Stand der Entwicklung zu ziehen, natürlich weder wissenschaftlich-enzyklopädisch, noch in irgendeiner Weise Vollständigkeit anstrebend.

Um sich die architekturtheoretische Situation im Wien um 1900 einigermaßen vorstellen zu können, muß man sich einige Fakten in Erinnerung rufen. Wien war – nicht ohne Interesse des Hauses Habsburg – in der zweiten Hälfte des 19. Jahrhunderts zu einem Zentrum der nonverbalen Künste, also vor allem der Musik und der Architektur geworden. Ob das trotz Revolution und Liberalismus anhaltende philosophie- und literaturfeindliche Klima der Stadt gerade deshalb die Sprache zu einem begehrten Forschungsgegenstand machte, sei dahingestellt. Tatsache ist, daß sich im Rahmen des Historismus der Wiener Architektur eine große Stil- (also Sprachen-) Vielfalt und eine besondere Sensibilität gegenüber sprachlichen Phänomenen entwickelte. Der Historismus als Einkleidungs- und Legitimationskunst des aufstrebenden Bürgertums schärfte nicht nur die Sinne für die Beziehungen von *Form und Inhalt*, sondern auch für die Ambivalenz, ja Multivalenz architektonischer Formen, vor allem aber für die scheinbare Verfügbarkeit über Geschichte. So paradox dies klingt, der Historismus lieferte die Beweise der nicht möglichen Herstellbarkeit von Geschichte, und sei es nur in einem ideellen ästhetischen Bereich. Gegen Ende des 19. Jahrhunderts geriet diese Scheinverfügbarkeit über Geschichte, die Beziehungen von Inhalt und Form, in eine inflationäre Phase, so daß man, nicht zuletzt Otto Wagner, nach neuen Grundlagen für die Entwicklung der Architektur zu suchen begann. Man muß noch erwähnen, daß schon im frühen 19. Jahrhundert in Deutschland die Stilfrage – *Heinrich Hübsch: In welchem Style sollen wir bauen?* (1828) – eine Generation beherrschte, aber eben am historistischen Ansatz der Fragestellung scheiterte.

In dieser Suche nach Orientierungspunkten gewann die Theorie Gottfried Sempers wieder an Bedeutung. Semper war in Wien als der Planer des Kaiserforums und der Erbauer der beiden Hofmuseen kein Unbekannter. Mit der seit der ersten Weltausstellung in London (1851) einsetzenden Diskussion um das Kunstgewerbe war er durch sein Hauptwerk *DER STIL in den technischen und tektonischen Künsten oder PRAKTISCHE AESTHETIK, Frankfurt 1860,* in den Mittelpunkt der Diskussion gerückt. Da der dritte Band, der sich mit der Architektur beschäftigen sollte, nie erschien, schlichen sich offenbar in die spätere Rezeption grundlegende, vielleicht aber sehr produktive Mißverständnisse ein, die sogar bis zu Alois Riegl reichten, dem prominentesten Vertreter der Wiener kunsthistorischen Schule um 1900.

Nach Hanno-Walter Kruft stellt Sempers Theorie *in deutscher Sprache den umfassendsten Versuch des 19. Jahrhunderts dar, Architektur als Ausdruck eines höchst komplexen Zusammenspiels materieller und ideeller Kräfte zu verstehen.* (Geschichte der Architekturtheorie, München 1985). Sempers Versuch, Formentwicklungen auch aus den Eigenschaften von Materialien und ihren Verarbeitungstechniken abzuleiten, also eine aus den Herstellungstechniken *praktische Ästhetik* zu entwickeln, wurde als das vielleicht auffallendste Merkmal seiner Theorie – weil hier wirklich Neuland mit fast naturwissenschaftlichen Methoden betreten wurde – in der Rezeption einseitig verselbständigt und Semper zum Vertreter einer *materialistischen Architekturtheorie* gemacht.Vielleicht hat auch sein frühes Auftreten als streitbarer Republikaner und seine Teilnahme an den Barrikadenkämpfen in Dresden dieses Bild noch betont.

Gottfried Semper hatte in Wirklichkeit zur Formfrage eine sehr differenzierte Position und ich vermute, daß die Fokussierung auf bestimmte Fragen in Wien mehr Wirkung zeigte als seine tatsächlichen Aussagen. Jedenfalls wäre die Wiener Thematisierung der Beziehung von *Gerüst und Haut* bei Otto Wagner oder die Loossche Auseinandersetzung mit dem *Prinzip der Bekleidung* ohne Gottfried Semper nicht denkbar. Semper drang aber mit seiner Fähigkeit, sehr komplexe Zusammenhänge zu durchdenken, noch in viel subtilere Bereiche vor. In § 60 des «Vierten Hauptstücks Textile Kunst» (1860) heißt es etwa in einer Fußnote:

Ich meine das BEKLEIDEN und MASKIEREN sei so alt wie die menschliche Civilisation und die Freude an beiden sei mit der Freude an demjenigen Thun, was die Menschen zu Bildnern, Malern, Architekten, Dichtern, Musikern, Dramatikern, kurz zu Künstlern macht identisch... Vernichtung der Realität, des Stofflichen, ist nothwendig, wo die Form als bedeutungsvolles Symbol als selbständige Schöpfung des Menschen hervortreten soll. Vergessen machen sollen wir die Mittel, die zu dem erstrebten Kunsteindruck gebraucht werden müssen, und nicht mit ihnen herausplatzen und elendiglich aus der Rolle fallen... Damit der Stoff, der unentbehrliche, in dem gemeinten Sinne vollständig in dem Kunstgebilde vernichtet sei, ist noch vor allem dessen vollständige Bemeisterung vorher notwendig. Nur vollkommen techni-

sche Vollendung, wohl verstandene richtige Behandlung des Stoffes nach seinen Eigenschaften, vor allem aber Berücksichtigung dieser letzteren bei der Formgebung selbst, können den Stoff vergessen machen, können das Kunstgebilde von ihm ganz befreien...

Vermutlich hätte diese Haltung, wenn in Wien das Kleingedruckte Sempers gelesen worden wäre, in der Phase des inflationären Späthistorismus nur Verwirrung gestiftet. Camillo Sitte jedenfalls übernahm in seinem Hauptwerk «Der STÄDTE-BAU nach seinen künstlerischen Grundsätzen» (1889), diesen erweiterten Blick auf die gesellschaftliche Realität, und Otto Wagner verlagerte in seinem klassisch-humanistischen Architekturbegriff sein Augenmerk auf die Dialektik von *Konstruktion und Hülle,* wobei er dem Semperschen Prinzip des *Bekleidens und Maskierens* insofern zuwiderhandelte, als er die Beziehung von Bekleidung und Bekleidetem zum eigentlichen Thema machte, also über Sempers Theorie die Dialektik von Gerüst und Haut entdeckte. Selbst einem so brillanten Geist wie Alois Riegl gerieten die Schwerpunkte des Semperschen Denkens durcheinander, indem er ihn auf die Bereiche Zweck, Rohstoff und Technik beschränkte. Sicher machte Semper in diesen Bereichen seine aufregenden Entdeckungen, aber sie bilden nicht das Fundament seiner Theorie. Ein Blick auf die Bauten Gottfried Sempers hätte übrigens diese Mißverständnisse nicht aufkommen lassen.

Für Semper blieb die Wand mit ihrer Funktion des Bekleidens und Maskierens das konstitutionelle Element der Architektur. Da aber die Bekleidung das Bekleidete braucht, also das konstruktive Traggerüst, drängte sich seinem forschenden Geist ein «erweiterter Architekturbegriff» auf, dessen Konsequenzen er vermutlich noch nicht wahrnehmen konnte. Als aber der Historismus am Ende des 19. Jahrhunderts alle Kleidungsstücke der Geschichte verbraucht, ja verschlissen hatte, gewann plötzlich dieses erweiterte Beobachtungsfeld eine große Bedeutung. Zusammen mit der Verlagerung des Interesses auf den Raum (durch August Schmarsow) gewann auch das Konstruktive eine neue Bedeutung in der architektonischen Formdiskussion. Mit einem Schlag war es möglich, die Ergebnisse der technologischen Entwicklung im Bauen (etwa die neuen Glas-Eisen-Konstruktionen oder den aufkommenden Eisenbeton) in die Architekturdiskussion einzubeziehen.

Man muß im 19. Jahrhundert grundsätzlich zwischen kunstwissenschaftlichen Theorien und solchen von Architekten unterscheiden, wobei bis heute eher die Regel gilt, daß sich die Kunstwissenschaft von grundlegenden Fragen der Kunsttheorie an die Architektur annähert, während die Architekten die Theorie als einen «begleitenden Kommentar» (Beat Wyss) verstehen und oft konkrete Ziele im Sinne von Durchsetzungsstrategien anstreben. Das heißt, Architekturtheorie tritt hier mit ganz verschiedenen Interessen und Absichten auf. Heute ist es allerdings von Seiten der Kunstgeschichte Mode geworden, die Architekten und ihre verbalen Äußerungen beim Wort zu nehmen, das heißt – um es übertrieben zu formulieren – Architekturgeschichte auf Grund der Aussagen von Architekten zu schreiben, ohne sich mit ihrem eigentlichen Werk, also den Bauten auseinanderzusetzen.

In der Wiener Architekturtheorie des 20. Jahrhunderts nimmt die Kritik Alois Riegls an der «materialistischen» Theorie Gottfried Sempers eine Schlüsselstellung ein. Ich vermute aber, daß diese kunsttheoretische Positionierung für die Architekten viel zu spät kam, wenn sie überhaupt wirklich wahrgenommen wurde. Im Bereich der Architektur waren die Semperianer (ähnlich den Nietzscheanern und den Wagnerianern) höchstens die Anwender einer teilweise halb- oder mißverstandenen Theorie. Semper kam eher die Rolle des Anregers zu. Er war ja mit seinen Bauten weit hinter seiner Theorie (oder wie sie in Wien interpretiert wurde) zurückgeblieben. Erst die nächste Generation, also Camillo Sitte und Otto Wagner, kamen durch ihre Realisierungsversuche in die Rolle der «Testamentvollstrecker». Alois Riegl verwies Gottfried Semper einerseits in die Ecke einer materialistischen Architekturtheorie, andererseits in das Gebiet des Kunstgewerbes, was beides überzogen erscheint. Riegl akzeptierte im Prinzip zwar den Semperschen Erklärungsversuch der Ornamentik und Bauelemente aus den Materialien und Techniken, räumte ihnen aber einen relativ kleinen Gültigkeitsbereich ein.

Um es vorwegzunehmen: Mich interessieren mehr die theoretischen Versuche von Architekten, auch wenn sie keinen Theorieanspruch stellen können, weil sie zu tatsächlichen Entwurfs- und Baugeschehen ein ganz anderes Verhältnis entwickeln und sich ihre Spekulationen nicht mit den eigenen Entwürfen decken müssen. Die Theorien von Architekten handeln oft von jenen Problemen, die ihnen eben Probleme machen und nicht von jenen, die sie konfliktfrei und ohne Widerstand zu lösen vermögen. Theorien von Architekten haben nicht selten einen dialektischen Charakter oder sogar eine konterkarierende Funktion dem eigenen Werk gegenüber. Es kann also vorkommen, wie etwa bei Adolf Loos, daß dem Ornament in einer fast fundamentalistischen Art der Kampf angesagt wird, während es sich der Architekt selbstverständlich erlaubt, Ornamente zu verwenden. Die Freiheit des Meisters ist eben eine andere als die seiner Lehre und die seiner Schüler.

Wenn theoretische Äußerungen von Architekten so oft ins Manifestartige, Tendenziöse oder Messianische abgleiten, dann hat das auch damit zu tun, daß Theorien, also diese begleitenden Kommentare, oft auch Bestandteile von Durchsetzungsstrategien sind, so daß man sie als Elemente einer ganz bestimmten kulturellen Situation lesen muß.

Die Ausbildung des Architekten ist zwar an technischen Fakten orientiert, sie ist aber keineswegs wissenschaftlich. Dort, wo er mit Wissenschaften in Berührung kommt (von der Bauphysik, Chemie, Statik und Mathematik bis zu den Gesellschafts- und Kulturwissenschaften, abgesehen von ein paar Dutzend Handwerksberufen), wird er von Anfang an gezwungen, mehr synthetisch, generalisierend, analog, fächerübergreifend und angewandt zu denken, als in einem wissenschaftlichen Sinne analytisch. Das Denken des Architekten ist also ein koordinierendes, vereinfachendes, verkürztes, plakatives, das zwar im eigenen Medium in glasklare Konzepte vorzudringen, aber genauso im Verbalen in grausame Deformationen hineinzuschlittern vermag. Architekturtheorie, was immer das sei, ist genaugenommen nur in Kenntnis der Werke und vor dem Hintergrund der zeitlichen Rahmenbedingungen zu lesen und zu verstehen. Das ist keine besondere Erkenntnis, obwohl es sehr schwer, wenn nicht unmöglich ist, diese zu beherzigen. Selbst bei so profilierten Denkern wie Adolf Loos oder Josef Frank floß in ihre Schriften erstaunlich viel Zeitgeistiges und Unreflektiertes ein, das heute kaum mehr verständlich ist.

Wenn in Wien auch schon sehr früh, durch die relativ umfangreiche Semper-Rezeption, ein der Wissenschaft und der Technik und der gesellschaftlichen Realität zugewandter Architekturbegriff entstand, so darf man doch auch nicht vergessen, daß es im Sinne einer *rückwärtsgewandten Utopie* ebenso ein beharrendes Element gab, das einen universalistischen Architekturbegriff anstrebte, der zwar durch positivistische Terraingewinne immer wieder erweitert wurde, aber im Grunde doch das Rahmenwerk einer Wertordnung akzeptierte, die sich in der Trias von Habsburg, Kirche und Staat entwickelt hat, schließlich vom Österreicher verinnerlicht wurde und auch dem Architekten im zentralistischen Wiener Stadtgrundriß ablesbar erhalten blieb.

Architekturbegriff bei Otto Wagner
Otto Wagners Architekturbegriff ist im Prinzip ein statischer Begriff, auf den Fundamenten einer humanistischen, abendländischen Kultur ruhend, jedoch eingebettet in das Fortschrittsdenken der Moderne, wobei die verändernden Kräfte die des «Lebens», vor allem der Zivilisation und des technischen Fortschritts sind. Die Legitimation für die Veränderungen liegen also im Zweck (und seiner gesellschaftlichen Rolle?), dem die Architektur zu dienen hat. Die veränderte Form ist Ausdruck dieses Zwecks. Man muß sich nur Wagners formale Erfindungen ansehen, um zu erkennen, daß der sogenannte Zweck nicht nur eine Rechtfertigung, sondern auch ein Vehikel zur Formfindung war. Das Praktische, das nur schön sein kann, stellt die Kommunikationsebene mit der am Fortschritt orientierten Gesellschaft her. Otto Wagner, der, nach Loos, mit dem Hirn jedes Handwerkers denken konnte, wird eine fast unfehlbare Lebenstüchtigkeit bescheinigt, also stehen seine von ihm erfundenen Formen außerhalb jeder Kritik.

Wagners Denken war aber auch plakativ, weil er die modischen Zeitbegriffe ungeprüft übernahm. Was jedoch im Verbalen Schlagwort blieb, war in der Disziplin des Bauens meisterhaft durchdachte Logik. Das heißt, die «Theorie» ist nur ein sehr notdürftiges Vehikel der Vermittlung für den eigentlichen Prozeß, der im Entwurf und im Bau abläuft.

Der Architekturbegriff bei Adolf Loos

Loos versucht eine theoretische tabula rasa, indem er den Architekturbegriff radikal auf das Denkmal, also auf ein semantisches Objekt beschränkt. Zitat: «Wenn wir im walde einen hügel finden, sechs schuh lang und drei schuh breit, mit der schaufel pyramidenförmig aufgerichtet, dann werden wir ernst, und es sagt etwas in uns: Hier liegt jemand begraben. *Das ist architektur.*» (Adolf Loos, Sämtliche Schriften Bd. 1, Wien 1962, S. 317.)

Mit diesem semantischen Trick waren die größten Bereiche der Architektur freigegeben für eine Ankoppelung an die zivilisatorischen Zwecke und Standards. Denn für Loos war Architektur auch ein Produkt der modernen Großstadtkultur, und die kam aus London oder Chicago. Architektur, soweit sie nicht den neuen Lebensformen diente, war geduldet als Phänomen der Bekleidung, der kulturellen Mitteilung, und die war in der *guten Gesellschaft* ganz klaren Regeln unterworfen. Das Ornament spielte in dieser neuen Werthierarchie die untergeordnetste Rolle, ihm war die kurzlebigste, also wechselhafteste Bedeutung (etwa für das Modebedürfnis der Frau) zugedacht. Nicht nur dem hutlosen Mann, sondern auch der ornamentfreien Gesellschaft gehörte die Zukunft. Man muß nicht besonders darauf hinweisen, daß es zahllose Fotos von Loos mit Hut gibt und daß er in seinen Bauten auch Ornamente verwendete. Die Ornamentlosigkeit als ökonomisches, also fast fordistisches Prinzip, wurde durch die weitere Entwicklung der Textil- und überhaupt der Designindustrie Lügen gestraft. Es geht aber nicht darum, ob Loos mit seinen Behauptungen Recht behalten, sondern wie stark er das Denken im 20. Jahrhundert beeinflußt und vielleicht auch irritiert hat.

Loos bleibt in einem jedoch ein Architekt des 19. Jahrhunderts, in der Auffassung, daß Architektur eine Medium der Sprache, der Mitteilung, der kulturellen Interaktion sei. Er ist zwar bemüht, das Vokabular radikal analog dem Standard der Gesellschaft auszutauschen und er glaubt an eine kollektive prozeßhafte Formfindung (er kämpft gegen die individualistischen Erfinder von Formen der Secession), aber er bleibt dem klassischen Zitat ebenso treu wie den Kriterien des Geschmacks, dem Regelwerk einer auf sich selbst bezogenen kulturellen Elite.

Loos' Radikalität liegt zum Teil auch in seiner Widersprüchlichkeit. Man könnte vermutlich bei ihm für jede Behauptung eine Gegenbehauptung finden. Sein großes Verdienst war es aber, den Architekturbegriff aus der formalen, ästhetischen Umklammerung gelöst und ihn in ein neues gesellschaftliches, also kulturelles Beziehungsnetz gesetzt zu haben.

Wiener Kreis und die Architektur: Otto Neurath und Grete Lihotzky

Wenn man von der Verbindung von Josef Frank über seinen Bruder Philip zum *Wiener Kreis* absieht – deren architekturtheoretische Auswirkung meines Wissens noch nicht erforscht ist – besteht die Beziehung des *Wiener Kreises* zur Architektur über die Wiener Siedlerbewegung. Grete Schütte-Lihotzky hat zwar als Studentin bei Oskar Strnad einen wichtigen Impuls erfahren, als ihr Lehrer sie aufforderte, die Wohnverhältnisse der Wiener Arbeiter zu studieren, aber es ist anzunehmen, daß das methodische Grundgerüst aus den Kontakten zu Otto Neurath stammte. Wenn man in der Wiener Architektur von einer Analogie zum Denken des Wiener Kreises sprechen kann, dann sicher zu allererst im Siedlungsbau, wobei natürlich ebenso stark das Engagement von Adolf Loos und Josef Frank ins Gewicht fällt.

Obwohl die Situation zweifellos um vieles komplizierter war, könnte man zunächst als Arbeitshypothese folgendes festhalten: Die Wiener Architektenschaft war einerseits (einschließlich der Otto Wagner-Schule) durch ihre Ausbildung im Historismus, andererseits von der imperialen Kultur der Metropole eines Großreiches geprägt. In diesem Klima gab es aber ebenso eine liberalistische und eine darauf folgende christlichsoziale und sozialdemokratische Kultur, mit der sich die fortschrittlicheren Kräfte immer mehr zu beschäftigen begannen. So ist es sicher nicht falsch, wenn man annimmt, daß in diesem radikalen Projekt einer praktischen Aufklärung und Volksbildung, in die auch Mitglieder des *Wiener Kreises* eingebunden waren, sich einige Architekten (wie etwa Adolf Loos, Josef Frank oder Grete Lihotzky) methodisches Werkzeug für die Analyse der konkreten Probleme holten.

Der Architekturbegriff bei Josef Frank

Bevor ich versuche, diesen «Film» weiterzudrehen, möchte ich noch einmal mit Nachdruck darauf hinweisen, daß es durch die Beschaffenheit des Mediums Architektur (also die gegebene und auch strapazierte Ambivalenz ihrer Elemente und Formen) unmöglich ist, von philosophischen Aussagen auf architektonische Gegebenheiten zu schließen. Als Verbindungsglied bleiben also die nicht minder fragwürdigen verbalen Äußerungen der Architekten, so daß man in diesem Bereich weitgehend auf Vermutungen und Deutungen angewiesen ist. Denn wenn auch etwa bei den späteren Arbeiten von Grete Schütte-Lihotzky wissenschaftliche Weltauffasssung praktiziert wurde, so war diese nicht minder determiniert durch ein ästhetisches und formales «Rahmenwerk», das im Konsens mit dem funktionalistischen Zeitgeist diese Darstellung der Inhalte leistete. In diesem Zusammenhang ist natürlich die Arbeit und die Theorie von Josef Frank von ganz großer Bedeutung, weil er – so vermute ich – zu den wenigen Architekten gehört, die ein dem Medium Architektur (in seiner ganzen kulturellen Dimension) entsprechendes Denken entwickelten, wobei ihm sein großer kultureller Horizont – vor allem auch seine Erfahrungen mit fernöstlicher Kultur – zur Verfügung standen.

Während die Räume von Adolf Loos, vor allem in der Ausformulierung des sogenannten *Raumplans*, wie das Gehäuse für gesellschaftliche Zustände, Abläufe und Konventionen wirkten, also einen stark deterministischen, weil festgefügten Charakter hatten (etwa Wandverbau, klare Bewegungslinien und Raumsequenzen, fixe Einbauten), sind die Frankschen Räume offener, freier, scheinbar beiläufiger und weniger bestimmt. Seine Räume definieren sich ausschließlich aus weißen Wänden und Decken, deren Begrenzungslinien (auch mit dem Boden) klar sichtbar bleiben. Diese raumbegrenzenden Flächen sind Hintergrund, vor dem sich die raumkonstituierenden Elemente aufbauen und deren Raumkörper oder Raumgitter (je nach Möbel) in ihrer Beziehung zueinander erst den eigentlichen Raum schaffen. Hier kommen zwei wesentliche Elemente dazu: Frank ist es unmöglich – wie den Architekten aus Historismus und Jugendstil – in Formsystemen, etwa in *Garnituren* zu denken. Ja, er wirft sogar noch dem Bauhaus diesen veralteten ästhetischen Anspruch vor, und es widerspricht ihm, eine sogenannte Einrichtung einem einzigen Formprinzip (also einem ästhetischen Diktat) zu unterwerfen. Frank sieht in jedem Möbel ein *Individuum* nicht nur mit einer eigenen Figur und Funktion, sondern auch mit einer eigenen Geschichte und kulturellen Tradition. Wenn man will, so könnte man darin einerseits ein demokratisches Modell für das Wohnen, andererseits auch einen dynamischeren, zeitgemäßeren Raumbegriff sehen, der ein anderes *Weltbild* vermittelt, nicht nur eine Koexistenz der Ästhetiken und Kulturen, sondern auch ein anderes Modell von Gesellschaft und Geschichte. *Unsere Zeit ist die ganze uns bekannte historische Zeit* ist einer seiner vielzitierten Sätze, und man könnte daraus schließen, daß es sich hier um ein Verständnis von Geschichte ohne Historismus handelt.

Josef Frank hat schon früh den Funktionalismus als ein modernistisches Formkonzept entlarvt und für die Architektur einerseits die ältesten Gesetze der Harmonisierung urgiert (seine Dissertation schrieb er über Leon Battista Alberti), andererseits mit seinem *Akzidentismus-Begriff* das Zufallsprinzip in die architektonische Gestaltung mit einbezogen: Wenn man so will, eine radikale Verbindung von Architektur und gesellschaftlicher Wirklichkeit.

Ich glaube, es wäre leicht möglich, den Wiener Antagonismus zwischen Utopie (vor allem rückwärtsgewandter) und Pragmatismus bis in die Gegenwart herauf zu verfolgen. In diesem Spannungsfeld ist es möglich, nicht nur die lange mißverstandenen Konzepte des Wiener kommunalen Wohnbaus der Zwischenkriegszeit neu zu sehen, sondern auch die irritierte Skepsis der Wiener Avantgarde. Was die Entwicklung der Architektur von 1945 bis heute betrifft, so hat die Ausstellung «Österreich» im Deutschen Architektur-Museum in Frankfurt (1995) gezeigt, daß das Spannungsfeld zwischen universalistischen Träumen und einer am Konkreten sich orientierenden Ästhetik nicht nur erhalten, sondern überaus fruchtbar geblieben ist.

Ausgerechnet bei einem Wiener Kreis-Symposium sollte man den Architekten Ludwig Wittgenstein nicht vergessen, also jene Ausnahme, die die von mir behauptete Regel so schön zu bestätigen scheint. Wittgensteins Begriff der *Klärung* und der *Reinigung* setzt einen sehr angereicherten, posthistoristischen Architekturbegriff voraus, dessen Vereinfachung nur ein Schritt in Richtung Wahrheit sein konnte. Wittgensteins Haus *zeigt* einen aristokratischen, universalistischen, humanistischen, jedoch äußerst purifizierten Architekturbegriff *vor*, ein *Produkt entschiedener Feinhörigkeit* für die Lebensform seiner Schwester Gretl, ganz im Sinne der *Verewigung* und *Verherrlichung*, die Wittgenstein der Architektur abverlangt, aber es strebt auch nach *Vollendung* im handwerklichen und technischen Sinn: Kunst als Prozeß der *Klärung* und *Reinigung* auch im funktionellen Bereich. Womit wir wieder im Spannungsfeld von Lebenspraxis und rückwärtsgewandter Utopie wären.

(1995)

Schweizer Architektur – aus östlicher Sicht

Ich möchte diese Gelegenheit, auf dem Territorium der ETH Zürich zu Schweizer Freunden und Kollegen über die Arbeiten von Marianne Burkhalter und Christian Sumi zu sprechen, zunächst etwas mißbrauchen: Ich werde mir anmaßen, wenn auch nicht in offizieller Vertretung, sozusagen im eigenen Auftrag und mit einem eigenen Schuldgefühl, einmal einen Dank an die Schweiz abzustatten, was auf dem Gebiete der Architektur schon lange fällig ist. Es ist sicher schon dreißig Jahre her, daß ich hier, noch im alten Semper-Bau in der Stadt, bei Prof. Erwin Gratmann zu einer kleinen Adolf-Loos-Ausstellung sprechen durfte, und es ist noch länger her, daß ich eine kleine Schweizer Professorengruppe der ETH mit Jacques Schader (dem Architekten der heute noch wegweisenden Kantonsschule Freudenberg in Zürich), Heinz Ronner, Charles-Edouard Geisendorf und anderen in Wien herumführen konnte, zu Bauten der damals eher unbekannten Architekten wie Otto Wagner, Adolf Loos oder gar Josef Frank oder Josef Plečnik. Es ist auch dreißig Jahre her, daß ich von Adolf Pfau (man sprach damals vom alten und vom jungen Pfau) in ein Flugzeug gesetzt wurde – für unsereins ein kaum zu beschreibender Luxus – um in der Zeitschrift «bauen + wohnen» zu behaupten, daß es in Österreich Ansätze zu einer Entwicklung neuer Architektur gäbe. Zu dieser Zeit machten schon einige Jahre hindurch *Drei Musketiere* die Steiermark und das Burgenland unsicher, sie hießen Lucius Burckhardt, Walter Förderer und Peter Steiger, die für begehbare Bauten, die in komplizierten Prozessen entstehen mußten, warben, und ein junges Architektenduo namens Günther Domenig und Eilfried Huth in ihren Bann zogen. Ich war schon damals gegenüber Messianischem skeptisch und zeigte den dreien ein außen besteigbares Bauwerk – ein Mixtum aus Grabkirche und Kalvarienberg in Eisenstadt – das allerdings schon dreihundert Jahre alt war. Diese Besteigung endete in einem burgenländisch-versöhnlichen Besäufnis; allen dreien bin ich bis heute freundschaftlich verbunden. Mir ist beim Stöbern in dieser architektonischen Vorvergangenheit ein kleiner Ausstellungskatalog aus Graz in die Hände gefallen, leider, wie es bei Architekten so üblich ist, ohne Jahreszahl. Ich schätze, es war 1965 oder 1966. Für uns war interessant, wie sich damals die Schweizer Architektur von den jungen Wilden her selbst dargestellt hat. Der Titel der Grazer Ausstellung war «Schweizer Architekten vor dem Dilemma heutigen Bauens», und ausgestellt wurden folgende Architekten und Gruppen: Das «Atelier 5» aus Bern (mit den Mitgliedern Gerber, Hostettler, Fritz, Thormann, Morgenthaler, Hesterberg und Pini), Walter Förderer aus Basel, Jakob und Christian Hunziker sowie Robert Frei und Giancarlo Simonetti aus Genf und Peter Steiger aus Zürich. Wie man sieht, haben wir damals noch ein komplettes Bild der Schweiz vermittelt bekommen mit den Zentren Bern, Basel, Genf und Zürich auf einen Blick.

Meine Schweizer Eindrücke sind aber viel älter: Schon in den späten vierziger Jahren, als wir noch in der Salzburger Gewerbeschule büffelten – in einer Bankreihe Wilhelm Holzbauer, Hans Puchhammer, Friedrich Kurrent, Johann Georg Gsteu und ich –, sprach man von merkwürdigen architektonischen Grenzverletzungen in Vorarlberg. Die Vorarlberger hatten sich als erste an der Schweiz orientiert und waren viel früher als die Wiener zu akzeptablen Wohn- und Schulbauten gekommen. Während unseres Studiums, also Anfang der fünfziger Jahre, galt etwa die Berner Gewerbeschule von Hans Brechbühler als Schlüsselbau einer neuen Orientierung. Wir lernten allerdings erst in den siebziger Jahren den liebenswürdigen Kämpfer für eine Moderne mit dem jugendlichen Kopf und dem pfiffigen Humor kennen, als wir ihn in die österreichische Gesellschaft für Architektur zu einem Vortrag einluden. Seine Biographie mit den wenigen Bauten verriet, daß er es in Bern nicht gerade leicht gehabt hatte. Wir pilgerten also 1953 zu Hans Hofmann, dem ersten Architekturlehrer an der Salzburger Sommerakademie, der uns aber vorwiegend mit altem Schweizer Understatement amüsierte, indem er uns erzählte, daß er während des Zweiten Weltkriegs für das Schweizer Heer Blümlein auf die Bunker gepflanzt hätte. Er behauptete strikt, er sei auf dem Wege gewesen, ein Schweizer Fußballstar zu werden, sei aber mangels räumlicher Entfaltungsmöglichkeiten auf die geistige Ebene, sprich zur Architektur abgedrängt worden. Seine erste Liebe hätte er wegen einer grauenvoll bestickten Bluse nicht geheiratet. Das war mein erster Schweizer Unterricht in Architektur.

Da aber dem geliebten Hans Hofmann Konrad Wachsmann als Lehrer folgte, wurden wir auch befähigt, andere Schweizer Architekturqualitäten zu orten. Ich muß noch einfügen: Schon als Studenten hatten wir an der Akademie am Schillerplatz viele Schweizer Kollegen, da unser Ausnahmeparagraph – den wir Peter Behrens zu verdanken haben –, daß besonders begabte Studenten auch ohne Matura aufgenommen werden können, sich bis in die Schweiz durchgesprochen hatte. So kamen viele, die sich über eine Lehre in einem Büro hochgearbeitet hatten, zu uns, und so gibt es – merkwürdig genug – auch Schweizer Holzmeister- und Welzenbacher-, Rainer- und Plischke-Schüler. Einer der ältesten ist Bruno Gerosa, ein Welzenbacher-Schüler. Das Wachsmannsche Auge schärfte unseren Blick für die Solothurner Schule, also für Fritz Haller und Franz Füeg. Zu Franz Füeg bestehen heute noch freundschaftliche Kontakte, und er wird in Wien nicht nur als großer Numismatiker geschätzt. Der Wiener Dialogpartner von Franz Füeg ist vor allem Ottokar Uhl geblieben.

Ich bitte um Verzeihung, wenn diese Einleitung zum eigentlichen Gegenstand viel zu lang wird, aber ich habe das Gefühl, ich muß das alles einmal loswerden. Vielleicht hat eine knappe Chronologie dieser Liaisons auch einen architekturhistorischen und -theoretischen Unterhaltungswert. Jedenfalls bekommen Sie eine Lektion über den zweifelhaften Wert der oral history.

Jacques Schader, Kantonsschule Freudenberg, Zürich, 1956–60

Walter Maria Förderer, Heiligkreuzkirche, Chur, 1967–69

Hans Brechbühler, Gewerbeschule, Bern, 1937–39

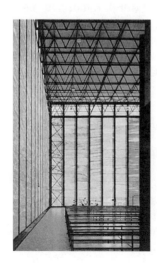

Franz Füeg, katholische Kirche, Meggen, 1964–66

Zu einer fast architekturtheoretischen Auseinandersetzung kam es dann 1968, als wir anläßlich einer Tessinexkursion (veranlaßt durch Herbert Muck und Ottokar Uhl) und der Vermessung von Foroglio uns einige damals interessantesten Kirchenbauten (etwa jene von Meggen und Sarnen) ansahen. In Zürich machten wir eine anregende Rast im schönen Holzhaus von Alfred Roth, das von einem gastfreundlichen, kultivierten und irgendwie beängstigend gescheiten und lustigen Kunsthistoriker-Ehepaar namens Vogt bewohnt wurde.

Mich faszinierten und erschreckten damals die extremen, kulturkämpferischen, ja fundamentalistischen Positionen der Schweizer, unverständlich war mir allerdings, daß die für mich grundlegenden Fragen der Architektur, der architektonischen Disziplin gewissermaßen in die Privatsphäre abgeschoben wurden. Architektur war eher etwas für Triebtäter, wenn man sich auch nicht gerade dafür schämte, so versuchte man doch über alles andere zu reden, nur nicht über die Sache selbst. So ist Förderers gesellschaftskritischer Ansatz in Graz auf fruchtbaren Boden gefallen und in Wien gescheitert. Die Wiener wollten einfach nicht glauben, daß man soviel Beton in Bewegung setzen muß, um funktional variable, offene, ja sogar demokratische Räume zu schaffen. Allein schon das Gespann Burckhardt, Förderer und Steiger hatte eine nicht bestimmbare, geschweige denn durchschaubare und explosive Chemie, hinter der nur eine Art von Weltverschwörung stecken konnte. In den Wirbeln des achtundsechziger und neunundsechziger Jahres ging dann diese Präsenz verloren, jedoch der Kontakt zu Lucius Burckhardt verstärkte sich, er wurde ja aus der Schweiz hinausgelobt – ab nach Kassel –, aber mangels fürstlicher Macht nicht nach Amerika verkauft. Das wäre eine andere Geschichte.

Es war Mitte der siebziger Jahre, da tauchten zwei verschwitzte Assistenten der ETH namens Eraldo Consolascio und Fabio Reinhart in meiner Schreibstube auf, die eine Wien-Exkursion vorbereiteten und durch nächtliche Forschungen nahe daran waren, die Loos-Bar zu kaufen. Diese Reise war das Fundament für zahlreiche Freundschaften mit damals jungen Aktivisten der Österreichischen Gesellschaft für Architektur (allen voran Dietmar Steiner, Gretl Cufer, Otto Kapfinger, Adolf Krischanitz, Heinz Tesar u.a.), sie führte zu einem Gegenbesuch in der Schweiz, vor allem in das Architekturparadies und die Diskussionshölle der Tendenza. Diese Reise hat zweifellos bei den Wiener Architekten Spuren hinterlassen, was aber nicht meine Aufgabe ist, im Detail zu beschreiben. Wenn ich mich richtig erinnere und die Situation einigermaßen richtig beurteile, war dies die erste Begegnung mit der Schweizer Architektur, die auch zu einer fruchtbaren Diskussion geführt hat. Die frühere Generation, vor allem Walter Förderer und Christian Hunziker, Fritz Haller oder Franz Füeg, Jacques Schader oder Claude Paillard sind ja zu Wien irgendwie auf Distanz geblieben oder gehalten worden. Wallfahrten, wie etwa zur Siedlung Halen des «Atelier 5», waren eher punktuelle, architekturtouristische Ereignisse. Aber die Hitzköpfe der Tendenza spra-

Fritz Haller, Betriebsanlage USM, Münsingen, 1963 (1. Etappe)

Alfred Roth, Haus de Mandrot, Zürich, 1943/44

Atelier 5, Siedlung Halen, Herrenschwanden, 1959–61

chen plötzlich über Themen, mit denen man auch in Wien etwas anfangen konnte: Vor allem war da ein umfassenderer Architekturbegriff, ein neuer Umgang mit der Geschichte, der in Wien nie abgerissen war, aber theoretisch auch nicht wirklich thematisiert wurde. Dieser latente *Historismus* wurde bis zu dieser Zeit von der Schweiz aus nicht nur scheel angesehen, sondern auch radikal abgelehnt. Plötzlich waren klassische oder nur konventionellere Ordnungsprinzipien nicht mehr a priori faschistisch, es waren sogar Symmetrien erlaubt. Ein anderes Thema war die Landschaft, ja die Stadt wurde als solche wahrgenommen. Die von Aldo Rossi ausgelöste Typologie-Diskussion hatte in Wien Verwandtes, weil genug Vernachlässigtes anzubieten. Und was uns an der Tendenza besonders sympathisch war, sie hatte neben den Protagonisten auch gleich ihre Kritiker mit im Troß (etwa Martin Steinmann). Aus dieser Begegnung entstand der grenzüberschreitende Sammelband «Die WARE Landschaft» (mit Beiträgen von Lucius Burckhardt, Reinhard Prießnitz, Bruno Reichlin, Dietmar Steiner, Martin Steinmann und vielen anderen), ein Projekt, das ich gerne beim heutigen Stand der Diskussion wiederholen möchte. Bruno Reichlin ist für mich (und ich glaube für viele Wiener) ein überaus anregender Gesprächspartner geblieben und es wird hoffentlich bald eine Sammlung seiner Aufsätze und Vorträge erscheinen.

Hier muß ich unbedingt noch auf das Kleinformat der *archithese* verweisen, das unter der Redaktion von Stanislaus von Moos und später Martin Steinmann in Wien eine große Wirkung zeigte. So erschien die Gründung des UM BAU fast als Plagiat. Das Rot und das Format der «Fackel» konnte diesen Verdacht etwas relativieren.

Die fruchtbarste Zeit der Schweizer Connections war aber zweifellos die Ära Voggenhuber in Salzburg. Das «Salzburg-Projekt» mit seiner radikalen Architektur- und Planungsreform hatte zwar als kulturpolitischen Gedanken die Wiederaufnahme der alten Architekturbeziehungen zum Süden, aber diese Rechnung wurde ohne den Wirt, nämlich Luigi Snozzi gemacht. Der Süden lag plötzlich im Westen und Luigi hat auch in einer eindrucksvollen Weise vorgeführt, was Solidarität unter Architekten sein kann. Wer heute die Statistik studiert, muß aber zugeben, daß von jenen zu Wettbewerben und Gutachten eingeladenen Architekten (die Zuladungen von außen waren 10 bis höchstens 15 Prozent) der Schweizer Anteil nicht viel größer als etwa der italienische, portugiesische oder deutsche war. Merkwürdigerweise haben die Schweizer die meisten Wettbewerbe gewonnen und auch ausgeführt. Ich erinnere nur an das städtebauliche Lehrstück von Diener & Diener (den Hans-Sachs-Hof) oder an den Salzburger Lehrbauhof von Michael Alder und Hanspeter Müller, ein Bauwerk mit didaktischer Langzeitwirkung. Marie-Claude Bétrix und Eraldo Consolascio haben sich mit einer Entschwefelungsanlage, einem Bravourstück an Entwurfs- und Bauzeitminimierung, das Vertrauen der Salzburger Stadtwerke erworben und seither ein Umspannwerk und ein Heizkraftwerk gebaut. Eine schöne Wohnanlage von Ivano Gianola wurde leider nicht verwirklicht. Hier möchte ich noch ganz besonders auf die

Diener + Diener, Wohnbebauung Hans-Sachs-Hof, Salzburg, 1986–89

Michael Alder, Hanspeter Müller, Lehrbauhof, Salzburg, 1986/87

Marcel Meili, Markus Peter und Jürg Conzett, Mursteg, Murau, 1994/95

Tätigkeit von Luigi Snozzi in Salzburg hinweisen, sein Vorsitz im Gestaltungsbeirat Mitte der achtziger Jahre war so etwas wie ein permanentes Seminar in Architektur und Städtebau, und was ich besonders bewundert habe, war seine pädagogische Geduld und sein didaktisches Vermögen, im schlechtesten Entwurf noch ein architektonisches Thema zu erkennen und die Probleme allen verständlich zu vermitteln. Eigentlich wurden alle durch seine Analysen beschenkt, und ich muß nicht betonen, daß Luigi Snozzi im Anschluß an seine Tätigkeit in Salzburg nichts gebaut hat.

Während in Vorarlberg sich in jüngster Zeit die Bautätigkeit der Schweizer verdichtet (mir fallen momentan die Landesgalerie von Peter Zumthor in Bregenz, ein Kindergarten von Marianne Burkhalter und Christian Sumi oder ein Einkaufszentrum von Daniele Marques & Bruno Zurkirchen in Lustenau ein), gibt es sogar schon einen Einbruch in das steirische Territorium mit dem eindrucksvollen Mursteg in Murau vom Marcel Meili, Markus Peter und Jürg Conzett. Ich fürchte, dieser Steg ist ein Stachel in den Muskeln der steirischen Architekturwelt, der vorläufig nur durch Wegschauen quittiert wird. In Krems entsteht hoffentlich schon bald ein Internationales Management Center in einer inner- und altstädtischen Situation von Morger & Degelo. Die Wiener Liaison von Herzog & de Meuron, Otto Steidle und Adolf Krischanitz in der Pilotengasse ist ja hinlänglich bekannt. In diesem Zusammenhang möchte ich aber doch auf ein merkwürdiges Phänomen der österreichischen Beziehung zur Schweiz aufmerksam machen und ich hoffe nicht, daß mir hier ein grober Wahrnehmungsfehler unterläuft. Ich glaube, es ist nicht falsch, wenn man zwischen Adolf Krischanitz und seinen Schweizer Freunden auch eine Verwandtschaft im Architekturbegriff konstatiert, zumindest was den Umgang mit der Kunst der Gegenwart und der Bereitschaft zur Auseinandersetzung mit Zeitphänomenen betrifft. Diese Wachheit gegenüber dem «Zeitgeist» schärft aber auch die Sinne gegenüber der kulturellen Umwelt und den lokalen Konventionen. Wer nun erwarten würde, daß diese Haltung selbst in einem so begrenzten Feld wie dem Siedlungsbau zu verwandten Lösungen führen müsse, wird eines anderen belehrt. Gerade der ähnliche Umgang, gerade die gleiche Wellenlänge führt offenbar zur größeren Distanzierung, zur stärkeren, auch bewußteren Abgrenzung und auch zur eindeutigeren Differenzierung in der Problemlösung und ich weiß nicht, ob sich je Bauten auswärts schweizerischer artikuliert und je Wiener wienerischer inszeniert haben als die Duftmarken von Herzog & de Meuron und Krischanitz in der Nähe des Schlachtfeldes von Aspern.

Zu den Arbeiten von Burkhalter & Sumi

Ich weiß nicht, warum mir gerade jetzt vor dem Einstieg in die Arbeiten von Marianne Burkhalter und Christian Sumi die Metapher des Kletterns einfällt. Vielleicht bin ich schon zu oft vor einer architektonischen Felswand gestanden und mußte irgendwie einen Einstieg finden. Zuerst ist man versucht, sich an die Architekten selbst zu wenden, aber die Routen, die sie einem empfehlen, führen nicht immer nach oben, sondern oft in irgendwelche Höhlen, in denen man dann wieder umkehren muß. Wendet man sich an andere schreibende oder architekturtheoretische Kraxler, die es schon einmal versucht haben, darf man nicht an Freunde wie Martin Steinmann geraten, denn dann findet man zwar eine sichere Route, aber auch keinen Griff mehr, der nicht schon benutzt worden wäre. Überall stecken die zurückgelassenen Haken, die einem höchstens zeigen, wie schwierig das ganze Unternehmen war. Und wenn man schon ins Seil fällt, dann soll es doch wenigstens der eigene Haken sein, sagt vermutlich irgend eine bescheuerte Kraxlerehre. Ich muß ja nicht verraten, daß ich in meinem Leben noch nie geklettert bin, sonst wäre mir sicher auf Schweizer Boden eine bessere Metapher eingefallen. Stimme aus dem Publikum: Das ist doch gar keine Metapher, das ist doch viel eher ein Gleichnis. Na, da haben wirs.

Martin Steinmanns Zitat von Ernst Jandl «*Ein Ganzes aus Teilen, die ein Ganzes sind*» (das man vermutlich auch bei Eugen Gomringer finden kann) hat sozusagen zwei bis drei unverdächtige Bürgen, und trotzdem möchte ich mich nicht ganz darauf verlassen. Meine Skepsis gilt dem «Ganzen», dem ich nie ganz zutraue, ganz ganz zu sein. Diese Skepsis habe ich von einem anderen Dichter, natürlich von Jean Paul, der solchen universalen, ganzheitlichen Begriffen generell mißtraut hat. Trotzdem ist (selbstverständlich) Martin Steinmann fündig geworden, weil man mit dem Verhältnis von Teilen zum Ganzen sowohl im Entwurf als auch in der Analyse modellhaft und methodisch gut arbeiten kann. Der feste Boden ist eigentlich die Relation, die mögliche Differenzierung, also das Unterscheidbare.

Ich habe mir vorgenommen, dem innerschweizerischen Diskurs auszuweichen, weil es ja nicht viel Sinn machen kann, den Interpretationen der Szene (also den fundamentalen Äußerungen von Bruno Reichlin, Marcel Meili, Martin Steinmann) oder den Gedanken der Architekten noch einige Variationen hinzuzufügen. Von außen stellen sich ja genaugenommen ganz andere Fragen, und ich werde mich nicht scheuen, dabei in die überall aufgestellten Fettnäpfchen zu treten. Wenn bei den Arbeiten von Burkhalter & Sumi einerseits eine konstruktive Grammatik, ein Positivismus des baulichen Deklarierens der Maßnahmen im Vordergrund steht, oder in einem anderen Zusammenhang das bewußte, methodisch dargestellte Fügen (also das Lösen und Binden von Bau-Körpern von und zu einem Ganzen), so gibt es doch auch Momente dieser Architektur, die einem etwas distanzierteren Beobachter, dem uneingeweihten, nicht in der Szene lebenden auffallen müssen. Ich habe von den beiden eigentlich nur drei Arbeiten vor Ort gesehen – das Haus Brunner in Langnau am Albis, den Forstwerkhof in Turbenthal und das Hotel am Zürichberg – und ich möchte mich auch auf diese konzentrieren.

Schon bei dem frühen Haus fallen die langen, ruhigen horizontalen Linien auf, die aber vorerst nur leicht horizontal auswinkeln. Die Durchlässigkeit ist in der Längsrichtung gegeben, für die Raumsequenz der Wohn- und Arbeitsräume und den sie begleitenden Flur spielen das bewußt gesteuerte

Licht, aber auch die fokussierten Ausblicke eine besondere Rolle. Die Einfachheit des Baus ist eine scheinbare, sobald man seine Gegenständlichkeit vergißt.

Der Forstwerkhof ist für mich gar nicht in erster Linie eine Arbeit mit einer betonten konstruktiven Disziplin, ich finde andere Aspekte daran viel interessanter: Einer ist die Beziehung der Anlage zur Topographie, die für einen Betriebsbau fast eine Scheu der Bodenberührung zeigt. Offenbar hat die Horizontale bei den Arbeiten der beiden einen besonderen Stellenwert. Sie wird meist betont, relativiert, leicht irritiert oder in den Schwebezustand versetzt. Sie kommentiert meist eine leichte Steigung oder ein Gefälle, entweder am Gelände oder am Objekt selbst (etwa als Dach, als Traufenlinie), natürlich in der Längsrichtung der Baukörper, künstlerisch bis zum manieristischen Raffinement gesteigert. Während die Körper dem Gelände gegenüber in einem Schwebezustand gehalten werden, verharren sie dem Umraum gegenüber (der Lichtung und dem Wald) sozusagen in verschieden durchlässigen Strukturzuständen, bis schließlich die offene Gerätehalle mit den runden Stützen/Stämmen direkt die Räumlichkeit des Hochwaldes paraphrasiert oder kommentiert. Andeutung dieser Beziehung sind auch die talseitigen pilotenartigen, geschälten Rundstützen aus Holz. Während also die Baukörper (je nach ihrer räumlichen Leistung) unterschiedliches Verhalten durch ihre Oberfläche signalisieren, entwickeln die Flächen als Begrenzungen dieser Volumen gewissermaßen einen semantischen Eigenwert, der natürlich, wir sind ja in der Schweiz, sich durch eine selbständige Leistung legitimiert. Da Leistung gerade im Holzbau sich durch sichtbare Strukturen und Texturen ausdrückt und abhängig von der Durchlässigkeit der Flächen räumliche Befindlichkeit (Tiefe, Schichtung etc.) sichtbar macht, bekommt die Fläche geradezu eine brisante ästhetische Bedeutung. Wenn dann noch Farbe, Lasuren oder, wie etwa bei den Garagentoren, kinetische Momente eine Rolle spielen (also die Fläche als schwereloses Element betonen), könnte man fast von einem neuen Dorado ornamentaler Wirkungen sprechen, die zwar alle auf eine übergreifende Ordnung und Hierarchie von Tätigkeiten pochen, de facto aber doch ein unabhängiges, sich unabhängig machendes visuelles Ereignis darstellen. Also: Natürlich ist diese Anlage eines forstbetrieblichen Werkhofes ein ökonomisches Arbeitsgerät mit sogar minimalisierten Baumaßnahmen, natürlich war auch ein wichtiges Thema des Konzeptes die variable Zuordnung der räumlichen Bauelemente (der autonomen Funktionsgruppen) je nach Grundstück und Lage, aber trotzdem entsteht vor Ort, in der konkreten Situation von Turbenthal, ein spannender Dialog mit dem räumlichen Topos einer Waldlichtung, mit unterschiedlichen räumlichen Aggregatzuständen, die das Bauwerk in sich und an den Oberflächen abhandelt.

Auf dem Zürichberg wird dieses Prinzip – nach meinem Verständnis – unter ganz anderen Bedingungen in zwei Bereichen sichtbar: Einmal in der Auseinandersetzung mit dem Altbau, wo man sich sogar auf die visuelle Scheinwirklichkeit der späthistoristischen Architektur einließ, und selbstver-

Marianne Burkhalter und
Christian Sumi, Forstwerkhof,
Turbenthal, 1991–93

Marianne Burkhalter und
Christian Sumi, Hotel
Zürichberg, Zürich, 1995

ständlich beim neuen ovalen Hotelpavillon, der mir, um es einmal etwas sarkastisch auszudrücken, auch eine Glanzleistung Schweizer Rückversicherung in der Architektur zu sein scheint. «Rückversicherung» im Sinne einer Legitimation einer typologischen Form durch eine andere, gewissermaßen durch einen *formalen Sachzwang*.

Da ich nicht gerne etwas zweimal formuliere, erlauben Sie mir zunächst ein Selbstzitat: «Das architektonische Ereignis ist aber, daß dieses pragmatische und in sich logische Konzept (sozusagen die Aufstockung einer unterirdischen Garage) einem raffinierten ästhetischen entspricht, daß dem trockenen, aber nicht charmelosen Sichtziegelkasten aus der Jahrhundertwende eine Gegenform zugesellt wurde, deren ovaler Grundriß bei geringer Oberfläche ein Maximum an Volumen birgt. Durch die Lage im Park hat der neue, noch dazu holzverschalte Bau eine optisch zurückweichende, seine Erscheinung unterspielende Form, ohne aber als Gestalt seine visuelle Präzision zu verlieren. Daß aber trotz des Materialkontrastes zwischen Klinkermauerwerk und Klinkerschalung eine gewisse strukturelle, texturelle oder semantische Verwandtschaft entsteht, erhöht den feinen Dialog beider Objekte.» Das Auftauchen des Anbaus – wie ein U-Boot – wird nicht nur durch die Eingangslosigkeit, sondern vor allem auch durch die perforierte Schicht der Schalung betont, die Hermetik, Abschirmung und Durchlässigkeit in einem ausdrückt. Das Haus windet sich wie eine Schraube aus dem Boden und die Horizontale ist nur mehr als Ordnungsprinzip der Schalung zu orten. Gerade durch die horizontale Schalung – die kaum bemerkbar ist – löst sich der dahinterliegende Körper durch seine Drehbewegung, ein metaphorischer Akt, um die durch die Garagenschnecke inszenierte Drehbewegung im letzten Moment, mit dem größten sinnlichen Genuß, abzufangen. Wie man sieht, bin ich auf dem Wege zur Schweizer Einfachheit, die, wie ich schon lange vermute, alles andere als einfach ist.

Konkret und einfach
Da ich Christian Sumi angedroht habe, mich ein wenig mit den österreichisch-schweizerischen Kontakten zu beschäftigen, hat er gleich nachgehakt und mich gebeten, doch auch etwas über unsere frühe Beziehung zur Schweizer konkreten Kunst und vor allem zur Poesie zu sagen. Ich muß also noch einmal die Rolle des Märchenonkels übernehmen, denn meine Erinnerungen sind eher bescheiden und die Diskussion um die konkrete Kunst hat heute einen unvergleichlich höheren Stand als in den meiner Einschätzung nach doch sehr naiven fünfziger Jahren.

Wir, das heißt Gerhard Rühm und ich, hatten in Salzburg im Seminar von Konrad Wachsmann Herbert Ohl kennen gelernt, der 1956, aus Ulm kommend, als Assistent tätig war. Gerhard Rühm kannte den Namen Eugen Gomringer, und da ich einen Puch-Roller besaß, fuhren wir einfach zur Hochschule für Gestaltung, um den Guru der Konstellation aufzusuchen. Wir hatten damals schon einiges vorzuweisen und wurden als Mitverschwörer auch sehr freundlich empfangen. Ich erinnere mich noch dunkel, daß Eugen, der eine Art Sekretär von Max Bill war, mit dem Gedanken schwanger ging, den Begriff *konkret* auch für diese Art visueller Poesie anzuwenden. Wir waren damit nicht glücklich, da wir in Wien nicht nur Konstellationen, sondern auch Montagen, Dialektgedichte, Chansons, Stücke und so weiter gemacht hatten und dabei waren zu machen. Mit einem Wort, uns war der Begriff zu eng und nur für einen kleinen Teil unserer Arbeit anwendbar. Da uns aber Gomringer Publikationsmöglichkeiten in Aussicht stellte – das vermute ich einmal –, waren wir ganz brav. Außerdem war das Verbindende ohnehin um vieles stärker als das Trennende. Es kam auch später zu einer manifestartigen Publikation in der *Spirale* Nr.8, also 1960. Das sollte durch ein Fest gefeiert werden, und wir fuhren, diesmal mit einem alten VW, über vereiste bayrische Straßen nach Bern. Marcel Wyss (mit Eugen Gomringer und Diter Rot der Herausgeber) hatte sein Graphikstudio im Turm des Berner Stadions, mit einem herrlichen Blick auf die leere Anlage.

Leider war er krank, und die Party fand nicht statt. In der Heilig-Geist-Straße trafen wir einen in einen Parka gehüllten Glatzkopf, das war Diter Rot (damals ohne ie und th), der ebenfalls zu dem nicht stattfindenden Fest erschienen war. Er wußte aber, wo es in Bern eine Party gab, und wir betraten eines der noblen Patrizierhäuser und läuteten an einer Tür, an der auf einem bescheidenen Messingschildchen Meyer stand. Es empfing uns ein etwas vornehmer, aber freundlicher Herr, der offenbar Diter Rot kannte.

Da wir aus Enttäuschung schon etwas angeheitert waren, übertrug sich, so glaubten wir wenigstens, unsere penetrante Lustigkeit auf die leicht pikierte, aber unvermindert steife Gesellschaft. Mir fielen einige Picassos, Légers und vor allem Chagalls an den Wänden auf. Als wir uns durch die ganze Suite von Räumen voller glashaltender und sehr fein angezogener Menschen durchgeblödelt hatten, kamen wir in einen kleineren Raum mit einem Kanapee, auf dem eine zierliche Dame saß, die sich offenbar sehr über unseren Auftritt amüsierte. Das war natürlich die Gelegenheit für Gerhard, auf die permanente Revolution und auf Trotzki anzustoßen. Es stellte sich bald heraus, die Dame war die Gastgeberin, Frau des Direktors der Berner Kunsthalle und Tochter Marc Chagalls. Meine Erinnerung setzt erst wieder vor der Wohnungstür ein, wo auf dem Fußabstreifer Diter Rot lag, mit einem Schlüssel zu einer Wohnung in einem Neubaugebiet in der Hand, wo wir den Rest der Nacht und das definitive Ende der Spirale-Party ausschlafen sollten.

Es gäbe noch einige andere Geschichten von Begegnungen mit der Schweizer Kulturwelt, etwa eine Rollerfahrt von Wien nach Basel (ins Kabarett *Fauteuil,* wo wir bei Roland Rasser hätten auftreten sollen, was wir aber verschlampt haben), und eine Wallfahrt nach Bern zu Otto Nebel, der, weil er damals offenbar wenig Besuch bekam, wegen uns einen weinroten Blazer anzog. Nebel haben wir sehr verehrt, er hat dann in Wien (als Blümner-Schüler) eine originale expressionistische Lesung gemacht und vor allem seinen *Zuginsfeld* sehr beeindruckend vorgetragen. Davon ist sogar ein Tonband erschienen.

Zurück zur Architektur. Da heute in der Architekturtheorie der Begriff der Konstellation wieder auftaucht – oder überhaupt die konkrete Kunst wieder eine Rolle in der Diskussion spielt –, ist vielleicht doch die Frage notwendig, ob es sich hierbei um ein und dieselben Fragen und Phänomene handelt wie in den fünfziger Jahren. Wenn etwa Martin Steinmann im Zusammenhang mit Häusern von Diener + Diener den Gomringerschen Begriff der Konstellation gebraucht, so ist das vielleicht ein plausibles Modell, es birgt aber einige Gefahren, zumindest der Unschärfe.

Die poetische Konstellation, wie sie von Eugen Gomringer erfunden und praktiziert wurde, löst das Wort aus dem Satzverband oder verwendet den einzelnen Begriff in einer frei schwebenden Beziehung zu anderen, etwa in der Figuration von Sternenkonstellationen. Damit wird nicht nur das Wort aus seiner realen syntaktischen Bindung gelöst, sondern gewissermaßen auch aus der durch die Leserichtung gegebenen Zeitbindung, da das einzelne Wort in der Konstellation praktisch frei zu den anderen Elementen der Konstellation in Beziehung steht und gleichzeitig wahrgenommen werden kann.

Das Problem dieser Art der Dichtung liegt nun darin, daß es zwar scheinbar das Wort (sogar manchmal seine Buchstabenfolge) als konkretes Material verwendet, aber sicher nicht das Wort in seiner Bedeutung konkretisiert, sondern im Gegenteil in seinem Bedeutungshof (eine Bezeichnung von Helmut Heißenbüttel) herumschwimmen läßt. Ja, die Konstellation lebt gerade von diesem semantischen Schwebezustand, der etwa durch die Distanz der Worte akzentuiert wird. Nach Wittgenstein – und das haben wir später gelernt – bekommt ja das Wort erst überhaupt seine genaue Bedeutung in seiner engsten Beziehung zu anderen im konventionellen Sprachverband, also im Satz. So wäre die Konstellation die Form eines Gedichtes, in der sich einerseits das Wort am weitesten von seinen konkreten Möglichkeiten entfernt, während andererseits seine allgemeinsten Bedeutungen (in einem emotional-assoziativen Bereich) aktiviert werden. Ich vermute, es handelt sich auch bei der konkreten Poesie oft um sehr produktive, künstlerische Mißverständnisse, aber das soll ja in der Kunst öfter vorkommen. Es gibt von Eugen Gomringer einige ganz großartige Konstellationen. Wenn er nur diese

```
schweigen   schweigen   schweigen
schweigen   schweigen   schweigen
schweigen               schweigen
schweigen   schweigen   schweigen
schweigen   schweigen   schweigen
```

alleine geschrieben hätte, wäre er für mich schon ein ganz großer Dichter und sein Begriff der Konstellation gerechtfertigt. Hier geht es um eine poetische Arbeit, die durch nichts anderes ersetzt oder dargestellt werden kann. Das Wort *schweigen* ist ja in seiner textlichen Realität *reden* oder *schreiben*. Erst dadurch, daß es einmal ausgelassen wird, entsteht das wirkliche Schweigen.

Das heißt *konkret*, die Verwendung des Begriffes reduziert ihn auf eine ganz bestimmte Erscheinungsweise, in einer ganz bestimmten Konstellation. Solche Möglichkeiten gibt es in jeder Sprache nur ganz wenige, deshalb ist auch die Anzahl wirklich absolut gelungener Konstellationen relativ gering. Zu Recht bezeichnet Heißenbüttel viele Konstellationen Gomringers als Gedichte, wenn sie auch im Wortmaterial äußerst sparsam sind, alleine schon deshalb, weil sie der Konvention der zeitlichen Wortfolge – als Extrakt von Sätzen –, eben der Zeit unterworfen sind.

Worauf ich hinaus möchte ist, daß selbst das isolierte Wort als Element einer Konstellation ein äußerst komplexes Gebilde ist und abgekoppelt vom kulturellen Umfeld – seinem Bedeutungshof – nicht verwendbar ist. Die Frage wäre nun, woraufhin oder wieweit muß ich ein Haus als wahrnehmbare Erscheinung reduzieren, um es als Element einer Konstellation quasi «nützlich» verwenden zu können? Ich muß gestehen, ich bin dieser Frage gegenüber ziemlich ratlos.

Das Konkrete ist ja nicht nur eine Frage des Sehens, sondern auch der Bewertung. Wer garantiert, daß das heutige Konkrete nicht schon morgen ein Konzentrat vielfältiger Zeitzeugenschaft darstellt und als Form gar nicht mehr so konkret gesehen werden kann? Da das Konkretisieren – genauso wie das heute eher verpönte Abstrahieren – einen oft langwierigen und komplizierten Weg darstellt, kann die historische Distanz diesen Weg wieder rezipierbar machen. Ich erinnere mich an die puristischen, im damaligen Sinne ganz «konkreten» Montagekirchen von Ottokar Uhl, die sich gegenüber den semantisch aufgeladenen Räumen eines Walter Förderer oder Ernst und Gottlieb Studer geradezu als Form-, Symbol- und Bedeutungsverweigerer dargestellt haben. Heute, so behaupte ich einmal, geben sie mehr Information über die späten fünfziger und frühen sechziger Jahre her, als die damals mitteilungs- und redefreudigen Zeitgenossen. Ich möchte also darauf insistieren, daß das Konkrete nur unter ganz bestimmten kulturgeschichtlichen Konstellationen (jetzt verwende ich auch diesen Begriff) als konkret erscheinen kann.

So wie mir also das Konkrete eine kulturelle Fiktion, eine Festlegung oder Übereinkunft zu sein scheint, so ist es vermutlich noch in einem viel höheren Maße die sogenannte Einfachheit. Ich bin schon einmal bei der Besprechung des Salzburger Lehrbauhofes von Michael Alder und Hanspeter Müller daran gescheitert. Die Einfachheit scheint mir ein ebenso relativer Wert zu sein, der umso stärker in Erscheinung tritt, je komplexer das Umfeld ist, aus dem er entwickelt wird. Hinter jeder Einfachheit steckt eine große, fast protestantische Anstrengung. Einfachheit für sich gibt es nicht, höchstens als Banalität. Wenn aber der Vereinfachungsprozeß eine kulturelle Anstrengung ist, müßte die unendliche Anstrengung zu Null führen. Einfachheit ist also kein Ziel, sondern eine Distanz zu einem etwas weniger einfachen. Gottgegebene Einfachheiten, die etwa der Stadtmensch beim Landmenschen vermutet, sind skandalöse Irrtümer. So gesehen wäre der Schweizer Hang und Drang und Zwang zur Einfachheit ein kulturelles Risiko. Und ich habe den Eindruck, daß das Thema der Verdichtung durch Vereinfachung oder der Vereinfachung durch Verdichtung – das man zumindest als ein Schweizer Kernthema ausmachen könnte – sich klugerweise nicht auf die kulturellen Ressourcen des Landes verläßt. Basel, zum Beispiel, ist so ein internationaler Kunstboden, der zumindest die Illusion globaler Verfügbarkeit über künstlerische Ressourcen zuläßt.

Ich befinde mich jetzt in der Nähe vieler Fettnäpfchen: Von außen betrachtet hat man von der Schweizer Architektur den Eindruck, daß der Tessiner Aufbruch, das theoretische Niveau der Architekturdiskussion und natürlich auch die zahllosen, sehr anschaulichen Lehrbeispiele in der sogenannten Deutschschweiz unter anderen Bedingungen, teilweise aber mit den gleichen Denktraditionen (befördert etwa durch Bruno Reichlin, Martin Steinmann und Marcel Meili), und langjährig begleitet von der «Relais-Station» des Instituts für Geschichte und Theorie der Architektur an der ETH, unter neuen Bedingungen weitergeführt werden. Es hat sich in der Schweizer Architektur ein erstaunlicher Verdichtungsprozeß mit Eigendynamik entwickelt, der seinesgleichen sucht. Da die Stärke der Österreicher und Wiener im Transformieren, Umpolen, Reagieren und Relativieren liegt, sind die Spuren unmittelbarer Einflüsse wohl kaum festzustellen, was nicht heißt, daß sie nicht ganz konkret in den unterschiedlichsten Konstellationen vorhanden sind.

Michael Alder wurde bei einem seiner Wiener Vorträge gefragt, ob er nicht Lust hätte, einmal eine richtige architektonische Schweinerei zu bauen. Er hat aus Höflichkeit gegenüber dem Gastgeber diese Frage bejaht. Nun, zwischen einer rhetorischen Zusage auf Wiener Boden und einer Verwirklichung in der Schweiz ist ein Unterschied. Ich wünsche der Schweizer Architektur nicht, daß einmal der Hang und Zwang zum Schweinischen entsteht, denn das kann man andernorts viel besser.

(1996)

Ort und Zeit

Zum Dilemma von Regionalarchitektur und Moderne

Vorbemerkung: Wenn wir glauben Regionen wahrzunehmen, ist das noch lange kein Beweis, daß es sie wirklich gibt.

Freche Vorbemerkung: Der Wunsch nach offenen Regionen setzt deren Definition, also Begrenzung voraus. Daß das Ziel der Begrenzung die Geschlossenheit ist, steht zu befürchten.

Unmögliche Vorbemerkung: Die Beziehung von Regionalkultur und Moderne ist eine voreilige Annahme, denn wer sagt, daß die Moderne nicht ein regionales und der Regionalismus nicht ein internationales Phänomen ist? Man könnte auch sagen, die Rettung der Moderne liegt im Regionalen, in der Überprüfung, Präzisierung und Konkretisierung ihrer Themen vor Ort, während der Regionalismus als ästhetische Problemlösung weltweit Pleite macht.

Zum Begriff der Region

Region ist ein sehr junger Begriff. Er verdankt seine Entstehung der Bildung der europäischen Nationalstaaten im 19. Jahrhundert, er ist also, so vermute ich, in erster Linie ein politischer und erst in zweiter Linie ein kultureller Begriff. Wenn später die Kultur an die erste Stelle gesetzt wurde, so war dies meist eine politische Absicht, eine Strategie der Befriedung, die kulturelle Identität, was immer das sei, hat klugerweise nicht einmal Stalin angetastet.

Ich beginne mit dieser Binsenwahrheit, weil ich mein Thema einschränken möchte. Ich möchte die Region, das Regionale oder Regionalistische beim Wort nehmen. Es geht also nicht darum, ob die gotischen Bauhütten über- oder interregionale Phänomene waren, wie der Informationsfluß zwischen den europäischen Fürstenhöfen funktionierte. Es interessieren in diesem Kontext nicht die spätfeudalen oder frühkapitalistischen Moden, etwa der Chinoiserien, Ägyptomanien oder des Japonismus, ich frage also nicht weshalb Mozart einen Marsch à la turca komponierte oder Friedrich Schinkel ein Schweizer Chalet nach Rügen verpflanzt hat. Natürlich haben diese Phänomene insofern mit dem Thema zu tun, als es in einem gewissen Sinne um die Abkoppelung der Form von ihren Inhalten geht oder umgekehrt, um die Bindung von Formen an bestimmte Inhalte.

Es soll auch nicht von den einander beeinflussenden Weltkulturen gesprochen werden. So gesehen herrscht ja heute die totale Verfügbarkeit über sämtliche historischen und gegenwärtigen Formen und auch eine Beliebigkeit in ihrer Verwendung und Ausbeutung. So könnte man auch behaupten, daß sich das Regionale nicht nur am substantiell Vorhandenen definiert, sondern als ein Ergebnis der Auseinandersetzung mit der registrierten und medial gespeicherten «Weltkultur».

Die *Region* ist abhängig von einem sie definierenden Zentrum. Sie ist ein Produkt des Unterscheidungsvermögens der Städter. Und so sehen die Regionen auch aus. Erst später wurden diese von anderen beschriebenen und festgelegten Merkmale von den in der Region lebenden Menschen verinnerlicht und als Identitätsmerkmale begriffen.

Was ist eine *Region*? Wo beginnt sie? Wie sehen die Grenzen von Regionen aus? Wer bestimmt, was eine Region ist? Wer unterscheidet die Regionen? Handelt es sich um geographische, politische, sprachliche, ethnische oder um kulturelle Merkmale? Sind die Alpen eine Region oder das Zillertal? Ist Tirol eine Region? Oder ist Südtirol dem Trentinischen, Nordtirol dem Bayrischen und Osttirol dem Kärntnerischen verwandter? Was ist die Identität einer Region: Ihre Produktion, ihre Landschaft, die Geschäftstüchtigkeit, die kulturellen Ressourcen oder sind es einige Symbolfiguren: Mozart, Bruckner, Wolkenstein, Goethe? Oder bestimmen die großen historischen Ablagerungen in den Städten die Region: die Renaissance Salzburgs, der Barock Wiens, die Gotik Prags? Ist das Regionale die Abweichung von den großen kulturellen Normen, die Sonderform, die Mischform oder gar die zeitverschobene Wiederholung? Definiert sich das Regionale wiederum an eigenen Zentren mit ihren eigenen Maßstäben? Was sind die beschreibbaren Merkmale einer Region, die sich zum Rand hin verdünnen, bis sie in eine andere Qualität (oder Region) hinüberkippen? Vielleicht ist das Regionale überhaupt nur Übergang, ein Phänomen der Peripherien, ein Aggregatzustand wechselnder Verdünnung und Verdichtung?

Worauf begründet sich also ein Regionalismus? Hat er etwas mit Selbstdefinition, Selbstbewertung einer Region zu tun? Oder ist er inzwischen ein strategischer geworden, verbunden mit ganz konkreten Absichten? Ein ästhetisches Schmieröl für die Wirtschaft? Oder ist er ein Rückzugsbegriff? Eine Bankrotterklärung? Oder doch ein plakatives Element der Identifikation, ein aggressives der Vereinnahmung und Ausgrenzung, der Markierung oder Grenzsicherung? Wieso werden sich dann die Regionen, wenigstens im Bauen, immer ähnlicher?

Region ist, so vermute ich einmal, ein Begriff selektiver Wahrnehmung in einem ganz konkreten Interessensrahmen, der durch Fokussierung auf bestimmte regionale Probleme oder Konflikte, eine kollektive Bestätigung erfährt. Dieser Begriff kann sein Gültigkeitsterritorium beliebig ausdehnen oder begrenzen, ebenso seine Inhalte oder Merkmale. Er ist auch ein beliebig auffüllbarer Begriff, der also leicht manipuliert und mißbraucht werden kann. Um es ein wenig paradox zu formulieren: Region ist ein unbrauchbarer Begriff, der deshalb gut zu gebrauchen ist.

Trotzdem ist Region auch eine Erlebniswirklichkeit. Wer würde das bestreiten. Jeder der gerne reist und einkehrt, weiß das. Eine harmlose Orientierungshilfe für das Auge des Touristen? Egon Friedell hat die geistige Beweglichkeit der Griechen an ihrer Dichte der Regionen, der landschaftlichen Vielfalt und am raschen, kleinräumigen klimatischen Wechsel festgemacht. Vielleicht ist der Begriff der Region nur ein Problem der Vorzeichen. Der Bennung. Der Festlegung und Übereinkunft. Eine Hilfskonstruktion?

Den Begriff *Region* hätten wir also nicht geklärt. So kann ich ruhig den Versuch unternehmen, mich mit dem Begriff einer Regionalarchitektur zu beschäftigen.Ich benutze eine alte, unbrauchbare, aber vielleicht nützliche Hilfskonstruktion, die Unterscheidung von *regionalem Bauen* und *regionalistischer Architektur*.

Regionales Bauen

Das regionale Bauen ist eingebettet in die Bedingungen und Ressourcen einer Region, ist unmittelbarer und weitgehend unreflektierter Ausdruck einer geschlossenen Lebenswelt.

Das heißt, es ergibt sich aus den tradierten Erfahrungen dieser Lebenswelt, es artikuliert sich an erprobten Haustypen im Zusammenhang mit einer oft über Jahrhunderte entwickelten Arbeits-, Produktions- und Wirtschaftsform; es ist abhängig vom Klima, von den vorhandenen Baustoffen und den damit entwickelten Fertigkeiten, von der Struktur und Topographie der Landschaft, ihren materialen Grundlagen, der Gunst oder Ungunst der Lage in einem größeren Beziehungsnetz.Vielleicht noch bedeutender sind ethnisch-kulturelle Faktoren, tradierte Bilder, Entstehungsmythen, Symbole für Zugehörigkeiten. Nicht zu übersehen: politische Grenzen, alte Besitzverhältnisse oder eben natürliche Grenzen.

Ein entscheidendes Merkmal regionalen Bauens – vorausgesetzt, daß es jemals diesen platonischen Zustand gab – scheint mir auch darin zu liegen, daß es sich noch in keinem bewußt ästhetischen, sich selbst reflektierenden Zustand befindet. Man könnte diesen Zustand als einen paradiesischen bezeichnen, mit dem Haken aller Paradiese, daß jene, die in ihm leben, es nicht wahrnehmen können.

Wir haben es also in unserer Konstruktion mit einem besonders arglosen und offenen Bauen zu tun. Veränderungen, die von außen kommen, werden – gleich Adolf Loos – in erster Linie als Verbesserungen der Lebensumstände empfunden.

Nehmen wir an, diesen Zustand hätte es um 1800 in Europa noch gegeben. In den Landschaften der Biedermeiermaler standen neben den Bauten der bäuerlichen Lebenswelt eben nur Kirchen, Klöster, Pfarrhöfe, Mühlen, Brauereien und frühe, also bescheidene Gewerbebauten. Mit der industriellen Revolution drangen in diese Landschaft Fabriken, Kanäle, Bahntrassen und Bahnhöfe, Schulen, Hotels oder Kurbauten und viele andere neue Typologien ein.

Hier könnten wir, nicht weniger arglos, eine neue ästhetische Gegenwelt der Technik konstruieren, die, zunächst abgekoppelt von den architektonischen Interessen des Bauens, Symbole des Fortschritts in die Landschaft setzte. Ich fürchte, wenn man von temporären technischen Anlagen (wie etwa Fördertürmen, Verladeanlagen, Transporteinrichtungen im Bergbau und so weiter) absieht, gab es diese reinen Objekte kaum, denn schon die Radwerke an der Eisenstraße kannten das Thema der architektonischen Einkleidung. Wir müssen also aufpassen, nicht einer rein funktionalistischen Interpretation der Baugeschichte auf den Leim zu gehen.

Regionalistische Architektur
Es war charakteristisch für die bürgerliche Kultur, daß sie auf die Veränderungen der Landschaft durch Industrie und Verstädterung (die auch die Demontage eines alten Wertsystems bedeutete) nicht mit der Bekämpfung der Ursachen, sondern mit der Kosmetik der Symptome reagierte. Natürlich konnte man diesen Veränderungsprozeß nicht in Frage stellen, dessen Ursache man selbst war, sondern man reagierte mit den Mitteln, die man zur Verfügung hatte. Der architektonische Historismus, sehr vereinfacht die Abkoppelung der Form von alten Inhalten – einer interpretierten, wenn nicht erfundenen Geschichte –, lieferte die Methoden, um neue Inhalte in alte Formen zu verpacken, und als die Industrialisierung auch auf dem Lande eine Omnipräsenz entwickelte, griff man im Zuge der Heimatschutzbewegung nach neuen Vorlagen, die natürlich in der noch älteren ländlichen Kultur gesucht wurden.

Der regionalistische Blick setzt zuerst eine Distanz voraus, er separiert die Formen von ihren tatsächlichen Ursachen. Er macht die echten oder vermeintlichen baulichen Merkmale einer Region zu einem architektonischen Thema. Der gleichzeitige Versuch, die Verwendung traditioneller Formen oder ihre Adaption in verbindlichen Formeln festzulegen, entwertet, ja verfremdet diese Formen zumindest aus der Perspektive der Originale. *Regionalismus* ist also eine Form von *Historismus,* die Verfügbarkeit über eine überschaubare Formenwelt signalisiert. Ein Historismus, bei dem nicht ein «Stil» als Referenzebene benutzt wird, sondern die anonymen Merkmale einer regionalen Baukultur. Darin drückt sich auch eine ganz bestimmte Haltung, eine Art Kulturkolonialismus aus, die Anbiederung und Herrschaft in einem zeigt.

Ein schönes Beispiel ist die Gründung des Nobel-Badeortes Trouville in der Normandie, in dem sich in den achtziger Jahren des vorigen Jahrhunderts an den Wochenenden «ganz Paris» traf, und für den von einem geschäftstüchtigen Bürgermeister ein «normannischer Regionalstil» erfunden wurde, in dem man abgesehen von regionalen Elementen Spuren vom Schweizer Chalet-Stil bis zum englischen Landhaus findet, sozusagen eine Mischung, die nur durch den Erfolg gerechtfertigt wurde.

Regionalismus ist also ein Entwurf, eine Ableitung aus der ästhetischen Wahrnehmung einer Region, aber auch die Verwendung von Versatzstücken aus anderen Regionen. Regionalismus ist immer parteiisch, tendentiell, ja ideologisch, auch berechnend. Regionalismus hat restaurativen Charakter, er

Trouville, Le Palais Normand,
1937

Antoni Gaudí, Casa Vicens,
Barcelona, 1878–80

benutzt die kulturellen Ressourcen einer Region – was immer das sei – als Argument. Dem Regionalismus fehlt die Naivität, die Selbstverständlichkeit der Formfindung. Regionalismus ist ein Bildungsprodukt, ein akademisches Projekt. – Ich stehe jetzt vor der Falle einer falschen Alternative: Hier heile Welt, reine Unschuld und da die städtische Kultur, die in unseren Breiten gerne als Zivilisation denunziert wird. Um das Thema vorläufig abzuschließen: Da wir im Historismus, also im vorigen Jahrhundert die Unschuld der Formfindung verloren haben, bleibt uns nur die regionalistische Alternative, der distanzierte Blick der bewußten Wahrnehmung der Qualitäten einer Region, die Frage allein ist nur die nach unseren Absichten, aber davon später.

Nationalromantische Architekturen

Die Entwürfe von nationalromantischen Architekturen am Beginn unseres Jahrhunderts, also im Windschatten der Moderne, haben viel mit unserem Thema zu tun. Sie belegen die Künstlichkeit dieser Projekte.

Es ist natürlich kein Zufall, daß in der Architekturgeschichte der Moderne die Frage nach Nationalstilen – also einer Ästhetik nationalromantischer Bewegungen – nur eine relativ kurze Zeit aktuell war, ja, daß sie überhaupt nur als Episoden historischer Situationen wahrgenommen werden können. Es ist vielleicht auch weiter kein Zufall, daß diese Entwicklungen zunächst am Rande Europas stattgefunden haben, einerseits in Finnland, andererseits in Katalonien, oder daß sie später eine Begleiterscheinung des Zerfalls der Donaumonarchie waren. Und es ist sicher kein Zufall, daß diese «Stile» an einzelnen Architektenpersönlichkeiten festgemacht werden können, etwa an der finnischen Gruppe Hermann Gesellius, Armas Lindgren und Eliel Saarinen oder an Lars Sonck, aber auch in Katalonien an der Gruppe des Modernisme, vor allem aber an der alles überragenden Figur des Antoni Gaudí.

Nationalromantische Tendenzen oder Versuche von Entwürfen nationaler Stile entstanden in ganz besonderen kulturpolitischen Konfliktsituationen mit nationalen oder übernationalen Zentren. Während die katalonische Situation bis heute nicht entspannt ist (ein Symbol dieser Situation ist vielleicht die unvollendete Sagrada Familia), also man immer noch zuerst von einer katalonischen und erst in zweiter Linie, wenn überhaupt, von einer spanischen Architektur spricht, hat sich in Finnland, mit der Staatsgründung von 1917, dieses Problem gelöst. Der finnische Konflikt war ein doppelter:

Das russische Großfürstentum repräsentierte die politische, die schwedisch sprechende Oberschicht, die ökonomische und kulturelle Fremdherrschaft. Erst durch die Aufwertung der finnischen Sprache (die jene der Unterschichten, vor allem der Bauern war) zur Nationalsprache – ermöglicht durch die Entdeckung des Nationalepos Kalevala (1835) – war es später erlaubt, auch in Kunst und Architektur, nationale Träume zu träumen. Die formalen Ressourcen waren verständlicherweise nicht sehr groß und auf jeden Fall für die neuen, oft repräsentativen Bauaufgaben ungeeignet oder nur für dekorative Anregungen brauchbar. So kann heute die Direktorin des finnischen

Herman Gesellius, Armas Lindgren, Eliel Saarinen, Wohnhaus in Hvitträsk, 1902

Carl Ludwig Engel, Rathaus in Kajaani, 1827

Nationalmuseums, Rita Ware, nicht ohne Selbstironie behaupten, daß die finnische Nationalromantik gleicherweise englische, schwedische und russische Quellen habe. Ein gar nicht so gefinkelter Architekturhistoriker könnte noch herausfinden, daß es in Finnland noch eine zweite nationale Tradition gibt, nämlich den deutschen Import eines Schinkelschen Klassizismus, der über St. Petersburg durch Carl Ludwig Engel (Wiederaufbau des abgebrannten Turku) ins Land gebracht wurde und der das interessante Phänomen eines «Rückübersetzungsklassizismus» (also von Stein in Holz) zur finnischen Spezialität machte.

Bevor ich mich auf das Glatteis der Entwürfe von National- Architekturen im Konflikt mit Wien wage, möchte ich noch versuchen, das Gleiche oder Verbindende dieser Architekturen zu beschreiben. Das romantische Potential liegt zweifellos in der Rückbesinnung auf das Handwerk, orientiert an der englischen *Arts-and-Crafts-Bewegung*, in der Suche nach authentischen Symbolen (etwa Nationalfarben) und volkstümlichen Ornamenten, die möglichst aus der *Tiefe der Geschichte* kommen sollten (z.B. Ivan Vurnik) oder auch mit Ursprungsmythen in Beziehung gebracht werden konnten. Als Modelle wirkten Motive alter, volkstümlicher Architekturen und Bautechniken.

Nationalromantische Bewegungen in Mitteleuropa

Theophil Hansen riet zwar Maximilian II., dem König von Bayern, von der Schaffung eines Nationalstiles ab, wie aber die spätere Entwicklung zeigte, konnten es die Bayern doch nicht ganz lassen. Dem Unternehmen kam zwar die Reichsgründung Bismarcks in die Quere, so wurde eben aus dem National- ein Regionalstil. Eine bedeutende Schubkraft entstand später durch die Heimatschutzbewegung, und wenn man es genau bedenkt, so wäre den Bayern das irrationale Konstrukt einer kollektiv akzeptierten architektonischen Tracht fast gelungen.

Ob für den Regionalismus in Bayern ab 1871 die neue Reichshauptstadt Berlin und die Vorherrschaft der Preußen eine beschleunigende Rolle spielte, entzieht sich meiner Kenntnis. Jedenfalls hat später der Architekt des «Führers», Albert Speer, von Berlin aus mit seinem Entwurf für den Berghof am Obersalzberg dem ganzen eine zynische Krone aufgesetzt, die, als die höhere Weihe eines *Alpinen Stils*, bis heute ihre katastrophalen Folgen hat.

Komplizierter scheinen mir die Auseinandersetzungen in der Distanzierung von Wien, im Zuge der Auflösung der Donaumonarchie, zu sein. Daß nationalistische Komponenten im Vordergrund standen, ist klar, es bleibt aber auch eine Frage, wieweit hier ebenso relativ autonome künstlerische Prozesse abliefen – etwa in der Auseinandersetzung mit dem Über-Ich Otto Wagner und einer Neuorientierung an den Kunstzentren Paris, Berlin oder Moskau.

Der tschechische Kubismus war einerseits eine Kampfansage gegen Rationalismus und Positivismus, gegen den ästhetischen Imperialismus Otto Wagners – ein Schritt von der *modernen Architektur* zur *Architektur*, wie

Ivan Vurnik, Genossenschafts-
bank Ljubljana, 1921/22

Villa Trier, St. Anton am
Arlberg, 1912

Albert Speer, Hitlers Atelier
am Obersalzberg, 1936

Pavel Janák formulierte –, andererseits doch auch der idealistische Versuch, aus historischen Wurzeln eine Nationalarchitektur (oder zumindest eine nationale Architektur) zu begründen. Die böhmische Architekturgeschichte stellte ein unverwechselbares Modell zur Verfügung, den expressiven, an der Gotik inspirierten Barock des Giovanni Santini-Aichel, der es der Prager Avantgarde ersparte, Vorbilder in den Niederungen der Volksarchitektur zu suchen. Ich mache hier eine kühne und sehr verkürzte Behauptung, aber es ist ebenso eine historische Tatsache, daß die Diskussion der Gruppe um Jan Kotěra, also Pavel Janák, Josef Gočár, Josef Chochol, Vlatislav Hofman und anderer, auf einem sehr hohen akademischen Niveau geführt wurde und wenig mit der Phraseologie nationalromantischer Schwärmer zu tun hatte. Wenn man Ákos Moravánszky folgen kann, so hatte der tschechische Kubismus in seiner Entstehungszeit eher die Merkmale einer Schulgründung und geriet erst mit den späteren Versuchen eines Rondo-Kubismus auf nationalromantisches Terrain. Und diese Episode war, wie wir wissen, wiederum eine äußerst kurze.

Anders liegen die Probleme bei Dušan Jurkovič. Sein Vokabular impliziert nicht nur das Pflichtprogramm englischer Landhaus-Rezeption und mitteleuropäischen Secessionismus, sondern sehr viel Folkloristisches aus den damals weitgehend unentdeckten Quellen der slowakischen und polnischen Holzarchitektur. Obwohl seine Kriegerfriedhöfe im Auftrag des österreichischen Militärs entstanden – oder vielleicht gerade deshalb –, sind sie Hommagen an die slowakische Landschaft und an deren bäuerliche Kultur (Friedhöfe von Gladyszow und Magura, 1916). Vielleicht ist aber Jurkovič nur deshalb diese eindrucksvolle Transformation gelungen, weil in diesen Gebieten wirklich noch eine ungebrochene bäuerliche Kultur vorhanden war und ihre Vereinnahmung und auch ihr dekorativer Mißbrauch durch das Bildungsbürgertum – etwa in Kurorten – erst einsetzte.

Ein individuelles und höchst artifizielles Beispiel extremer Art und Qualität gab Ödön Lechner, dessen ungarische Geschichte nicht nur in zeitliche Untiefen, sondern auch in formale Träume führte. Lechner ging es nicht um eine Wiederbelebung der Volksarchitektur und einer Suche nach der *Seele des Volkes* (wie etwa bei Károly Kós oder Aladár Árkay), sondern real um die Konstruktion einer Nationalarchitektur mit Hilfe einer weit aus dem nahen und fernen Osten «heimgeholten» und beliebig transformierten Ornamentik.

Zwischenbemerkung
Es fällt auf, daß die Entwürfe von regionalistischen oder nationalromantischen Architekturen allgemein höchst subjektive und kurzlebige Kreationen waren, die nicht nur vom Gang der Geschichte, sondern auch von der Entwicklung der Moderne überrollt und schnell entwertet wurden. Wenn es sich auch oft um eindrucksvolle individuelle Leistungen handelt, so haben sie doch eher den Charakter von Illustrationen kurzer, emphatischer, kollektiver

Pavel Janák,
Haus Fára in
Pelhrimov,
1913

Giovanni
Santini–
Aichel, Friedhofskapelle
in Saar,
1719–22

Pavel Janák, Krematorium in
Pardubice, 1922/23

Dušan Jurkovič, Eigenes Haus
in Bratislava, 1923

Dušan Jurkovič, Kriegerfriedhof in Gladyszow, 1916

Ödön Lechner, Postsparkasse,
Budapest, 1899–1901

Károly Kós, Siedlung Weckerle, Budapest, 1908–13

173

Gefühlswallungen, sie sind festliche Inszenierungen, die die Geschichte ebenso schnell wieder abräumt und mitnimmt.

Es gibt aber auch das umgekehrte Modell: Daß ein Architekt den Ehrgeiz entwickelt, mit den kulturellen Ressourcen der Region den höchsten Qualitätsansprüchen einer Metropole zu entsprechen, was zur Folge hat, daß er später als Identifikationsfigur dieser Region vereinnahmt wird. Ich denke etwa an den Otto-Wagner-Schüler Josef Plečnik, der Slowenien und Ljubljana sozusagen in den Diskurs der Moderne einführte.

Die Moderne was immer das sei

Durch den Bauwirtschaftsfunktionalismus der fünfziger und sechziger Jahre ist die Moderne in den Ruf der Gleichmacherei, der Unfähigkeit einer Identitätsstiftung, der Monotonie etc. etc. gekommen. Die Hilflosigkeit gegenüber diesen Phänomenen hat nicht nur in der postmodernen Welle der siebziger Jahre zu zahlreichen, wiederum sehr ähnlichen Regionalismen geführt, die vom Polarkreis bis in die Provence fast gleich waren, sondern auch zu radikalindividualistischen, marktfähigen Angeboten, wie wir sie in Wien durch Hundertwasser kennen.

Natürlich hat die Architektur der Moderne die plakativen Inhalte des *Projekts der Aufklärung* wie Wissenschaftlichkeit, Fortschritts- und Zukunftsorientiertheit, Wandel, Dynamik, Betonung des innovativen Aspekts der Kunst, Rationalismus, Positivismus, Ordnung, Kausalität, Zeitbewußtsein, Leistung und was es noch alles an Untugenden geben mag, nicht nur verinnerlicht, sondern auch propagiert und tabuisiert. Wenn man sich aber ihre Protagonisten und deren Wirkungsfelder ansieht, so entdecken wir eine ungeheuer vielfältige und vielgestaltige Landschaft, die man auch ebenso durch unverwechselbare Orte bezeichnen kann. Ich nenne zur Erinnerung nur Glasgow, Barcelona, Mailand, Como, Brüssel, Utrecht, Amsterdam, Paris, Nancy, Wien, Berlin, Prag, Brünn, Zlin, Bratislava, Frankfurt, Weimar, Dessau, Moskau, Budapest, Helsinki oder Stockholm. Dabei habe ich sicher viele vergessen.

Ich möchte behaupten, daß alle Architekturen, die an diesen Orten entstanden sind und die dem sogenannten funktionalen oder internationalen Stil angehören, so verschieden sind, daß sie leicht mit ihren Orten oder Regionen identifiziert werden können. Hier stellt sich das Regionale plötzlich als eine ganz neue Qualität dar, nämlich als jene Kraft, die das Denken der Zeit in einem konkreten kulturellen Kontext realisiert.

Diese Tatsache läßt sich mit ein paar Beispielen veranschaulichen: Für die holländische De Stijl-Bewegung, der man sicher nicht regionalistische Interessen vorwerfen kann, ist das Haus Schröder von Gerrit Thomas Rietveld, 1924 in Utrecht erbaut, ein unverwechselbares Konzentrat des Denkens der Avantgarde Hollands in den zwanziger Jahren.

Le Corbusiers Villa Savoye in Poissy, 1928–31, ist nicht nur ein Schlüsselbau im Werk eines genialen Architekten, sondern eben auch eine Arbeit, die

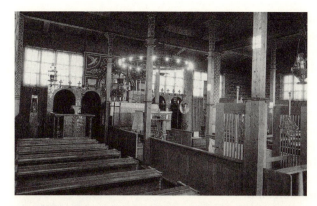

Josef Plečnik, Kirche im Moos, Ljubljana, 1920–40

Josef Plečnik, Universitäts-bibliothek, Ljubljana, 1936–41

Gerrit Thomas Rietveld, Haus Schröder, Utrecht, 1924

Le Corbusier, Villa Savoye, Poissy, 1928–31

in der Entwicklung der Moderne ihre kulturgeographische, wenn man will, ihre regionale Bindung hat.

Das legendäre «Haus am Attersee» von Ernst Anton Plischke, 1933/34 erbaut, ist eine Hommage an das Salzkammergut, an die aristokratische und bürgerliche Ferienkultur dieser Landschaft, und das Haus Rosenbauer von Lois Welzenbacher, 1929/30 am Linzer Pöstlingberg erbaut, ist eine ähnliche Liebeserklärung an den Ort, wenn auch mit ganz anderen Mitteln.

Die tschechische Avantgarde bediente sich scheinbar der gleichen Mittel, obwohl die Bauten der Brünner Avantgarde, etwa das Hotel Avion in Brünn, 1927/28 und das Haus Tesar, 1937, von Bohuslav Fuchs, leicht als Bauten dieser lokalen Schule zu identifizieren, wenn auch – zugegeben – nicht so leicht als solche zu beschreiben sind.

Ich mache mit diesen kurzen Hinweisen etwas sehr Unseriöses, weil jede dieser Arbeiten eine genaue Beschreibung des kulturellen und zeitlichen Standortes verdiente. Aber es geht mir in diesem Zusammenhang nur um die Illustration eines Gedankens.

Giuseppe Terragnis Casa del Fascio in Como, erbaut 1936, ist ein ähnliches Beispiel, das in seiner kulturgeschichtlichen und architektonischen Komplexität die Kritik der Postmoderne an der Moderne ad absurdum führt.

Ort
Es ist im architektonischen Kontext natürlich sehr viel über den Ort, vom Mythos des *genius loci* bis zur gestaltpsychologischen Wahrnehmung geschrieben worden. Eines ist sicher, Orte haben etwas mit dem Überdauernden, Beständigen, mit Speicherung und Spuren, mit Überlagerung, Komplexität, Gleichzeitigkeit, Unverwechselbarkeit, Überschaubarkeit, aber auch Unerforschlichkeit, mit Schutz und Erinnerung, Vertrautheit, Beschreibbarkeit oder der Illusion von Beschreibbarkeit und der Unbeschreibbarkeit, mit Wiederholung, Kontemplation, Vertrautheit, Heimeligkeit, Erstarrung, Gewohnheit, Konvention, Klischeewahrnehmung, Blindheit, Abgestumpftheit und so weiter zu tun. Orte sind aber in ihrer scheinbaren Statik ebenso dynamisch, nicht nur was ihre physische Veränderung betrifft, sondern auch in ihrer zeitgebundenen Wahrnehmung. Man könnte vereinfachen: Kein Ort wird zweimal gleich gesehen. Die Architektur ist in ihrer Verwirklichung an den Ort gebunden, sie ist nicht nur von ihm absolut abhängig, sondern auch an ihn gefesselt, selbst wenn sie die Unabhängigkeit zum Programm hat.

Wenn man nun akzeptiert, daß Orte nicht nur individuell unterschiedlich wahrgenommen und interpretiert werden, was durch den architektonischen Entwurf zwangsläufig der Fall ist, sondern auch noch mittdenkt, daß sie in der sogenannten multikulturellen Gesellschaft (vor allem in den Städten, aber heute fast ebenso auf dem Lande) mit unterschiedlichsten Interessen und Lebensformen besetzt werden, so führt sich der Begriff der Region oder das Projekt des Regionalismus völlig ad absurdum. Noch mehr, er muß zwangsläufig ein ideologischer, tendenzieller, ja aggressiver werden, der die Selekti-

Ernst Anton Plischke, Landhaus Gamerith am Attersee, 1933/34

Lois Welzenbacher, Haus Rosenbauer, Linz, 1929/30

Bohuslav Fuchs, Hotel Avion, Brünn, 1927/28

Giuseppe Terragni, Casa del Fascio, Como, 1932–36

on, die Reinheit oder gar Reinigung, die Intoleranz, das Ausschließen zum strategischen Prinzip macht. In diesem Zusammenhang möchte ich auf den interessanten Aufsatz «Abschied vom Regionalismus – Bauen auf dem Weg zu einer neuen Identität» von Irma Noseda (Bau-Art 4, 1996) über Schweizer Beispiele hinweisen.

Architektur und Ort oder die «beheimatete Moderne»
In Österreich haben wir die paradoxe Situation, daß sich gerade in jener Architektur, die schon lange nicht mehr den Regionalismus zum Thema hat, starke regionale Zentren ausgebildet haben. Ich denke, neben Wien, an die Steiermark und an Vorarlberg. Das sind beschreibbare Architekturtendenzen mit einer eigenen Geschichte, mit ihren eigenen Konflikten, Kontinuitäten und Brüchen. Sie sind nicht als Schulen konzipiert, obwohl sie teilweise den Charakter von Schulen angenommen haben und, was den Sachverhalt bestätigt, auch ein eigenes Potential an Kritik und Gegenstrategien entwickelt haben. Zumindest die Fachwelt assoziert heute mit dem Wort *Vorarlberg* nicht mehr die Vorarlberger Barockbaumeister oder das Wälderhaus, sondern die sogenannten *Baukünstler,* die die Region in den letzten zwanzig Jahren radikal verändert haben. Ähnliches gilt von der sogenannten *Grazer Schule.*

Drei Beispiele:
Schule und Gemeindesaal in Warth, Vorarlberg, Entwurf Roland Gnaiger, 1990–92
Der Ort hat 180 Einwohner und 2500 Betten der Hotellerie, er liegt auf 1500 Meter Seehöhe. Das Dorf ist also ein großer Dienstleistungsbetrieb, dessen «Angestellte» und Kinder bisher keine wie immer gearteten Räumlichkeiten für ihr eigenes Leben als Dorfgemeinschaft hatten. Mangels einer Hauptschule mußten die Schüler die Wintermonate getrennt von ihren Familien verbringen, da das Dorf oft wochenlang nicht oder nur schwer erreichbar ist. Der turmartige Bau, der an einem steilen, fast unbebaubaren Hang errichtet wurde, besteht aus einem unten liegenden Eingangsgeschoß mit Foyer und technischen Räumen, einem zweigeschossigen Saal (mit Galerie) und einer zweigeschossigen Volks- und Hauptschule, die von einem zweiten Niveau (einem angeschütteten ebenen Dorf- und Spielplatz) erreicht wird. Der ästhetisch äußerst disziplinierte und kompakte Bau setzt sich von den wuchernden und aus den Nähten platzenden Hotelbauten bewußt ab und entwickelt mit der alten Kirche einen eigenen «typologischen Dialog». Die einprägsame, resistente Form ist durch die Gestaltung der Fassaden noch unterstrichen, die einerseits durch die unterschiedliche Ausbildung der Fenster die räumliche Konzeption ablesbar machen, andererseits daraus eine aufsteigende Bewegung erzeugen, die das Volumen fast schwebend erscheinen lassen. Die feine Textur der Holzschalung, der Sonnenschutz und das schirmartig «aufgespannte» Dach (Schneelast 480 Tonnen) unterstreichen diese Bewegung.

Roland Gnaiger, Schule und
Gemeindesaal Warth,
Vorarlberg, 1990–92

Das Bauwerk ist aber nicht nur als ein besonderer Blickpunkt in einer eher diffusen Bebauungsstruktur entworfen, sondern es erschließt selbst – wie einen Bilderbogen – den herrlichen Landschaftsraum. «Bauen in der Landschaft» ist somit als «Leben mit der Landschaft» verstanden und in architektonischer Form zum Ausdruck gebracht.

Die Qualität dieses Bauwerks liegt also nicht im unmöglichen Versuch einer «Anpassung» an das trachtlerische Durcheinander einer Tourismusarchitektur, sondern in der überzeugenden Entwicklung eines Bauwerks für die räumlichen Bedürfnisse einer Gemeinde, der Charakteristik eines Bauplatzes, der Lage zum Ort und den bautechnischen Möglichkeiten in einer extremen Klimazone. Alle diese Momente sind aber nur mitbestimmende Faktoren für den Entwurf; die eigentliche Leistung liegt in der klaren Interpretation einer kulturellen Situation und in einer plausiblen, inzwischen für alle verständlichen baulichen Antwort darauf.

Kirche in Aigen, Steiermark, Entwurf Volker Giencke, 1990–92

Während die Schule von Warth in einer langen und heftig geführten Diskussion gewissermaßen mit dem Architekten, dem Lehrer und dem Bürgermeister in der Gemeinde selbst entwickelt wurde und heute zum Wahrzeichen von Warth und zum Objekt einer totalen Identifikation geworden ist, wurde die Kirche von Aigen den Bewohnern mit sanftem Druck von außen vor die Nase gesetzt. Diese heute selten, ja fast unmöglich gewordene Manifestation einer *Offenen Kirche* ist in ein Dorf ohne bauliche Mitte gesetzt worden. Erst die Art des Entwurfes, die Umwertung des Bauplatzes an einem brutal regulierten Bach, also die Schaffung eines unverwechselbaren und für die Dorfbewohner brauchbaren Ortes, machte die Kirche zum heute nicht mehr wegdenkbaren Bestandteil des bescheidenen Ensembles. Der Raum selbst, der durch einen sinnlichen und sehr künstlerischen Umgang mit neuen Materialien eine große kontemplative Kraft bekommen hat, ist trotz heftigster Ablehnung in der Anfangsphase heute zum geschätzten architektonischen Objekt der Gemeinde geworden. Das heißt, eine Architektur, die eher aus einem städtischen Kontext zu kommen scheint und jedenfalls auch einen Anspruch in der überregionalen Architekturdiskussion anmeldet, ist hier auf eine merkwürdige Form heimisch geworden, da sie in ihrer Akzeptanz des Ortes vielleicht mehr mit diesem zu tun hat, als ein regionalistischen Klischees folgendes Bauwerk, das in Wirklichkeit nirgends zuhause ist.

Wohnhaus in Wien-Hernals, Entwurf Dieter Henke und Martha Schreieck, 1990–93

Alt Wien war auch einmal neu, sagte Karl Kraus. Also wird man vielleicht auch dieses Haus einmal zu *Alt Wien* zählen, nicht weil man die Architektur als eine der Jahrtausendwende erkennen wird, sondern weil hier die Architekten eine Lösung gefunden haben, um auf eine gründerzeitliche Bebauungsstruktur, mit der rigorosen Trennung von Straße und Hof, vernünftig zu

Volker Giencke, Kirche in Aigen, Steiermark, 1990–92

Diether Henke, Martha Schreieck, Wohnhaus in Hernals, Wien, 1990–93

reagieren. Die in Wien zwar seltene, aber in den ehemaligen Vororten nicht untypische schmale Vorgartenzone wurde hier durch eine von außen attraktive, von der Wohnung aus aber vielfach bespielbare Raumschicht ausgebildet, die einen kontrollierbaren Filter zum öffentlichen Raum schafft, der, wenn man so will, den Ort, also das statische Moment der Architektur, in eine charakteristische Zone verwandelt, die in der Kollektivität des gründerzeitlichen Straßenraumes eine unverwechselbare Qualität erzeugt. Wenn es in Wien auch typologische Erfindungen immer schwer hatten, so wäre die Vorstellung doch nicht so absurd, daß gerade dieser neue Haustyp einmal zum Erkennungszeichen einer regionalen Wiener Wohnkultur wird.

Bruno Reichlin hat einmal zu mir gesagt, er habe den Eindruck, man jage den Regionalismus bei der Tür hinaus und beim Fenster komme er wieder herein. Vielleicht ist mir das gerade auch passiert. Aber ich wollte ja nur darauf hinweisen, daß es sich bei unserem Problem auch um eine Frage der Benennung, also der Übereinkunft handelt. Und wenn die Moderne immer regional war und der Regionalismus international, gibt es überhaupt keinen Grund zur Aufregung. Wir sollten uns vielleicht nur abgewöhnen, Regionen architektonisch zu interpretieren, denn erstens wissen wir gar nicht, ob es sie überhaupt gibt, und zweitens kann die multiethnische Gesellschaft ohnehin mit dem Begriff nichts mehr anfangen. Da Architektur ein altertümliches, ja archaisches Medium ist und an Orte gebunden bleibt, hat das Regionale genug Gelegenheit in sie einzudringen. Wie sagt doch der Zyniker: Die Zukunft hat immer noch für sich selbst gesorgt, ich vermute, das gilt auch für die Region.

(1996)

Register

Aalto, Alvar 46
Abraham, Raimund 82, 83 Abb., 132
Aigner, Hans 131
Alberti, Leon Battista 144
Alder, Michael 152, 153 Abb., 161, 162
Alder, Michael und Müller, Hanspeter 153 Abb., 161
Arbeitsgruppe 4 (Holzbauer Wilhelm, Kurrent Friedrich, Spalt Johannes) 129, 130, 132
Árkay, Aladár 57, 172
Atatürk, Kemal 34
Atelier 5 (Gerber Samuel, Hostettler Hans, Fritz Erwin, Thormann Fritz, Morgenthaler Niklaus, Hesterberg Rolf, Pini Alfredo) 147, 150, 151 Abb.
Banham, Reyner 69
Barth, Othmar 124, 125 Abb.
Bauer, Leopold 9, 26, 27 Abb., 28
Baumann, Franz 28, 29 Abb., 32, 33 Abb., 118, 119 Abb.
Behrens, Peter 17, 30, 45, 148
Belluš, Emil 57
Berndl, Richard 45
Bétrix, Marie-Claude 152
Bétrix, Marie-Claude und Consolascio, Eraldo 152
Bill, Max 159
Bismarck, Otto von 108, 170
Blümner, Rudolf 159
Böck, Rudolf J. 129
Boltenstern, Erich 129
Brechbühler, Hans 148, 149 Abb.
Breuer, Marcel 57
Bruckner, Anton 164
Burckhardt, Lucius 147, 150, 152
Burkhalter, Marianne 147, 154, 155, 157 Abb.

Burkhalter, Marianne und Sumi, Christian 147, 154, 155, 157 Abb.
Ceconi, Jacob 45
Chagall, Marc 159
Chochol, Josef 53, 57, 172
Consolascio, Eraldo 150, 152
Conzett, Jürg 153 Abb., 154
Croce, Helmut 92, 93 Abb.
Croce, Helmut und Klug, Ingo 92, 93 Abb.
Cufer, Margarete 150
Czech, Hermann 132
Cziharz, Franz 80, 82, 83 Abb.

Degelo, Heinrich 154
D'Aronco, Raimondo 10
Deininger, Wunibald 45
Diener + Diener 152, 153 Abb., 160
Domenig, Günther 81, 82, 83 Abb., 84, 85 Abb., 99 Abb., 130, 132, 133, 147
Domenig, Günther und Huth, Eilfried 81, 82, 83 Abb., 130, 132, 147
Duden, Konrad 58
Ecker, Dietrich 8o, 82, 83 Abb.
Eichholzer, Herbert 79
Eiermann, Egon 46, 132
Eisenköck, Hermann 86, 87 Abb.
Engel, Carl Ludwig 53, 169 Abb., 170
Engelhart, Friedrich 129
Enzensberger, Hans Magnus 107
Erskine, Ralph 94
Esslin, Martin 60
Fabiani, Max 57
Felder, Franz Michael 73
Fellerer, Max 30, 31 Abb., 128, 129
Fellerer, Max und Wörle, Eugen 128
Feßler, Hans 28, 29 Abb.

183

Feuerstein, Günther 80, 130, 131, 132, 135
Fischer, József 57
Fischer von Erlach, Johann Bernhard 20, 45, 52, 137
Fischer, Theodor 11, 19,
Förderer, Walter Maria 80, 132, 147, 149 Abb., 150, 161
Frank, Josef 18, 32, 33 Abb., 38, 132, 141, 142, 143, 144, 147
Frank, Philip 142
Franz Ferdinand, Erzherzog 12
Frei, Robert 147
Frey, Konrad 86, 87 Abb.
Friedell, Egon 52, 164
Fritz, Alfons 38, 39 Abb.
Fritz, Erwin 147, 150, 151 Abb.
Fuchs, Bohuslav 57, 176, 177 Abb.
Füeg, Franz 148, 149 Abb., 150
Garstenauer, Gerhard 122, 123 Abb., 134
Gaudí, Antoni 10, 15, 53, 167 Abb., 168
Geisendorf, Charles-Edouard 147
Gellner, Edoardo 32, 110, 121, 122, 123 Abb.
Gerber, Samuel 147, 150, 151 Abb.
Gerle, János 56
Gerngroß, Heidulf 90, 91 Abb.
Gerosa, Bruno 148
Gesellius, Hermann 168, 169 Abb.
Gesellius Hermann, Lindgren Armas, Saarinen Eliel 168, 169 Abb.
Gianola, Ivano 152
Giencke, Volker 86, 87 Abb., 88, 96, 97 Abb., 98, 180, 181 Abb.
Glück, Harry 134
Gnaiger, Roland 178, 179 Abb.
Gočár, Josef 53, 57, 172
Goethe, Johann Wolfgang von 164
Gomringer, Eugen 155, 158, 159, 160, 161
Grimm, Jacob und Wilhelm 9, 61

Gratmann, Erwin 147
Groß, Eugen 80, 82, 83 Abb.
Groß-Rannsbach, Friedrich 80, 82, 83 Abb.
Gsteu, Johann Georg 129, 130, 132, 133, 148
Haas, Fritz 26, 27 Abb.
Habsburg 12
Haerdtl, Oswald 36, 37 Abb., 128, 129
Hafner, Bernhard 88, 89 Abb., 94, 95 Abb.
Haller, Fritz 148, 150, 151 Abb.
Hansen, Theophil 12, 17, 52, 58, 170
Hasenauer, Karl von 12, 17
Havlíček, Josef 57
Heißenbüttel, Helmut 16o, 161
Henke, Dieter 180, 181 Abb.
Henke, Dieter und Schreieck, Martha 180, 181 Abb.
Herzog, Jacques 154
Herzog, Jacques und de Meuron, Pierre 154
Hesterberg, Rolf 147, 150, 151 Abb.
Hiesmayr, Ernst 131, 134
Hiesmayr, Ernst und Aigner, Hans 131
Hitchcock, Henry-Russel 73, 79
Hitler, Adolf 10, 11, 15, 38, 128, 129
Hobsbawm, Eris J. 56
Hoffmann, Josef 9, 11, 18, 36, 37 Abb., 132
Hofmann, Hans 148
Hofmann, Vlatislav 53, 57, 172
Hollein, Hans 80, 127, 130, 132, 133, 134
Hollomey, Werner 80, 82, 83 Abb.
Holzbauer, Wilhelm 129, 130, 132, 133, 134, 148
Holzmeister, Clemens 17, 19, 20, 21 Abb., 22, 24, 25 Abb., 26, 27

Abb., 28, 30, 31 Abb., 32, 33 Abb., 34, 35 Abb., 36, 37 Abb., 38, 39 Abb., 45, 114, 116, 117 Abb., 118, 119 Abb., 129, 130, 131, 148
Holzmeister, Clemens und Fellerer, Max 30, 31 Abb.
Honzík, Karel 57
Hostettler, Hans 147, 150, 151 Abb.
Hundertwasser, Friedrich (Friedensreich) 80, 131, 174
Hübsch, Heinrich 137
Hunziker, Christian 80, 132, 147, 150
Hunziker, Jakob 147
Huth, Eilfried 81, 82, 83 Abb., 84, 85 Abb., 88, 89 Abb., 130, 132, 147
Jäger, Falk 92
Janák, Pavel 53, 57, 172, 173 Abb.
Jandl, Ernst 155
Johnson, Philip 73, 79
Jurcovič, Dušan Samo 11, 53, 57, 172, 173 Abb.
Kada, Klaus 90, 91 Abb., 94, 95 Abb.
Kapfinger, Otto 134, 150
Kapfinger, Otto und Krischanitz, Adolf 134
Karfík, Vladimír 57
Kastner, Hans 124, 125 Abb.
Kastner, Eugen und Waage, Fritz 28, 29 Abb.
Kauffmann, Angelika 73
Kerndle, Karl Maria 24, 25 Abb.
Kerschbaumer, Anton 122
Klug, Ingo 92, 93 Abb.
Kluge, Friedrich 61
König, Carl 18, 24
Kós, Károly 57, 172, 173 Abb.
Kotěra, Jan 13, 53, 57, 172
Kovačić, Victor 57
Kowalski, Karla 90, 91 Abb., 92
Kozma, Lajos 57

Kowalski, Karla und Szyszkowitz, Michael 90, 91 Abb., 92
Kramreiter, Robert 130
Kraus, Karl 61, 71, 180
Kreis, Wilhelm 24
Krischanitz, Adolf 134, 150, 154
Kroha, Jiří 57
Kruft, Hanno-Walter 138
Kupsky, Karl 129
Kurrent, Friedrich 129, 130, 132, 133, 135, 148
Lackner, Josef 130
Lajta, Béla 57
Lechner, Ödön 10, 53, 57, 172, 173 Abb.
Le Corbusier 46, 174, 175 Abb.
Lindgren, Armas 168, 169 Abb.
Lihotzky, Grete (Schütte-Lihotzky, Margarete) 142, 143
Loos, Adolf 8, 9, 14, 28, 29 Abb., 30, 31 Abb., 32, 33, 104, 1o7, 132, 138, 140, 141, 142, 143, 147, 165
Lorenz, Karl Raimund 80
Lueger, Karl 10
Luntz, Viktor 17
Lux, Josef August 9

Makovecz, Imre 16, 57
Marques, Daniele 154
Marques, Daniele und Zurkirchen, Bruno 154
Mattei, Enrico 122
Mauer, Otto 130
Maximilian II., Kaiser 26
Maximilian II., König von Bayern 11, 58, 170
Mayer, Josef Ernst 130
Mazagg, Siegfried 116, 117 Abb.
Medgyaszay, István 57
Meili, Marcel 153 Abb., 154, 155, 162
Meili, Marcel und Peter, Markus und Conzett, Jürg 153 Abb., 154

Merian, Matthäus d.J. 65
Meuron, Pierre de 154
Mies van der Rohe, Ludwig 80, 132
Missoni, Herbert 80, 82, 83 Abb.
Mistelbauer, Wolfgang 132
Moholy-Nagy, László 57
Molnár, Farkas 57
Moos, Stanislaus von 152
Moravánszky, Ákos 57, 172
Morgenthaler, Niklaus 147, 150, 151 Abb.
Morger, Meinrad und Degelo, Heinrich 154
Morris, William 9
Mozart, Wolfgang Amadeus 163, 164
Muck, Herbert 130, 150
Müller, Hanspeter 153 Abb., 161
Natalini, Adolfo 45
Naumann, Friedrich 8
Nebel, Otto 159
Neidhardt, Juraj 57
Neurath, Otto 142, 143
Niedermoser, Otto 129
Nietzsche, Friedrich 140
Nohal, Reinald 132
Noseda, Irma 178
Novotny, Otakar 57
Ohl, Herbert 158
Ohmann, Friedrich 17
Olbrich, Joseph Maria 11
Paillard, Claude 150
Paul, Jean 155
Peichl, Gustav 130, 134
Peter, Markus 153 Abb., 154
Petsch, Joachim 10
Pfann, Hans 129
Pfau, Adolf 147
Pini, Alfredo 147, 150, 151 Abb.
Pichler, Hermann 80, 82, 83 Abb.
Pichler, Walter 127, 132
Plečnik, Josef 11, 13, 14, 15, 40, 54, 57, 132, 147, 174, 175 Abb.

Plischke, Ernst Anton 34, 35 Abb., 111, 148, 176, 177 Abb.
Polt, Gerhard 63
Prelovšek, Damjan 14, 57
Prießnitz, Reinhard 152
Puchhammer, Hans 133, 148
Rainer, Roland 74, 75, 128, 129, 131, 132, 133, 148
Rasser, Roland 159
Rehrl, Franz 38, 118
Reichlin, Bruno 152, 155, 162, 182
Reinhart, Fabio 150
Richter Helmut 90, 91 Abb., 92, 93 Abb.
Richter Helmut und Gerngroß Heidulf 90, 91 Abb.
Riegl, Alois 138, 139, 140
Riegler, Florian 96, 97 Abb.
Riegler, Florian und Riewe, Roger 96, 97 Abb.
Riess, Hubert 94, 95 Abb.
Rietveld, Gerrit Thomas 174, 175 Abb.
Riewe, Roger 96, 97 Abb.
Rombold, Günther 130
Ronner, Heinz 147
Roškot, Kamil 57
Rossi, Aldo 152
Rot, Diter (Diether Roth) 159
Roth, Alfred 150, 151 Abb.
Rühm, Gerhard 158, 159
Ruskin, John 9
Saarinen, Eliel 168, 169 Abb.
St. Florian, Friedrich 132
Santini-Aichel, Giovanni 52, 53, 172, 173 Abb.
Scamozzi, Vincenzo 45
Schader, Jacques 147, 149 Abb., 150
Schinkel, Karl Friedrich 163, 170
Schluder, Michael 124, 125 Abb.
Schluder, Michael und Kastner, Hans 124, 125 Abb.
Schmarsow, August 139

Schmidt, Friedrich von 17
Schreieck, Martha 180, 181 Abb.
Schultze-Naumburg, Paul 9
Schuster, Ferdinand 80, 81, 83 Abb., 84, 130, 131, 132
Schuster, Franz 128, 129, 130, 133
Schwanzer, Karl 130, 131, 134
Schwarz, Rudolf 46, 130, 132
Schweighofer, Anton 130, 134
Semper, Gottfried 12, 138, 139, 140, 141
Simonetti, Giancarlo 147
Sitte, Camillo 139, 140
Šlapeta, Vladimír 57
Snozzi, Luigi 45, 152, 154
Sonck, Lars 168
Spalt, Johannes 124, 125 Abb., 129, 130, 132, 133, 135
Speer, Albert 170, 171 Abb.
Stalin, Josef 129, 163
Steidle, Otto 154
Steiger, Peter 132, 147, 150
Steinbüchel-Rheinwall, Rambald von 79
Steineder, Hans 30, 31 Abb., 128
Steiner, Dietmar 150, 152
Steinmann, Martin 152, 155, 160, 162
Stethaimer (Stetheimer), Hans 45
Stonborough-Wittgenstein, Margarethe 145
Strnad, Oskar 18, 142
Ströbele, Claus 38, 39 Abb.
Studer, Ernst und Gottlieb 161
Sumi, Christian 147, 154, 155, 157 Abb., 158
Székely, Eugen 79
Szyszkowitz, Michael 90, 91 Abb., 92
Team A Graz (Cziharz Franz, Ecker Dietrich, Missoni Herbert, Wallmüller Jörg) 80, 82, 83 Abb.
Terragni, Giuseppe 176, 177 Abb.
Tesar, Heinz 150

Tessenow, Heinrich 18, 30
Theiss, Siegfried 129
Thormann, Fritz 147, 150, 151 Abb.
Trotzki, Leo 159
Uhl, Ottokar 130, 134, 135, 148, 150, 161
Ulrich, Anton 57
Vágó, József 57
Vak, Karl 133
Valentin, Karl 101
Valle, Gino 44
Viollet-le-Duc, Eugène Emmanuel 52
Voggenhuber, Johannes 44, 152
Vogt, Adolf Max 150
Vogt-Göknil, Ulya 150
Vurnik, Ivan 170, 171 Abb.,

Wachsmann, Konrad 131, 132, 148, 158
Wagner, Otto 9, 12, 13, 17, 18, 24, 53, 132, 135, 137, 138, 139, 140, 141, 143, 147, 170, 174
Walde, Alfons 120
Wallack, Franz 32, 33 Abb., 118, 119 Abb.
Wallmüller, Jörg 80, 82, 83 Abb.
Ware, Rita 170
Wawrik, Gunther 133
Weinwurm, Friedrich 57
Welzenbacher, Lois 19, 20, 21 Abb., 22, 24, 28, 38, 40, 41 Abb., 114, 115 Abb., 116, 128, 129, 130, 131, 135, 148, 176, 177 Abb.
Werkgruppe Graz (Groß Eugen, Groß-Rannsbach Friedrich, Hollomey Werner, Pichler Hermann) 80, 82, 83 Abb.
Wessicken, Josef 45
Wiener, Oswald 8
Wiesner, Ernst 57
Windbichler, Irmfried 90, 91 Abb.

Windbrechtinger, Traude und Wolfgang 131
Wittgenstein, Ludwig 144, 145, 160
Wolff-Plottegg, Manfred 94, 95 Abb., 96, 97 Abb.
Wolkenstein, Oswald von 164
Wondracek, Rudolf 36, 37 Abb.
Wörle, Eugen 128
Wyss, Beat 139
Wyss, Marcel 159
Zell, Franz 26, 27 Abb.
Zernig, Manfred 93 Abb., 94
Zotter, Friedrich 80
Zuccalli (Zugalli etc.), Giovanni Gaspare 45
Zumthor, Peter 154
Zurkirchen, Bruno 154

Textnachweis

1. Gibt es einen mitteleuropäischen Heimatstil?
   Vortrag beim Symposion «Heimat Mitteleuropa», Juni 1986, Palais Pálffy, Wien (in mehreren Zeitschriften publiziert)
2. Aufstand der Provinz
   Vortrag 1988 (nicht publiziert)
3. Aufbrüche – Umbrüche – Abbrüche
   Vortrag im Architekturforum Tirol, 1995 (nicht publiziert)
4. Ausländer rein
   «Der Architekt», 5/1990 (Stuttgart)
5. Das «Europäische Haus»
   Vortrag beim 20. Godesburger Gespräch, «Der Architekt», 2/1992 (Stuttgart)
6. Vom Grunzen und Rekeln
   «Baumeister», 7/1992 (München)
7. Neues Bauen in alter Umgebung
   Vortrag beim Steirischen Ortsbildtag 1992, «Steirische Ortsbildtage» 1990–92 (Leoben)
8. Die Vorarlberger Bauschule
   Katalog «Architektur in Vorarlberg seit 1960», 1993 (Bregenz)
9. Gibt es eine «Grazer Schule»?
   Vortrag beim 7. Österreichischen Kunsthistorikertag in Graz, 1993 (publiziert im Bericht)
10. Region, ein Konstrukt?
    Eröffnungsvortrag beim Architekturforum Tirol, «Architektur aktuell», 3/1995 (Wien)
11. Tourismusarchitektur ohne Architekturtourismus?
    Vortrag bei einer Veranstaltung der «Österreich Werbung» in Wien, 1994
12. Der «Aufbau» und die «Aufbrüche»
    Katalogbeitrag zu «Architektur im 20. Jahrhundert ÖSTERREICH» zur Ausstellung im Deutschen Architektur Museum, Frankfurt, 1995
13. Architekturtheorie in Wien
    Vortrag in Frankfurt, 1995
    Beitrag in «wissenschaft als kultur. österreichs beitrag zur moderne.» Springer Verlag, Wien–New York, 1997
14. Schweizer Architektur – aus östlicher Sicht
    Eröffnungsvortrag zur Ausstellung Burkhalter & Sumi an der ETH-Zürich, 1996, «Architektur aktuell», 5/1996 (Wien)
15. Ort und Zeit
    Vortrag bei dem Symposium «Offene Regionen» der IGNM (Internationale Gesellschaft für neue Musik), März 1996 (Wien)

Bildnachweis

Fotos:

Barbara Achleitner: 173/rechts oben
Friedrich Achleitner: 21, 25/2, 25/3–6, 29/7–10, 31/11,13, 33/ 15–17, 35/ 18,19, 37/22,25, 39/26–27b, 41/28,29,32,33, 83/1–3,6, 85/7–9, 87/10–12, 89/13,14, 91/15,16,18, 93/19–21,95/22–25, 97/26–28, 99, 117/2,3, 119/4–6, 123/7,8, 125/9–11, 153/unten, 167, 169/unten, 171/oben und links unten, 173/links unten, rechts Mitte und unten, 175, 177/links oben und unten, rechts oben, 179, 181
Michael Alder (Architekturbüro, Basel): 153/Mitte
Fortunat Anhorn, Malans: 149/rechts oben
Balthasar Burkhard: 151/unten
Birkhäuser, Archiv: 177/rechts unten
Diener + Diener (Architekturbüro, Basel): 153/Oben
Franz Füeg (Architekturbüro, Zürich): 149/unten
Heinrich Helfenstein, Zürich: 149/links oben, links Mitte, 151/Mitte, 157
Christian Moser, Bern: 151/oben
Helmut Richter (Architekturbüro, Wien): 91/rechts Mitte
Eckart Schuster, Graz: 83/5

Repros:

Achleitner, Archiv: 37/23,24, 83/4, 169/oben, 171/rechts unten, 173/links oben und Mitte (oben, unten)
Clemens Holzmeister, Bauten, Entwürfe und Handzeichnungen, Anton Pustet, 1937: 25/1, 31/14, 35/20,21
Wolfgang Kos, Über den Semmering, Edition Tusch, 1984: 115/unten
Burkhardt Rukschcio, Roland Schachl, Adolf Loos, Leben und Werk, Residenz Verlag, Salzburg 1982: 31
Friedrich Achleitner, Ottokar Uhl, Lois Welzenbacher 1889–1955, Residenz Verlag, Salzburg 1968: 41/30,31,115/oben